本专辑受华东政法大学"文化产业管理学科建设"项目资助出版

华东政法大学

主编／钱伟

文化产业观察

WENHUA CHANYE GUANCHA

（第一辑）

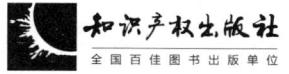

知识产权出版社

全国百佳图书出版单位

图书在版编目（CIP）数据

文化产业观察. 第一辑 / 钱伟主编. —北京：知识产权出版社，2014.12
ISBN 978-7-5130-2801-1

Ⅰ.①文… Ⅱ.①钱… Ⅲ.①文化产业-研究-中国 Ⅳ.①G124

中国版本图书馆 CIP 数据核字(2014)第 140519 号

责任编辑：熊　莉		**责任校对：**谷　洋	
执行编辑：俞　楠		**责任出版：**刘译文	

文化产业观察（第一辑）
钱　伟　主编

出版发行	知识产权出版社 有限责任公司	网　　址	http://www.ipph.cn
社　　址	北京市海淀区马甸南村1号	邮　　编	100088
责编电话	010-82000860 转 8176	责编邮箱	yunan@cnipr.com
发行电话	010-82000860 转 8101/8102	发行传真	010-82000893/82005070/82000270
印　　刷	北京市科信印刷有限公司	经　　销	各大网上书店、新华书店及相关专业
开　　本	787mm×1092mm　1/16	印　　张	18.75
版　　次	2014年12月第一版	印　　次	2014年12月第一次印刷
字　　数	260 千字	定　　价	48.00 元
ISBN 978-7-5130-2801-1			

出版权专有　侵权必究
如有印装质量问题，本社负责调换。

《文化产业观察(第一辑)》编委会

编委会主任

刘晓红

编委会成员

范玉吉　黄虚锋　王晓骊　吴　桥　钱　伟

目 录

观察，作为方法　钱　伟 / 1

企业·管理

文化科技企业服务平台：实践意义与结构创新　胡慧源 / 7
文化及相关产业上市公司技术创新评估研究　臧志彭 / 20
企业公共关系传播实践的伦理失范　高　雁 / 31

艺术·经营

美术馆观众的参观意向
　　——为何人们选择去参观美术馆？　王　弋 / 43
如何破解乡镇艺术馆经营难题
　　——以费新我艺术馆为例　沈怡君 / 55
从"HIHEY艺术网"看艺术品交易的新形式　张晓楠 / 72
"帕萨加德"画廊：新锐艺术微投资　胡　锡 / 83

媒介·营销

自媒体微企业"徐达内小报"的发展　胡凤桃 / 95

从"野兽派花店"看小微企业微博营销　李　金　104
从资源与机会的视角看文化小微企业的发展
　　——以上海雀沃信息科技有限公司为例　李沛欣　118

创意·融合

基于"觉网"的众筹模式研究　吴丹丹　131
魔镜工作室：艺术与技术的嫁接　李方露　150
新车间印象记　倪小芸　160
主题餐厅：将文化注入餐饮　熊颖杰　171

传统·变革

从"猫的天空之城"看实体书店的生存之道　廉慧慧　183
老约翰绘本馆发展的机遇和挑战　刘凯丽　194
从"青番茄文化传媒"看文化小微企业的发展　秦　礼　204
全人培养中的文化产业实践教学　卢　莹　213

资源·发掘

云南建水紫陶的发展　蔡玉绮　225
唐卡艺术与产业集群发展
　　——以热贡国家文化产业示范基地为中心　刘大庆　244
民族歌舞产业的发展现状及出路
　　——以红河州为例　杨舒迪　265
梯田文化的产业化发展
　　——以哈尼梯田为例　杨　洋　282

观察,作为方法

钱 伟

随着文化产业的发展,文化产业研究也从无到有,逐渐丰富起来。这一领域的交叉性,决定了研究者学术背景的多样性,也决定了研究路径的差异性。无论从经济学,还是管理学、政策研究视角,都给我们提供了一种深入了解文化产业现象的途径。但在其他学科中表现出来的负面因素(尤其是概念化倾向)也渗透到、反映在这一新生领域中。而目前我国的科研机制对此不但没有起到应有的平衡作用,反而加深了学术的游戏化倾向,离学术研究之初衷越来越远。为此,需要我们回到研究的起点,回到作为朴素方法的观察。

观察,通俗地讲就是看,但是是一种有意识地看,在研究中则体现为问题意识。学术研究应有独立的品质,但独立并不意味着学术研究与现实隔绝,成为封闭的概念游戏。其独立品质体现在研究动机、立场、过程不受各种现实因素的干扰,而具自身之关怀。[①] 换言之,这是一种有关怀的看。

[①] 学术研究之独立性与现实关怀之间的关系,参见马克斯·韦伯:《学术与政治》,三联书店 2005 年版;钱永祥:"在纵欲与虚无之上:回顾韦伯的《学术与政治》",见钱永祥:《纵欲与虚无之上:现代情境里的政治伦理》,三联书店 2002 年版,第 86~93 页。

汪丁丁曾对一个怀特海命题再三致意。他把这一命题表述为：在任何理解之前先有表达，在任何表达之前先有关于重要性的感受。① 而显然，要有对重要性的感受，首先要去观察，去看。

这种看，也即百多年前胡塞尔等在开拓现象学时所提出的直面现象。② 作为思的哲学需要"面对实事本身"，作为更具应用性的学科，文化产业研究不是更应该直面现象吗？

直面是为了摆脱各种对观察与思考的束缚。自福柯以来，研究者对话语、机构、体制的质疑渗透到了各个领域。一向自诩把客观中立作为原则的社会科学学科本身也被置于学者的解剖刀下细细审视。③ 面对在20世纪成为显学且现实政治影响有增无减的经济学，"反思"（rethinking）的呼声近年来日益频仍。④ 著名韩裔学者、发展经济学家张夏准（Ha-Joon Chang）便直接指出："经济学原来并不像物理学或化学那样是一门科学，而是一种政治实践。"⑤无视这样一个学术脉络，仍局囿于传统学科藩篱，显然是无法做到"面对实事本身"的。"实事"在成为研究对象的同时，已被学科分割整理了。于是，所谓的"跨学科"便成为琐屑片段的比较和拼接，成为在不同学科领域的奔波，而无视对象的整全与现实的完整。的确，

---

① 怀特海的命题见 Modes of Thought 前三章，中译本参见怀特海：《思维方式》，刘放桐译，商务印书馆2004年版；汪丁丁的解释可参见"涌现秩序的表达困境"，见《新政治经济学讲义》，上海人民出版社2013年版，第170~172页。

② 参见倪梁康："现象学运动的基本意义"，见倪梁康主编：《面对实事本身——现象学经典文选》，东方出版社2000年版，第1~36页。

③ 参见米歇尔·福柯：《词与物：人文科学考古学》，上海三联书店2001年版；《性经验史》，上海人民出版社2002年版；《必须保卫社会》，上海人民出版社2010年版；华勒斯坦：《开放社会科学：重建社会科学报告书》，三联书店1997年版。

④ 参见卡尔·波兰尼：《巨变：当代政治与经济的起源》，社会科学文献出版社2013年版；Michel Foucault, "Governmentality", in Burchell Graham eds., The Foucault Effect: Studies in Governmentality, Herts, Harvester Wheatsheaf. 481–510; Timothy Mitchell, Rethinking economy, Geoforum39（2008）, 1116–1121. 新近引起热议的 Thomas Piketty 的 Capital in the Twenty-first Century（Belknap Press, 2014）又是一例。

⑤ 张夏准：《资本主义的真相：自由市场经济学家的23个秘密》，新华出版社2011年版，第9页。

经过历年发展的学科早已累积了一套完善的"看"的方法,形成了被认可的"科学的"体系。在其框架内,无论如何我们可以得到一个安全、便捷且悦人的结果。但当我们发现了框外更广阔更真实的世界时,还能平静地安坐于原地吗?

"面对实事本身"的困难除了学科框架的限定之外,日常经验本身被意识形态所形塑造成了更大的障碍。阿多诺就用"半教育"(halbbildung)一词来指称那种将文化从现实生活中抽离的传统。在这种传统中,知识反而"成了与对象物接近的巨大阻碍,因为他立即将对象物放入他既有的知识分类范式之中,加以分门别类,而一旦分类工作完成之后,他的'感知'也随之终止"。① 其实,知识或意识形态对经验的形塑作用并不像阿多诺所讲的那样仅仅体现在"有教养的中产阶级"身上。雷蒙德·威廉斯用"感觉结构"(structure of feeling)一词描述了这一现象的普遍性。② 在雷蒙德·威廉斯这里,曾被阿多诺寄予希望的"无教育"者——"允许与客体形成直接的关系,而且它的怀疑、机智与反讽的潜力可以上升为批判的意识;怀疑、机智、反讽则是在未完全被驯化者中滋长的特质"——这种"未完全被驯化者中滋长的特质"完全是另一种臆想。无论知识的多寡,我们完全脱不出文化的形塑。文化决定了我们"看"到什么。如此,转向"观察",转向"面对实事本身"的"看",就是要求挣脱特定文化的框制。

如此观察下的文化产业能看到什么?

2012年世界银行与国务院发展研究中心联合课题组发布了《2030年代的中国》的报告。报告将中国2030年的愿景确定为"建设现代、和谐、有创造力的高收入社会"。未来的社会将更加复

---

① 黄圣哲:"阿多诺的半教育理论",载《东吴社会学报》2003年第15期。
② 参见雷蒙德·威廉斯:《漫长的革命》,上海人民出版社2013年版;关于这一概念引起的争议,参见雷蒙德·威廉斯:《政治与文学》,河南大学出版社2010年版;殷曼楟:"雷蒙·威廉斯'感觉结构'概念评析",载《山东社会科学》2013年第6期。

杂，"它是以市场为驱动，以知识为中心，以服务为导向"。为达成这样一个目标当然需要采取新的发展战略。那么，在此过程中，文化产业可以起到什么样的作用？

的确，在政府的大力提倡与推动下，文化产业近两年来发展迅猛。文化及相关产业总值持续快速增长，文化企业积极上市，艺术品市场屡创新高。但在这些数据下面，和每个人的实际生活感受相较，我们感受到自己的生活和文化产业发展的相关性了吗？那些数据与报告反映出我们现实生活中所观察和体验到的实际感受了吗？热闹非凡的场面下那沉寂的潜流我们关注到了吗？当我们津津于票房、市值、投资收益率的时候，意识到这一切只是资本的工具了吗？从文件与资本的阴影中走出来，我们能看到什么？

文化产业的繁荣是否满足了我们的文化需求？我们的文化需求的进一步满足又受到什么限制？

以创新为其重要特征的文化产业有没有为社会注入创新的因素？工作方式的变化有没有带来对工作本身以及生活方式理解的变化？代际间的文化差异对文化产业的发展将造成什么样的影响？中国城市化进程又为文化产业的发展提供了什么样的契机？最终，文化产业发展将为我们每个公民的自我发展、社会的完善带来什么？

所有这些问题都要求我们打破学科、文化等各种框架，放下所有既成定见，像一个初学者，像第一次看那样去观察。

文化產業觀察
Cultural Industries Observation Vol.1 (第一辑)

企业·管理

文化科技企业服务平台：
实践意义与结构创新

胡慧源

与文化旅游、影视传媒、出版印刷等传统文化产业相比，动漫网游、数字出版、移动传媒等新兴文化产业除了关注文化、创意等传统要素之外，更加注重与科技创新要素的结合①，在技术性、集约性、知识性、增值性、融合性、扩散性等方面都具有明显优势，这为文化产业整体发展和繁荣注入了新的元素和意义，在增强文化自主创新能力、推动产业之间关联融合的同时，更能起到促进文化产业转型升级、推动区域经济发展、减轻环境能源承载压力的"催化剂"作用。因此，科技创新驱动下的新兴文化产业的发展势必会引领文化产业未来发展的时代潮流。

但调查发现，一方面，作为新兴文化产业发展的微观主体，单个文化科技企业或公司囿于自身资源的有限性，抵御风险的能力十分薄弱，也无多余精力从事研发创新、信息共享、投资融资等对自身发展至关重要的活动。另一方面，行业内却存在众多分散的闲置资源，"出勤率"十分低下。由此，单纯依靠市场机制配置新兴文化产业资源的做法不尽合理，通过引入其他机制对此予以完善十分必

---

① 吴忠泽："科技创新：现代文化产业翱翔之翼"，载《中国软科学》2006年第2期，第1~5页。

要。从组织制度角度看，文化科技企业服务平台便是一种能有效应对上述困境的制度安排。

现阶段，关于文化科技企业服务平台的研究文献相对稀少，人们对于这一新兴事物的了解也不够深入。本文尝试从学理上对文化科技企业服务平台的内涵特点、实践意义及其结构创新进行初步探讨，以期为学界和社会深化有关文化科技企业服务平台的认知搭建一个背景框架。

一、文化科技企业服务平台的内涵与特点

文化科技企业服务平台意指以技术创新为导向，为文化科技企业提供创意研发、技术转移、创业孵化、管理咨询、展示交易等共性服务的一个或几个独立法人实体组成的共同体。其主体通常包括科研机构、高校院所、文化科技企业、职能部门等。通过在上述利益相关者之间建立起一种"桥接"关系，文化科技企业服务平台可以实现系统内要素资源的跨时间、跨空间、跨部门再配置，推动异质性资源之间的互补与协同，从而实现"1+1>2"的效果。

"公共性"和"服务性"是文化科技企业服务平台与普通文化企业服务平台的共性所在。其中，"公共性"体现为平台使用资格上的"非排他性"，即无论是否是平台内部的组织成员，有相关需求的文化科技企业都可以使用平台资源。不同的是，平台内的企业成员无须支付使用费或使用费较低，而平台外的文化科技企业一般则需以会员费、项目费、咨询费等形式缴纳一定的使用费。"服务性"体现为平台主体并不直接参与服务对象的生产运营活动，转而以技术转移、管理咨询、项目融资等方式协助服务对象顺利完成上述活动。

当然，由于在服务对象及其主要需求方面存在差异性，文化科

技企业服务平台与传统文化企业服务平台在以下几个方面存在着显著区别：

高创新性。与传统文化企业服务平台相比，文化科技企业服务平台更加强调对多媒体数字技术、信息网络技术、通信技术等高新技术的运用及其创新的不断诉求。这种创新更接近于一种产品和服务创新，而非传统制造业强调的过程创新①。其成果丰富甚至彻底改变了原有文化产品和服务的内容创意、表现形式与传播渠道，进一步增强了文化产品和服务的表现力、渗透力与感染力。

高融合性。随着高新技术自身创新周期越来越短，以高新技术为基础的新兴文化产业在产业内以及与关联产业间的物流、人流、信息流等交换不断加快和加深。在此情境下，文化科技企业服务平台内部各主体之间、服务平台与外部环境之间的互动与融合无论在范围还是程度方面都较传统文化企业服务平台更加深入。

高知识产权保护。与传统文化企业服务平台相比，文化科技企业服务平台提供的更多的是可以以符号、数据、信息等数字化编码形式承载的关键技术和研发设计，很容易被机会主义者以低成本甚至零成本地模仿、复制和窃取，相关利益者的既得利益面临严重威胁。为此，无论是在发展理念还是措施力度方面，文化科技企业服务平台对利益相关者的知识产权保护程度都更高。

二、文化科技企业服务平台构建的实践意义

在世界范围内，新兴文化产业正以"井喷"态势极速发展。英国的创意设计业、美国的数字出版业、日本的数字动漫业以及韩国

---

① Chapain C, Cooke P, Propris L De, MacNeil S. Creative Clusters and Innovation. NESTA, 2010.

的电子游戏业都显示出了巨大的市场潜力和产业持续竞争力[1],在丰富和增强国家软实力的同时,也极大提升了其参与世界竞争格局重组的综合实力。

研究发现,这些国家的文化产业之所以能快速发展,得益于各自完备的公共服务体系。这其中,作为直接服务于新兴文化产业的文化科技企业服务平台在丰富产品表现形式、提高产品科技含量、增加产品附加值、占据产业链高端环节方面发挥了重要作用。正是由于在上述平台建设方面的滞后,致使长久以来我国优秀的文化资源、智力资源、资本资源被禁锢现象严重,资源之间无法实现互补与共享,生产出来的文化产品科技含量低、产品附加值少、内容平淡、表现单一,严重制约了我国文化产业结构的整体优化与提档升级。因此,文化科技企业服务平台的构建在当前具有重大实践意义[2]。

(一)鼓励技术创新,实现产业提档升级

文化科技企业服务平台将直接服务于新兴文化产业发展,在整合各方优势资源的基础上,强化科技创新水平和力度,通过引进、吸收与内化信息网络技术、多媒体数字技术、通信技术的最新创新成果,改造与提升文化旅游、工艺美术、娱乐演艺等传统文化产业门类,并进一步强化对创意设计、数字动漫、网络游戏、数字出版等新兴文化产业的技术驱动。

(二)增强产业融合,优化资源配置

文化科技企业服务平台的构建,是当前产业体系分工进一步深

---

[1] 沈颖:"科技创新推动文化产业发展的对策建议",载《科技与经济》2006年第5期,第59~61页。

[2] 赵继新、楚江江:"北京文化创意产业公共服务平台构建研究",载《北方工业大学学报》2011年第2期,第1~7页、第18页。

化的结果,其有效运营离不开科技信息、金融保险、教育培训等诸多产业的支持,这也为上述产业之间的融合发展提供了一个共同平台。此外,文化科技企业服务平台的构建能够有效整合平台内各方资源,及时将其提供给急需的文化科技企业,大大提升其在研发设计、技术创新、信息共享等方面的风险抵御能力,延续和拓展这些企业可持续发展的时间和空间。

(三)提升产业价值链,增强产业盈利水平

创意、内容、传播这三个环节是新兴文化产业价值链上关键的利润增值点。文化科技企业服务平台的构建能大大整合以及不断挖掘分散在行业内不同主体处的未尽资源,借助技术转移、投融资服务和整合营销等方式,丰富创意设计、内容生产和传播营销手段,提高上述三个关键环节的价值增值能力,从而提升新兴文化产业的整体盈利水平。

(四)促进政府职能转变,提高行政管理效率

文化科技企业服务平台的构建,有利于政府职能部门及时了解与掌握新兴文化产业发展的新动态,从而作为其对资源进行二次分配、提高资源配置有效性的重要决策依据。此外,如果配以合适的反馈机制,政府职能部门还能够依据服务平台的运行状况以及政策执行效果对相关政策法规进行及时修正,从而提高行政管理的效率与效果。

(五)打造区域产业品牌,提高资本集聚水平

文化科技企业服务平台先天具有高技术、高知识、高成长的良好外部形象,如若辅以完善的基础设施服务体系,势必会成为区域新兴文化产业发展的品牌之一。品牌效应的巨大号召力,将促使区域性优质文化资本、人力资本、智力资本、金融资本、社会资本等集

聚于服务平台,在良性竞争机制作用下,平台的资本集聚水平将不断提高。

三、功能定位与结构创新

(一)功能定位

文化科技企业服务平台主要致力于实现下述基本功能:

形成鼓励创意、创新、多元、互惠的产业发展氛围,创造产业协同创新的多方合作机制。新兴文化产业的最大特点在于具有较高创意创新素养的从业人员往往呈现出空间上的分散性特征,彼此之间需要一个高效平台,以便于沟通与互动,从而实现知识共享与集成创新。服务平台的基本功能之一就在于为文化企业家与创意人才、技术人才、专业人才相互间的观点碰撞、合作交流牵线搭桥。

为文化科技企业的成果转化提供可靠的技术与服务保障。服务平台的另一个基本功能在于通过整合与再配置平台科技及其相关资源,打通研发设计、技术创新、产品孵化与市场推广等产业链关键环节。平台内的科研机构、高校院所和骨干文化科技企业研发部门,能够帮助处于发展"瓶颈"期的文化科技企业攻克成果转化过程中遇到的各类共性或者个性关键技术问题,而政府职能部门不仅可以通过行政管理降低上述四个环节的制度性壁垒,还可以依据及时跟踪与反馈结果,不断改善文化科技企业发展的外部政策环境。

(二)结构创新

从横向比较的角度看,与传统文化企业服务平台相比,当前文化科技企业服务平台除了上述分析强调的技术创新之外,更表现为一种系统性的结构创新，这涉及运作模式、行为决策、合作方式与规划设计四个方面的转变。

1. 运作模式上，从政府主导向目标管理转变

出于意识形态与舆论导向控制的需要，传统文化企业服务平台更多地表现为一种政府主导的运作方式。政府相关职能部门发挥着传递与配置平台内部资源的基础作用。然而，政府行为能力的有限性以及服务平台应对的新兴文化产业发展日新月异，促使政府角色必须从传统的"生产型"向现代的"服务型"转变，专注于解决基础类科技创新活动可能会带来的信息不对称、机会主义败德行为等公共性问题，转而由科研机构、文化科技企业、中间组织、运营商等非政府因素依据共同的目标来组织和再配置资源。

进一步地，文化科技企业服务平台的目标管理模式要求平台各方一改传统的从属观念和角色，转以主人翁的姿态积极参与服务平台建设，相互之间互相沟通、分工协作，在强烈的互惠互利动机驱使下，集成与运用平台内各种互补性科技资源和文化资源，在帮助文化科技企业实现技术转移、产品孵化、市场推广等价值增值活动的同时，实现自我目标。

2. 行动方式上，从独立单向向立体互动转变

这主要从两方面来理解：一是行动方式从独立向立体的转变。由于在运作模式上实施了目标管理，文化科技企业服务平台内部主体的价值认同、愿景目标更加趋向一致，相互之间的关联效应也更加明显，牵一发而动全身。由此，行动主体不再是以唯一、独立而是以多个、立体的形式出现。二是行动方式从单向向互动转变。文化科技企业服务平台对于技术创新的不断追求，有利于显著增强文

化产品和服务在风格创新方面的差异性[①]。 为确保最终消费者获得更好的体验价值,及时的沟通与反馈成为必需,因而平台与外部环境之间、平台与服务对象之间,以及平台内部之间都进行着广泛的互动性交流与分享。

    3. 组织关系上,从契约关系向社会网络转变

    行为方式上的立体互动,使得传统的基于简单契约关系进行的项目合作不再适用于文化科技企业服务平台的内在发展要求。 平台内部成员之间以及平台与服务对象之间进行的频繁、长久互动,有利于相互之间建立可靠的长足信任关系。 信任关系的建立,一方面有利于降低利益相关者之间的项目合作交易费用,另一方面也会进一步诱导出诸如学习、模仿等机制,从而增强相互之间的组织黏性,形成具有深厚情境根植性的社会网络关系。

    当然,社会网络关系的形成反过来会促进利益相关者之间展开深层次的合作与共享,进一步降低文化科技企业服务平台的外部交易费用与内部组织费用。 这一社会网络关系还因其表现出的延展性、独特性与不可模仿性而成为服务平台核心竞争力的关键来源,在提升服务平台技术创新能力和加速科技成果向现实生产力转化的同时,不断提升服务平台的整体竞争力。

    4. 规划设计上,从各自为政向顶层设计转变

    技术创新是文化科技企业服务平台的关键特色之一,但由于科技创新活动受到环境的不确定性、项目本身的复杂性以及开发者能力的有限性等因素的共同影响,科技创新活动面临着更高的复杂性与风险。 单纯依靠某一个主体或者子系统无法实现对这一风险的有效分担,这就要求文化科技企业服务平台在规划设计过程中,应从

[①] Cappetta R, Cillo P, Ponti A. Convergent Designs in Fine Fashion: An Evolutionary Model for Stylistic Innovation. Research Policy, 2006, 35(9): 1273 – 1290.

传统的各自为政向整体规划、统一部署转变，实现平台子系统之间以及利益相关者之间的利益捆绑与风险共担。

当然，为确保平台子系统与利益相关者能够积极参与科技创新及其相关互动，推动服务平台持续稳定发展下去，平台管理者或者管理委员会必须建构合理的风险分担机制、利益协调机制、执行监督机制、管理反馈机制以及进入退出机制，并予以适时的动态调整与完善。

四、发展对策与建议

（一）政府层面

近几年，一些成功的文化科技企业服务平台的实践证明，政府部门通过合适的产业政策、集群政策引导，能够有效促进文化科技企业服务平台的完整构建和协调运作。各级政府应适时完善有利于服务平台建设的相应法律法规，优化区域创意氛围和创新环境，培育区域诚信文化，为服务平台的良好运营提供基础保障。

1. 编制科学发展规划，优化平台体系建设

科学合理制定平台发展规划，明确不同门类文化科技企业服务平台的功能定位与发展思路，建立健全风险分担机制、利益协调机制、执行监督机制、管理反馈机制以及进入退出机制。遵照新兴文化产业发展自身规律以及各地区自身实际情况，引导不同门类不同功能的文化科技企业服务平台构建，优化空间布局，制定系统而又切实可行的配套扶持政策。用好手中的行政权力，确保我国文化科技企业服务平台体系呈多元化、差异化发展态势。

2. 完善现有法律法规,加强知识产权保护

完善现有法律体系,尤其是知识产权保护方面的法律法规,规范与约束各利益相关者的决策行为。加大对知识产权的管理和保护力度,以宣讲班、培训班、研讨会等多种形式普及和强化知识产权宣传推广活动。引导和优先处理平台主体对自主创新技术、产品、工艺成果的知识产权申报,精简相关行政审批程序,提高平台主体依法保护知识产权利益的积极性与参与度。

3. 加大财政扶持力度,减轻税收经济负担

尝试设立文化科技企业服务平台引导资金并制定实施办法,激励平台主体积极参与科技创新活动。对于积极参与新技术、新产品、新工艺开发研究的创意创新主体给予一定的奖励,并对技术转让、技术咨询、技术服务、技术承包等收入进行税费减免,切实减轻创新主体的经济负担。逐渐加大对平台 R&D 投入的奖励力度,对于政产学研高度结合的重大攻关项目,从政府财政中再拨一定款项予以专项扶持。

4. 创新金融服务模式,拓宽平台融资渠道

鼓励文化科技企业服务平台相关主体以专利、版权、著作权、品牌等无形资产进行质押贷款。坚持政府引导、市场运作、多方参与的原则,以税费减免、以奖代补等方式,鼓励各类政策性银行和优质商业银行、科技保险公司、信托公司、风投机构等与文化科技企业服务平台展开积极投融资对接[1]。建立健全适合文化科技企业服务平台投融资特点的信贷体系和担保机制,完善平台融资的信用等级评估与监督保障机制。

---

[1] 胡慧源、王京安:"科技保险:目标模式及政策含义",载《中国科技论坛》2010年第4期,第98~102页。

(二)中间组织层面

文化科技企业服务平台的有效发展离不开中间组织的积极参与。中间组织能够为服务平台的研发创新、产品孵化和市场推广三大基本功能提供配套服务,如人才培养、信息共享等,从而确保创意创新活动的顺利实施与实现。

1. 改善人才培养方式,提供持续智力支持

应在注重学历教育的同时,鼓励高校院所、文化科技企业与社会培训机构合作开办专门的职业技术学校和社会培训课程,加强职业技术教育与社会培训教育,改变传统的仅仅靠学历教育培养技术人才、创意人才、专业人才的单一模式,满足服务平台对相应人才的需求。

2. 搭建信息网络平台,拓宽平台发展机会

以信息中心、咨询公司、人才市场、培训中心以及销售中心等信息管理服务部门为核心组建信息网络平台,进一步推动服务平台的信息化、网络化改造。依托信息网络平台,及时准确地为服务平台主体提供跨区域、跨国界贸易与合作的管理咨询服务,推动我国服务平台体系主动嵌入文化产业国际分工与协作关系网络之中,积极承接广大发展中国家的文化科技类创新业务,在全球新兴文化产业价值链体系中占据有利地位。

(三)企业层面

文化科技企业具有的竞合意识与技术吸收能力直接影响着其与服务平台之间展开的项目合作的实施效果,从而决定了服务平台的运营效率。

1. 培育竞合意识,提升系统整体效益

对于身处服务平台内部的文化科技企业来说,服务平台是一个既具有密切分工,又存在相互竞争的复杂系统。良性竞争有利于形成一种外部压力,正向激励系统内各主体不断追求科技资源和文化资源的配置与使用效率,将平台内部的组织管理费用始终保持在一个可控范围内。但过度竞争则可能导致平台内主体之间的冲突与矛盾,致使平台内部的组织管理费用不断上升,从而降低整个系统的协调能力和整体效益。为此,服务平台内的文化科技企业必须主动树立竞合意识,正确处理好与其他利益相关者的关系,并依据平台内外环境的改变,及时调整自己的竞合姿态与战略选择,确保与环境之间的动态匹配。

2. 鼓励实施知识管理,增强企业技术吸收能力

对于服务平台外部的文化科技企业而言,其具有的技术吸收能力是服务平台技术转移、成果转化等功能能否得以实现的关键所在。本质上,技术吸收能力可以看做一种知识的获取与利用能力。为此,应鼓励文化科技企业积极实施知识管理工作,通过建立学习型组织、培育团队式企业文化等方式,实现各类知识在企业不同部门间以及企业与外部环境间的传递、共享、整合与创新。

参考文献

1. 吴忠泽.科技创新:现代文化产业翱翔之翼[J].中国软科学,2006(2):1-5.
2. Chapain C, Cooke P, Propris L De, MacNeil S. Creative Clusters and Innovation[R]. NESTA, 2010.
3. 沈颖.科技创新推动文化产业发展的对策建议[J].科技与经济,2006,19(5):59-61.

4. 赵继新, 楚江江. 北京文化创意产业公共服务平台构建研究[J]. 北方工业大学学报, 2011, 23(2): 1-7, 18.

5. Cappetta R, Cillo P, Ponti A. Convergent Designs in Fine Fashion: An Evolutionary Model for Stylistic Innovation[J]. Research Policy, 2006, 35(9): 1273-1290.

6. 胡慧源, 王京安. 科技保险: 目标模式及政策含义[J]. 中国科技论坛, 2010(4): 98-102.

文化及相关产业上市公司技术创新评估研究

臧志彭

一、文献回顾

国外学者从多个维度对文化产业的技术创新问题进行了探究。Stam 等学者（2008）研究了文化创意产业的结构、发展与创新对荷兰城市发展的影响问题，并发现荷兰的艺术领域明显缺乏创新[1]。Le & Masse 等学者（2013）强调文化创意过程被数字技术变革不断重塑[2]。数字技术也在改变着创意产品的市场营销方式，视频游戏与动画电影融合并衍生出新的行业，加速了产业融合创新的战略组织

---

[1] Stam E, JPJ De Jong, Marlet G. Creative Industries in the Netherlands: Structure, Development, Innovativeness and Effects on Urban Growth. Geografiska Annaler: Series B, Human Geography, 2008, 90(2): 119 - 132.

[2] Le PL, Masse D, Paris T. Technological Change at the Heart of the Creative Process: Insights From the Videogame Industry. International Journal of Arts Management, 2013, 15(2): 45 - 59.

(Weeds, 2012①; Gandia, 2013②)。Nathan & Lee(2013)通过7600个伦敦企业样本调查强调了文化多样性对创新力培育的重要性③。从创新集聚来看,创新与创意受到技术、组织、政策、创业与新文化企业的出现以及人事管理模式的影响,文化产业聚集是否是生产者寻求创造性协同效应的结果还需要思考(Scott, 2006④; Hotho & Champion, 2011⑤)。

国内关于文化产业上市公司技术创新的定量研究非常少,冯根福与温军(2008)以我国2005~2007年343家上市公司的数据为基础探讨了技术创新与公司治理的关系⑥。戴新民、徐艳斌(2011)采用DEA方法对我国23家传播与文化产业上市公司进行了实证研究,发现文化产业上市公司规模无效率是技术效率低下的主要原因,应采取加强技术改造和管理等策略提高文化产业上市公司的效率⑦。杨东星、李多(2013)讨论了出版类上市公司的经营状况,提出走数字化出版道路、积极培养数字化人才,创新经营管理模式的发展策略⑧。

---

① Weeds H. Superstars and the Long Tail: The Impact of Technology on Market Structure in Media Industries. Information Economics and Policy, 2012, 24(1): 60 - 68.

② Gandia R. The Digital Revolution and Convergence in the Videogame and Animation Industries: Effects on the Strategic Organization of the Innovation Process. International Journal of Arts Management, 2013, 15(2): 32 - 44.

③ Nathan M, Lee N. Cultural Diversity, Innovation, and Entrepreneurship: Firm-level Evidence from London. Economic Geography, 2013, 89(4): 367 - 394.

④ Scott AJ. Entrepreneurship, Innovation and Industrial Development: Geography and the Creative Field Revisited. Journal Small Business Economics, 2006, 26(1): 1 - 24.

⑤ Hotho S, Champion K. Small Businesses in the New Creative Industries: Innovation as a People Management Challenge. Management Decision, 2011, 49(1): 29 - 54.

⑥ 冯根福、温军:"中国上市公司治理与企业技术创新关系的实证分析",载《中国工业经济》2008年第7期,第91~101页。

⑦ 戴新民、徐艳斌:"基于DEA的传播与文化产业上市公司效率评价",载《安徽工业大学学报》(社会科学版)2011年第6期,第39~41页。

⑧ 杨东星、李多:"出版类上市公司近年经营情况比较分析——以天舟文化、出版传媒和时代出版为例",载《中国出版》2013年第1期,第57~61页。

二、评估指标体系构建

从目前有关技术创新评估指标的研究来看,一是关注技术产出指标,如经合组织(OECD)所构建的技术评估体系主要由产出类指标构成,包含产出、效率、质量、效益等维度[①];二是关注整个技术投入产出价值链涉及的指标,如刘晶等(2009)构建的高新技术企业技术创新指标体系包括投入能力、研发能力、制造能力、营销能力、产出能力与管理能力6大维度24个指标[②];三是关注技术创新过程类的指标,如王影、梁祺(2006)围绕企业创新过程,从创新投入能力、创新管理能力、创新实施能力、创新实现能力、创新产出能力五大维度,构建了22个上市公司技术创新评估指标[③];Hsueh & Hsu等学者(2012)建立了文化产业发展成效多准则评估模型,通过使用模糊逻辑推理系统来实现价值量转移的过程,依次评估各部门对文化产业投入的发展成效[④]。

伴随高新技术应用于文化产业领域速度的加快,文化产业上市公司的核心竞争优势日益依赖于文化技术资源的整合与优化、文化技术产业链的打造与拓展、技术创新的持续开发与转化。综合来看,文化产业上市公司技术创新贯穿整个文化产品和服务的创意、

---

① 经济合作与发展组织:《OECD科学技术和工业展望》,科学技术文献出版社2006年版。

② 刘晶、孙利辉、王军:"高新技术企业技术创新能力评价研究",载《科研管理》2009年第S期,第19~23页。

③ 王影、梁祺:"基于广义最大熵原理的上市公司技术创新评价",载《科技管理研究》2006年第10期,第195~197页。

④ Hsueh SL, Hsu KH, Liu CY. Multi-Criteria Evaluation Model for Developmental Effectiveness in Cultural and Creative Industries. 2012 International Workshop on Information and Electronics Engineering, 2012, 29: 1755 – 1761.

生产、流通、营销的全过程,技术创新的强弱则取决于技术创新链的综合能力。所谓技术创新链,实际上就是文化企业开展技术创新工作的流程链,主要包括技术投入、开发过程和技术产出三大环节。

其一,技术投入环节。一般而言,包括人员投入、经费投入和设备投入(如宁连举、李萌,2011[1])。在人员投入方面,可以通过技术人员占企业职工人数的比重、硕士博士学历人数占职工人数的比重等指标来考察;在经费投入方面,通常设置研发费用占营业收入的比重指标;而在设备投入方面,其最终也要通过研发资金支出的方式来体现,因此其内涵已在研发费用占比指标中体现。

其二,开发过程环节。开发过程可分解为创新思想[2]、创意产生、创意转化(Hansen & Birkinshaw,2008)[3]等。这个过程实际上是一个黑箱,其中的能力实际上属于"默会知识"的范畴,很难显性化和定量化,特别是目前上市公司并没有相关数据的披露,不宜设置为评估指标;而且开发过程的能力强弱其实最终还是会反馈到产出层面,通过产出指标的设置也可在一定程度上反映开发过程的能力水平。

其三,技术产出环节。有的学者提出技术产出包括新产品市场占有率、销售额等指标[4],以及有关新产品的市场表现、财务业绩等指标。实际上,这些指标不仅仅取决于文化企业的技术创新,而且与文化市场环境、营销推广能力等密切相关,本文认为这些指标应

---

[1] 宁连举、李萌:"基于因子分析法构建大中型工业企业技术创新评价模型",载《科研管理》2011年第3期,第52~58页。

[2] Wang CH, Lu LX, Chen CB. Evaluating Firm Technological Innovation Capability under Uncertainty. Technovation, 2008(28): 349-363.

[3] Hansen M, Birkinshaw J. The Innovation Value Chain. Harvard Business Review, 2008(4): 36-49.

[4] Guan JC, Richard CMA, Chiu KM, et al. Study of the Relationship between Competitiveness and Technological Innovation Capability Based on DEA Models. European Journal of Operational Research, 2006(3): 971-986.

作为衍生性的相关指标,不宜直接作为技术创新评估的指标。 王志成等(2007)指出知识产权作为衡量技术产出的重要价值[①]。 对于文化企业而言,应选择技术创新获得的专利数量与拥有版权等技术性无形资产规模作为技术产出评估指标。

由于目前上市公司披露数据以财务数据为主,年报及其他相关披露信息中缺乏企业技术创新方面的数据(黄鲁成、江剑,2005)[②],很多理想的技术创新评估指标因缺乏数据来源而不得不放弃,建立少而精的上市公司技术创新评估指标体系成为现有数据基础条件下的最优选择。 在遵循科学、动态、客观等指标选取原则的基础上,通过充分挖掘上市公司年报披露数据信息,本文最终构建了包括2个一级指标、4个二级指标和5个三级指标的中国文化产业上市公司技术创新评估指标体系,如表1所示。

表1 中国文化产业上市公司技术创新评估指标体系

目标	一级指标	二级指标	三级指标	指标公式
技术创新评估指数	技术创新投入	技术人员	技术人员占比	技术人员数/职工总数
			硕博人数占比	硕博人员数/职工总数
		研发经费	研发费用占营收比	研发费用/营业收入
	技术创新产出	科研成果	人均申获专利数	申获专利总数/职工总数
		创新资产	技术资产占比	技术资产/总资产

---

① 王志成等:"城市发展创意产业的影响因素分析及实证研究",载《中国工业经济》2007年第8期,第49~57页。
② 黄鲁成、江剑:"市场化研发机构绩效评价体系设计与实施",载《科技管理研究》2005年第4期,第13~15页。

三、文化产业上市公司技术创新评估实证分析

（一）数据来源

本文主要依据三条标准对 2435 家沪深 A 股上市公司进行了一一筛选：一是年报披露信息"所属行业"涵盖在国家统计局《文化及相关产业分类(2012)》的产业范围内；二是披露信息"主营构成"中含有文化及相关产业业务收入，并占一定比重；三是公司经营稳定，未被"ST"。最后甄选出文化及相关产业上市公司共计 191 家。

上市公司的技术创新评估指标体系数据全部来自于 2012 年上市公司年度报告，主要基础数据来源媒体有上海证券交易所、深圳证券交易所、大智慧、网易财经、同花顺和金融界等。

（二）基于 ANP 的评估指数模型

本文采用美国匹兹堡大学 Saaty 教授于 1996 年提出的能够运用于解决非独立递阶层次结构问题的新决策方法——网络层次分析法（Analytic Network Process，ANP）[1]进行技术创新指数评估模型的构建。具体步骤为：

(1)构造网络结构。

(2)确定层次元素单排序权重。

(3)构造超矩阵和加权矩阵。

(4)计算极限局部权重向量。

---

[1] Saaty T L. Decision Making with Dependence and Feedback. Pittsburghn：RWS Publications，1996.

(5)对控制层每个准则分别完成上述步骤(2)~(4),并计算每个元素的全局权重。

(6)构建技术创新指数评估模型。

(三)实证结果分析

从我国文化产业上市公司技术创新的综合指数来看,虽然排在前十的文化企业技术创新综合指数在0.136以上,但综合指数高于0.200以上的企业仅有2家,且综合指数最高为0.351,说明我国文化产业上市公司的技术创新并不高,且缺乏文化科技龙头企业。

排在首位的是从事网络视频行业的乐视网,其综合指数为0.351。从表2可以看出,乐视网技术创新排名第一主要得益于技术资产比重突出,为0.604,远远高于企业(技术/技术资产比重排名第二的汉王科技仅为0.072)。追根溯源,一方面,从内因来看,乐视网拥有大量的正版影视资源等技术资产,其版权运营与版权分销模式创造了视频企业可持续的良性盈利轨道;另一方面,从外部环境来看,2012年开始,以乐视网、CNTV、爱奇艺、优酷网为代表的12家网络视频企业成立了网络视频联盟(OVA),①这一制度化的平台涵盖了跨媒介营销、版权合作、智能电视、移动视频、研究专家等领域多元主体共同致力于中国网络视频产业的新格局,并创新性地助推了技术层面网络视频、智能电视、移动视频等的跨界整合,促进了网络视频产业集聚效应和联动效应的释放。

排名第二的是从事通讯行业的中兴通讯,其综合指数为0.211,排名第二,主要得益于其人均申获专利数远远高于其他企业,为0.791。中兴通讯一直高度重视技术创新,以营业额10%以上进行研发投入,且国际专利申请量在2011年就超过日本松下成为全球企

---

① 网络视频联盟(OVA)于2012年5月11日正式运作,旨在推动网络视频产业上中下游内容、营销与资源的合作,实现企业主、版权产商、视频服务商、第三方等相关机构的协作,引导中国网络视频行业健康发展。

业第一位；①虽然专利数优势突出，但技术/技术资产比重仅为0.010，排名倒数第二，呈现明显反差。从内源来看，说明中兴通讯的专利影响力不高，其对专利的控制力和转化为实际效益的能力也较低；从外因来看，受到互联网时代全球信息消费模式的变革，通信市场出现大幅度下滑，特别是移动互联网时代的到来，抢占移动领域核心技术制高点成为中兴新的发展契机。

位列第三阵营的是以数码视讯（综合指数0.191）、汉王科技（综合指数0.183）、神州泰岳（综合指数0.167）、捷成股份（综合指数0.166）等为代表的综合指数介于0.1~0.2之间的文化企业。其中，数码视讯的硕博人员比重与研发费用占营收比重在十家企业中都是最高的，分别为0.340、0.249。究其原因，数码视讯作为国内领先的数字电视软件与系统设备提供商，属于技术密集型高科技企业，其拥有大量的硕博核心技术人才，且建立了竞争力强的薪酬体系与股权激励制度，降低了核心技术人才流失率；与此同时，数码视讯一直高度重视自主研发能力，每年的研发投入占营业收入比重高达20%以上。此外，神州泰岳的科技人员比重在十家企业中最高，为0.793。神州泰岳是创业板首批28家企业之一，作为IT运维管理与移动互联网企业，是中国移动飞信的研发与运维商，在移动通信技术服务领域拥有大规模的互联网科技人员。总体来说，第三阵营的文化及相关产业上市公司技术创新综合指数偏低，且在科技人员比重、硕博人员比重、研发费用占营收比重、人均申获专利数与技术/技术资产比重等指标中，除了数码视讯与神州泰岳，其他企业的技术创新的独有优势不明显，从而制约了整体技术创新的提升。

---

① 李柯勇、刘大江：''中兴通讯：专利申请量全球第一 为何反陷滑坡困境'',载http://news.xinhuanet.com/fortune/2013-05/14/c_115758458.htm，访问时间：2013年5月14日。

表2 文化及相关产业上市公司技术创新评估结果排名（前十名）

序号	企业名称	科技人员比重	硕博人员比重	研发费用占营收比重	人均申获专利数	技术/技术资产比重	综合指数
1	乐视网	0.2963	0.0770	0.2036	0.0435	0.6036	0.3508
2	中兴通讯	0.3796	0.3118	0.1048	0.7908	0.0101	0.2107
3	数码视讯	0.6032	0.3402	0.2488	0.0108	0.0248	0.1908
4	汉王科技	0.3885	0.3287	0.1430	0.2736	0.0720	0.1833
5	神州泰岳	0.7926	0.0451	0.1359	0.0055	0.0173	0.1672
6	捷成股份	0.7688	0.0381	0.1271	0.0063	0.0296	0.1659
7	美亚柏科	0.6901	0.0979	0.1403	0.0783	0.0169	0.1652
8	新北洋	0.5376	0.0644	0.1066	0.1369	0.0523	0.1524
9	任子行	0.6726	0.0426	0.1168	0.0135	0.0028	0.1388
10	上海贝岭	0.4307	0.1941	0.1034	0.1885	0.0140	0.1360

参考文献

1. Stam E, JPJ De Jong, Marlet G. Creative Industries in the Netherlands: Structure, Development, Innovativeness and Effects on Urban Growth[J]. Geografiska Annaler: Series B, Human Geography, 2008, 90(2): 119-132.

2. Le PL, Masse D, Paris T. Technological Change at the Heart of the Creative Process: Insights From the Videogame Industry[J]. International Journal of Arts Management, 2013, 15(2): 45-59.

3. Weeds H. Superstars and the Long Tail: The Impact of Technology on Market Structure in Media Industries[J]. Information Economics and Policy, 2012, 24(1): 60-68.

4. Gandia R. The Digital Revolution and Convergence in the Videogame and Animation Industries: Effects on the Strategic Organization of the Innovation Process[J]. International Journal of Arts Management, 2013, 15(2): 32-44.

5. Nathan M, Lee N. Cultural Diversity, Innovation, and Entrepreneurship: Firm-level Evidence from London[J]. Economic Geography, 2013, 89(4): 367-394.

6. Scott AJ. Entrepreneurship, Innovation and Industrial Development: Geography and the Creative Field Revisited[J]. Journal Small Business Economics, 2006, 26(1): 1-24.

7. Hotho S, Champion K. Small Businesses in the New Creative Industries: Innovation as a People Management Challenge[J]. Management Decision, 2011, 49(1): 29-54.

8. 冯根福, 温军. 中国上市公司治理与企业技术创新关系的实证分析[J]. 中国工业经济, 2008(7): 91-101.

9. 戴新民, 徐艳斌. 基于DEA的传播与文化产业上市公司效率评价[J]. 安徽工业大学学报(社会科学版), 2011(6): 39-41.

10. 杨东星, 李多. 出版类上市公司近年经营情况比较分析——以天舟文化、出版传媒和时代出版为例[J]. 中国出版, 2013(1): 57-61.

11. 经济合作与发展组织. OECD科学技术和工业展望[M]. 北京: 科学技术文献出版社, 2006.

12. 刘晶, 孙利辉, 王军. 高新技术企业技术创新评价研究[J]. 科研管理, 2009(S): 19-23.

13. 王影, 梁祺. 基于广义最大熵原理的上市公司技术创新评价[J]. 科技管理研究, 2006(10): 195-197.

14. Hsueh SL, Hsu KH, Liu CY. Multi-Criteria Evaluation Model for Developmental Effectiveness in Cultural and Creative Industries[J]. 2012 International Workshop on Information and Electronics Engineering, 2012, 29: 1755-1761.

15. 宁连举, 李萌. 基于因子分析法构建大中型工业企业技术创新评价模型[J]. 科研管理, 2011(3): 52-58.

16. Wang CH, Lu LX, Chen CB. Evaluating Firm Technological In-

novation Capability under Uncertainty[J]. Technovation, 2008 (28): 349-363.

17. Hansen M, Birkinshaw J. The Innovation Value Chain[J]. Harvard Business Review, 2008(4): 36-49.

18. Guan JC, Richard CMA, Chiu KM, et al. Study of the Relationship between Competitiveness and Technological Innovation Capability based on DEA Models[J]. European Journal of Operational Research, 2006(3): 971-986.

19. 王志成等. 城市发展创意产业的影响因素分析及实证研究[J]. 中国工业经济, 2007(8): 49-57.

20. 黄鲁成, 江剑. 市场化研发机构绩效评价体系设计与实施[J]. 科技管理研究, 2005(4): 13-15.

21. Saaty T L. Decision Making with Dependence and Feedback[M]. Pittsburghn: RWS Publications, 1996.

企业公共关系传播实践的伦理失范

高 雁

在市场化、全球化、信息化大潮涌动的今天,企业公共关系已经不再局限于起步之初的企业内部信息传播,更多的是需要借助传播工具面向消费者和社会公众进行沟通交流。残酷的市场竞争环境促使企业采取劝说、宣传、传播、沟通等战术策划公共关系活动,但利用媒体作为中介和桥梁始终是企业公共关系策略安排中至关重要的一环。"新闻媒体拥有三种强大的功能,对塑造组织形象,拥有比社会其他团体还大的力量。这三种功能是:'议程设定'、'守门人的权力'、'受社会大众信赖'。"[1]

但是,在企业利用媒体渠道进行公共关系传播的过程中,与媒体关系的旋律并不总是那么悦耳动听,反而经常传出违背新闻规律和职业道德的不和谐音符和刺耳的声音。一些企业利用其雄厚的经济实力,以广告客户的名义砸重金购买媒体版面或时段传播广告新闻;一些企业在遇到危机事件时,以钱开道,直接贿赂媒体及其记者,希望能大事化小、小事化了;一些媒体从业人员在面对企业公共关系活动时,利字当头,不按新闻价值、公众是否需要进行新闻评判,而以红包多厚作为报道篇幅的尺寸。凡此种种杂音,偏离了企业与媒体的公共关系传播满足公众需求、传播事实、坚守社会责任、

---

[1] 姚惠忠:《公共关系理论与实务》,北京大学出版社2011年版,第328页。

推动社会发展的本质要求,陷入了利益博弈、伦理失范的旋涡。

一、商业合作:经济利益共同体

在市场经济和文化体制改革的时代浪潮下,媒体迈上了商业化、企业化管理的征程,利用出售版面或者播出时段刊载广告等途径增加营收成为媒体管理人的重要任务,成为媒体实力比拼的主要指标之一。 同时,市场竞争的残酷,促使企业为了扩大企业知名度、促销商品等,将眼光聚焦于大众媒体,借助传播渠道,通过刊载广告、赞助媒体活动等方式,提高在社会公众或者目标受众中的知晓度。

媒体和企业之间有了寻求合作的共同需要,也就形成了相互利益支撑的共同愿望。 也正是有了追求经济利益的共同需求,企业与媒体之间形成了一种期望互利合作的关系。 企业根据其目标受众的特点有针对性地选择合作媒体投放广告或者赞助活动,媒体则根据费用的额度重点锁定了一批重点企业客户。 企业和媒体之间通过联谊、沟通等方式,逐步在实践中形成了诸多的默契。

但是,这种默契却逐步从媒体的广告或其他创收部门转移到了新闻编辑部门,使得默契逐步变质成为一种潜规则的力量。 有的媒体为了多渠道增加营收,也给记者或编辑压担子,要求他们在对企业进行采访过程中带着经济指标拉广告或者寻求媒体赞助;有的媒体则要求记者对广告大户予以重点支持和照顾,在遇到群众投诉、媒体遇到危机等情景时,采取淡化、回避真相甚至帮企业策划其他内容等方式转移话题;个别媒体在企业遇到危机时,趁火打劫,要求企业增加广告、进行有偿报道等经济支持;当某些企业交由专业媒介代理公司操作相关业务时,媒体新闻采编和广告部门会产生不满情绪;等等。 同样,企业也经常扛着广告大户或者经济费用的大旗,在洽谈广告投放或者赞助活动时,要求媒体进行相应的新闻报道;在遇到危机事件或者有损企业利益的负面新闻时,要求合作媒体尽量不予以报道甚至帮助企业发出不符合事实的回应声音;如果媒体未能达到企业的要求,企业则以撤退广告、转投其他媒体等方式予以威胁。殊不知,"当人们发现花在媒体上的钱不计其数时,就会造成怀疑和反感"①。如今受众的认知能力已经不能纯粹为媒体所左右和控制,他们深知"羊毛出在羊身上",企业大张旗鼓投放广告的金钱总是要转嫁由消费者来支付的。

在经济利益的压力下,大部分媒体坚持公众第一和客观公正的原则,坚守媒体底线和职业操守,按照真实、客观等要求如实予以报道。但也有个别媒体时常沉浸在金钱诱惑的泥潭中不能自拔甚至迷失方向,信奉"商业利益至上"的原则与企业沉瀣一气,捆绑成角逐金钱的利益共同体。实际上,这些媒体误读了企业媒体公共关系的真正意图和目的,无形中成为企业公共关系的傀儡和企业操纵的对象。实际上,这些公司根深蒂固地存有操纵媒体的念头,认为媒体是可以被他们所利用的工具。2005 年,雀巢公司新闻发言人在电视摄像机前,面对敏感问题竟数次摘下话筒,甚至拒绝记者采访的低级错误,充分暴露了试图操控媒体的公司在操控失败之后的失态和恼怒。2011 年,达芬奇家具危机事件中,也曾爆出该公司试图通过支付 300 万元的方式收买有关媒体和记者,让负面新闻"销声匿迹"。这些剑走偏锋的公司公共关系的重要理念就是打着经济利益的旗号,试图利用金钱炮弹的力量,冒着触及法律红线的危险,与媒体勾肩搭背、称兄道弟。一旦东窗事发,不仅公司声誉受到沉重打击,媒体和相关人员也难逃法律的制裁。

媒体和企业在追逐经济利益的过程中,也要遵行社会公平和正义,相互之间应该是基于社会责任的共同体。这条准则也是企业媒

---

① [美]道·纽森等著:《公共关系本质》,于朝晖译,复旦大学出版社 2011 年版,第 185 页。

体公共关系时必须遵循的底线。媒体和企业都必须将社会公众利益放在第一位,在追求经济利益的同时坚持社会责任。在遵守相关法律规定的基础上,保持良好的职业道德和职业操守,通过相互之间的互动合作,共同为维护公平正义和推动社会进步作出应有的贡献。

二、人际交流:庸俗关系共同体

在企业公共关系活动中,与媒体之间的互动除了正式的组织关系外,还存在企业公共关系人员与媒体从业人员之间的非正式关系。正式关系常以广告或赞助等活动的合同形式予以明确,既受到法律、政策等方面的支持,又在一定程度上受到约束。企业在实施公共关系活动时,与媒体的正式关系主要表现为媒体根据企业公共关系传播的信息本身是否有价值来决定是否予以报道。而非正式关系则与从业人员所处的组织环境、媒体定位、文化素养、伦理道德等多种因素相关。在公共关系实践中,非正式关系经常受到人际关系的影响,表现为企业公共关系人员与媒体从业人员是否已经成为"朋友"。成为朋友关系,记者编辑总会想方设法帮助企业通过其所在的媒体传播公共关系活动的相关信息;如果还未形成,则有多种可能的结果形式。比如有的记者从本职工作出发判断公共关系活动信息传播价值,有的记者会则以"彩头"的厚薄作为是否发稿的标准,有的记者还可能从自身未来工作的需要分析企业能为自己的工作或利益带来什么。

在企业公共关系实践中,企业人员为了能让活动信息通过媒体与公众见面,总是抱着"媒体内部有人好办事"的理念,通过各种途径和手段想方设法与记者结交朋友。为了交成"朋友",企业公共关系人员根据记者的喜怒哀乐,尽所能投其所好。有的企业公共关系人员时常邀请有关媒体同一条线的记者大吃大喝或者游山玩水，进行感情联谊；有些企业则在逢年过节的时候给记者送去红包厚礼；个别企业则组织人员陪同记者赌博或者去色情场所，拉近所谓的兄弟情谊。

无论是吃喝玩乐还是递送红包与记者结交成"朋友"关系，都不是以共同的兴趣爱好和真诚的感情沟通为旨趣，其本质是以企业公共关系活动信息传播的需要，以满足记者个人的贪婪私利为手段将记者"拉下水"，实质上是一种着眼于长期"私人利益投资"、"讨好媒体记者"而构成的庸俗关系共同体。

与媒体记者建立起朋友般的私人关系，确实对企业实施公共关系传播策略有一定的作用，但一定要以建立高雅高尚、真心实意、毫无私利掺杂其中的朋友关系为基本准则。只有如此，媒体记者才会真正为企业公共关系传播媒介传播策略指点迷津，才会帮助企业公共关系人员挖掘有新闻价值的信息，才会推动企业公共关系活动质量不断迈上新台阶。

无论是公共关系理论还是实践，媒体记者与企业公共关系人员在工作上存在共同的交集，即媒体记者需要信息来源，而公共关系人员则可以而且应该成为记者的信息来源。只要处理好这一信息通道上的工作交集，媒体记者和公共关系人员就可以和谐互动，建立起良好的合作关系，以及建立相互尊重、彼此信任、互惠互利的共生关系。事实上，在媒体之间相互竞争日趋激烈、竞相角逐独家报道的传播态势下，媒体必须更加坚持对社会公众负责的原则。敢于承担社会责任的企业公共关系人员在设法增加企业经济力的同时，与媒体共同增加企业社会力，有助于构建企业核心竞争力。企业公共关系人员必须抛弃骨子中隐藏的对立潜意识、摒弃有意讨好媒体的媚俗姿态、放弃构筑庸俗人际关系的旧观念。"新闻界并非高不可攀"①。只要公共关系传播信息有着真正的新闻价值,无须记者"卖个面子",记者也会主动上门,希望能够提供相关信息。当然,企业公共关系人员也要树立平等意识,一视同仁地对待各路媒体记者。

三、危机事件:对立冲突矛盾体

如今,社会组织出现危机已经成为常态。企业作为社会组织的一种形式,也时常面临着各种挑战与威胁,可能因为一个细节问题,从而导致产品质量出现问题甚至威胁老百姓的健康权益。企业危机的社会影响和关联利益方也已经超越了企业自身的层面。一个企业出现问题,可能引发"蝴蝶效应",整个行业的企业可能面临共同的挑战,严重的会导致社会不和谐因素,出现不稳定情形。

企业出现危机事件时,应该切实承担起社会责任。作为企业的公共关系部门,在协助处置危机事件的过程中,应该坚持客观、真实的原则,真诚地在第一时间向社会公众披露有关状况,提醒公众或者消费者采取相应的措施,切不可"采取一系列举措摆平媒体、摆平专家,结果是激起公众强烈反弹"②。如食品企业出现产品质量问题时,一方面要借助媒体渠道坦诚地向公众发布问题食品的危害,承认自身的过错;另一方面要利用媒体提醒有关消费者实施产品召回或者销毁问题食品,并积极做好与消费者的直接沟通。

媒体是公众知晓企业危机信息的最重要途径,也是公众始终值得信赖的信息通道。作为负有监督责任的媒体,有责任、有义务履

---

① 龚荒主编:《公共关系——原理·实务·案例》,清华大学出版社、北京交通大学出版社2009年版,第107页。
② 刘斌:"危机公关的五大忌讳",载《法人》2007年第6期,第77页。

行神圣使命职责，向公众传播真实、客观信息，提醒公众配合政府和企业妥善处理问题产品，通过采访权威人士或者专家学者传播科学知识，等等。

因此，从信息传播角度来说，当企业出现危机时，企业公共关系人员和媒体都承担着共同的使命，即客观、公正地向社会公众传播真实信息，释疑解惑，积极消除社会各方的恐惧和疑虑。企业公共关系人员要主动向媒体提供真实信息，成为媒体记者正确并信赖的信息来源；媒体记者要重视企业的过错检讨，将企业提供的真实信息通过自身的渠道优势传播给社会公众，让社会公众了解事件的真相以及应该采取的处置措施。

但是，在企业危机公共关系传播实践中，企业公共关系人员与媒体记者经常处于矛盾对立甚至是冲突的状态。作为企业内部的公共关系人员，理所当然应该站在组织的立场上，希望记者不要渲染事件，继续传播对企业有伤害性的新闻；记者作为媒体从业人员，则认为危机事件是新闻出彩的有利时机，不仅不会漏过该新闻线索，而且还要浓墨重彩重点传播。在这种相互错位的心理状态下，企业公共关系人员和媒体记者逐步由过去的"朋友关系"变成了"利益冲突关系"，并逐步演变成脱离规范的对立行为。

第一种对立表现是企业公共关系人员寻求能够对媒体或记者进行"封口"的方法。当企业出现危机事件时，本能反应是希望尽可能将事件掩盖，不让社会公众知晓。因此，在社会公众还不了解情况但媒体记者初步知道事件信息并到企业核实调查的情形时，企业管理方要求企业公共关系人员采取"围堵封"等方式，要么对记者三缄其口不提供任何信息甚至否认信息，要么通过金钱贿赂的方式收买记者，希望记者与企业一道隐瞒事件真相，从而操纵媒体和记者。近年来，从广西南丹矿难到达芬奇家具事件，企业公共关系人员用金钱封堵记者的新闻层出不穷，在本质上，这类"'封口'的做法根本就不是危机传播，而是一种权术的玩弄和政治的手腕"①。

第二种对立表现是媒体记者"敲竹杠"谋取私利。个别媒体记者在企业爆出危机事件后，利用企业急于消除事件影响的心态，以胡萝卜加大棒的方式，一方面对公众已经掌握的危机环节进行报道，但对其他还不为公众所知的内容，则与企业公共关系人员一起进行隐瞒，或者根据企业的需要转移话题。同时，媒体记者要求企业付出一定的回报，或者直接提供金钱给记者个人，或者以媒体组织的名义要求刊登广告或者有偿新闻。另外，有个别媒体记者假借舆论监督的名义，通过受众举报、明察暗访等方式，故意搜集挖掘企业的负面内容，然后要挟对方付出利益代价。

第三种对立表现则为媒体记者带着感情色彩紧盯危机事件"痛打落水狗"。媒体记者都是现实社会中有血有肉的人，在新闻报道中难免带有一定的感情色彩。当某一企业特别是某些大型跨国企业或者经常出现陷入丑闻的企业出现危机事件时，媒体记者可能因为过去与该企业联络采访时的不愉快事情，不再信任该企业的公共关系人员，采取有选择地采访有关人士甚至不择手段地采访对该企业持有偏见的人士意见，穷追猛打；也有个别媒体记者被企业的竞争对手收买，违背竞争和职业道德原则，利用企业陷入危机的契机痛打企业，有着一副企业不关门倒闭或者不退出当地市场誓不罢休的姿态。

企业公共关系人员之间的不信任乃至对立状态，根本解决之道还是企业要实施正确的危机事件传播策略和媒体记者秉持良好的职业操守。企业要如实向记者和公众提供危机事件信息，媒体记者要坚持社会责任和公平正义，坚守职业道德底线。唯有如此，企业公关人员和媒体记者才能和谐共处、互惠共生。

---

① 廖卫民：论危机公关的传播本质和伦理底线"，载《新闻记者》2008年第11期，第15页。

四、网络环境:职业代理失范体

互联网等新媒体的出现改变了过去传统媒体单向的传播格局。任何人都可以在网络上发出声音,对相关议题发表意见。传播方式的改变既影响了企业公共关系传播的传播环境,也为企业公共关系提供了新的渠道和载体。一些公共关系公司看到了新媒体带来的商机,专门从事网络传播环境下的企业公共关系代理业务,通过组建"网络水军",在网络上代理发布信息、在虚拟社区评点信息或者帮助企业消除不利信息。

实践的发展总是领先于法律的规范管理。一些网络公共关系代理公司利用政策管理的漏洞、网络传播不易掌控的优势和网络技术工具的特性等,在网络上大肆开展各种违背职业道德的公共关系传播活动。从活动的目的来看,主要有两种方式:

一种是作为"推手"吹捧企业。网络公共关系代理公司利用一些企业急于扩大知名度的心理,在搜索排名上弄虚作假,只要企业付出一定的金钱,就可以在数千上万的排名结果中处于领先的位置;一些代理公司编造不真实的信息并帮助企业发布在一些网站上,树立企业虚假的组织形象;有些代理公司雇用"网络水军"在网络社区中发布由其提供的信息,期冀一条谎言通过亿万次的传播变成真实的信息。

另一种是作为"打手"棒杀企业。一些网络公共关系代理公司在向有关企业索取好处费或者争取信息传播代理义务遭拒后,就利用自身的资源在网络上妖言惑众,故意损坏企业原有形象,欺骗社会公众;还有一些网络代理公司受惠于某些企业,雇用"网络水军"或者利用信息发布软件在各个网站和虚拟社区中,发布故意编造的负面信息对同行进行贬低打击,让同行陷于被动状态和形象受损。

无论是吹捧还是棒杀企业，其本质是"经济链条，网络公关公司为黑心钱做昧心事，还有一些社会传播机构把'网络水军'发的帖子当成新闻传播，以谋求点击率和经济利益"①。带来的问题首先是信息不真实，其次是抱有浓厚的经济利益企图，最后是故意欺骗社会公众。事实证明，网络公共关系代理公司通过雇用"网络水军"吹捧企业或者棒杀企业，对社会的危害极大，不仅违背了信息传播的职业道德，也违反了有关法律法规的规定。因此，网络公共关系传播的秩序治理迫在眉睫。

---

① 周宁等："昧黑钱造'民意'误决策"，载《新华每日电讯》2011年3月4日第4版。

文化産業觀察
Cultural Industries Observation Vol.1 (第一辑)

艺术·经营

美术馆观众的参观意向

——为何人们选择去参观美术馆？

王 弋

  作为公共教育空间的博物馆、美术馆、文化遗产景区、艺术空间等场所现已成为当代城市文化景观的实体象征。这些机构的主要任务是通过某种独属的运行机制来展示、传播各自所辖领域的文化美学，这同时也是正在进程中的现代性作用于文化艺术机构的运作范式和管理理念的必然诉求——文化展示机构从原先对"物"的重视逐渐转移到了对"人"的关怀上，从而使观众逐渐取代了藏品（或展示对象、呈现内容）而成为管理服务的核心。

  我们不得不承认的是，在现代社会，知识讯息正以无孔不入的架势作用于我们的日常生活。对于艺术机构的理解，我们则越来越多地被暗示或能自主感知到，博物馆、美术馆、文化遗产景区、艺术空间等公共教育机构已在当代文化语境里充当着我们与我们的历史或文化美学之间的桥梁。随着现代性精神对当代社会各个运作面向的渗入，这些公共机构从原先对"物"的重视逐渐转移到了对"人"的关怀上，因为它们越来越多地发现，文化史或文化美学的研究成果需与当下观看它们的对象发生某种关联，才能对现实具有某种促进作用，而这种作用力恰恰是现代性对这些机构提出的要求。

  对美术馆这样的艺术组织来说，观众逐渐取代了藏品（或展示对象）而成为管理服务的中心，意味着美术馆需要用专门的方法来围绕观众进行科学的研究，继而找到富有成效的开发方案，使美术馆在确保学术身份的同时又能获得博观众眼球的能力。那么，在这样的背景下，既然美术馆已在21世纪的今天以友好的初衷面对全社会开放，而作为现代公众的我们也顺理成章地认为它们出于一种公益性而理应如此，那么为什么还会呈现这样的局面：有些人会成为其参观者（甚至是频繁参观者），而另一些人却总是对其冷漠以待。这个看似简单的问题，其实包含着对不同特质的观众群体的探究，对应到美术馆的管理对策上来，一方面我们可以通过分析结果对有着不同动机、想法、心理状态甚至性格特征的观众群进行有针对性的开发，另一方面也可以参照结果对美术馆自身的硬件或服务态度进行客观的反省和修正，而笔者将在下面的行文中具体探讨上述疑问，并尝试总结、归类出可能的答案。本文即是从两个方面的视角入手来研究公众对参观美术馆这件事的意向，这两个视角分别是：第一，观众社群的多元化情状及其参观意向；第二，美术馆的设施和服务对观众参观意向的影响。

其实早在美术馆进行自我身份认知和探索的最初的几十年里，某种层面上的观众意识就已经在西方的一些公共机构里萌芽了。例如1928年出版的一期《科学月刊》(Scientific Monthly)中，学者F.C.布朗就指出了当时的博物馆已经初步认识到的这一问题——如何拓宽并保持自身的观众群体量。他认为这一问题的解决不仅意味着现有观众会对博物馆内的展览和服务产生忠实的兴趣，同时也有热情将自己的收获告知他们周边的朋友，以此使美术馆增添新的观众[1]。随后不久，美国的公共艺术机构也开始涉猎观众研究领域，并逐渐增加在此领域的投入精力。他们花时间分析机构现有观众和潜在观众的特质，然后从中找出哪一类观众群是它们的运营目标，从而需要重点开发和培养。并且在最后，确保能从所有的分析结果中挖掘到有效的信息资源对应到美术馆内的服务改善上。而所有的这些投

---

[1] Brown, F. C. The Scientific Monthly, 1928, 26(3), 193–201.

入,都是为了一个最终的目的——获得忠实而广泛的观众群。

一、观众社群的多元化情状及其参观意向

英国学者摄瑞斯·克拉克指出,美术馆作为公共文化机构在社群(communities)中承担着社交和教育的作用,因此,我们可以强调美术馆是围绕着社群展开工作的①。例如,针对具有不同特质的社群,美术馆会制定不同的决策方案,并且,每一个美术馆几乎都拥有各自专属的社群伙伴(community partners),它们会根据这一社群伙伴的特质提供优先服务决策(community-based strategic)。

下面我们先简略叙述一下不同特质的社群面貌,接着将观众群划分为两种不同的类型来分别进行分析研究,以总结出这两类观众群里所涵盖的社群成分。

(一)社群的定义及其分辨

如果要对不同特质的社群面貌进行归纳分析,我们就必须先要了解社群这个词的内涵。根据《牛津英文辞典》(*Oxford English Dictionary*)对这个词的定义:社群首先是指一组生活在相近地方、区域或国家里的人,通过相互的关联而被视为一个聚凑在一起的社会。其次它也指一组有着同样的宗教、种族或专长的人们。同时,社群还可以指一个有着共同价值态度或兴趣爱好的群体。辞典的这一释义表明,社群作为一个具有多个内涵面向的指称,意味着其成员拥有相同或至少相近的文化信念,共享着相同的审美趣味,遵从着相同的条例和原则。换句话说,凡不属于这些共同意义范畴的人,均

---

① Clarke, S. Language Learning for Migrants, Refugees and Asylum Seekers. Edinburgh: Museumsetc, 2010.

属于其他的社群。另外,从宏观上来看,个体的成员是社群最小的组成单位,而每个社群本身总是隶属于一个意义涵盖更宽泛的社群。

自从不同的社群被其成员的不同的价值观和向往区分开来后,对于是否会去参观诸如美术馆这样的公共教育场所的问题,不同的社群会根据各自不同的定位特征而生发出各自的参观意向。在这里,笔者先且将观众分为两大类来进行考察,再总结出分别隶属于这两类观众群体的社群特征。这两类观众是:

(1)从来没进过美术馆的人群;
(2)只去过美术馆1~2次,但再也没有参观意愿的人群。

(二)对两类观众群体的考察

第一类观众群体从未参观过美术馆,是什么导致这一现象的产生呢? 我们也许可以反问:他们为何要去参观美术馆? 安德鲁·麦克斯勒兰曾在他的著作《新千禧年:艺术和它所面对的博物馆共众》(*Art and Its Publics Museum Studies at the Millennium*)提到过:"去逛美术馆是一项休闲选择,这个选择多半是出自那些受良好教育的、富裕的中产阶级观念。"[①]对于这个阶层的社群来说,参观美术馆是一个很愉悦的度过休闲时光或空暇时间的方式,抑或可以说是一种提升他们生活品质的可能性方式。另有研究博物馆观众和教育研究的学者也提出:"那些常会去逛美术馆的人们基本上都属于受良好教育的群体,他们将此行为视为一种非常有价值的体验式的消费投资。因为他们关注自身及家人的终身学习。"[②]由此可见,对于一般观众群体(非艺术相关专业人士)来说,除了相对高阶的受教育程

---

① McClellan, A. *Art and Its Publics Museum Studies at the Millennium*. Chichester: John Wiley & Sons Ltd., 2003.
② Falk, J. H. Museum News. In. Pearce. S. ed. New Research in Museum Studies: An International Series 2: Museum Economics and the Community. London: Atlantic Highlands, 1998.

度之外,另一个影响观众参观意向的条件就是其财务状况。在这方面自然有更深刻的原因。人本主义心理学家马斯洛于 1954 年提出的需求理论如今几乎已是家喻户晓,他的主要论调是个人首先实现了基本的需求,才会产生更高一级的需求(见图 1)。从个人需求序列的整体来看,客观地说,虽然参观美术馆作为一个社交活动相比于其他休闲活动更具有发展性的价值,但学者科特勒经调查发现大多数人仍旧会选择将精力和时间投入较低一层的需求活动,如餐饮、聚会、看电影、购物,等等①。这一结论还可以在表 1 所显示的调查中得以揭示:选择出去就餐和看电影的人数要远远高于选择去美术馆参观和去剧院的人数。

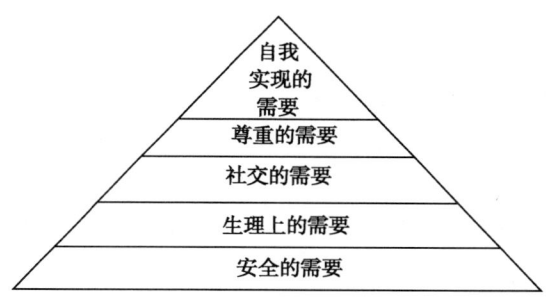

图 1 马斯洛需求理论

表 1 英国成人对几项主要休闲活动的选择意向调查 时间跨度:1993~1997

年	1993	1995	1996	1997	1993	1995	1996	1997	1993	1995	1996	1997
出去吃饭——挑选的场所	60	61	58	70	64	66	65	69	58	62	62	67
出去吃饭——快餐	42	41	40	47	42	46	45	48	41	45	45	49
外出看电影	27	31	34	37	35	32	37	34	29	34	34	39
参观博物馆或画廊	20	19	20	22	22	22	24	22	17	20	20	22
去戏剧院	20	18	21	18	18	15	18	17	18	19	19	17

① Kotler, N. and Kotler, P. Museum Strategy and Marketing: Designing Missions, Building Audiences, Generating Revenue and Resources. San Francisco: Jossey-Bass Inc., 1998.

较高的受教育程度在一定程度上对应着较高的社会阶层,这一类群的观众相对来说也处于良好的财务状况之中。因此,可以再一次看出的是,在参观美术馆这一选择的背后,起主导作用的是观众的社会背景和收入状况。2003年,一项由狄马吉奥和布朗主持的涉及300人的调研在美国展开,这项调研结果即揭示出,进出美术馆的观众所隶属的"社会—经济"背景一直以来都较稳定,所以我们很难将那些隶属于低阶层低收入群的观众参观率提升上来[①]。这里另有一项在英国境内展开的博物馆调研,从中我们也可以看出上述情境(见图2)。去除其他干扰性因素来看博物馆门票价格与观众参观数量的关系,我们可以清晰地看到观众的参观数量随着博物馆门票的增加而减少,所以,如果门票价格为零,那么会出现 V_2 数量的到达观众。当然,如果社会经济形势有所增进的话,我们可以预想这个观众数量还会比调研中的显示要高。综上所述,观众参观量受博物馆内消费水平的影响;观众的参观需求很大程度上受自身的收入状况影响。

在观众的参观意愿和他们的社会背景的关系上,我们由图3可以窥见一斑。社会组 AB 和社会组 C1 分别代表具有艺术相关专业的社群和具有社会中产背景的社群;社会组 C2 和社会组 DE 分别代表体力劳动者社群和具有社会底层背景的社群。我们在图上可以清楚地观察到,在全英境内,由这些背景组成的参观社群之中,参观率最高的社群属于 AB 组,而其他社群的参观率随着社会阶层的下降而递减。而根据抽样调查,英国社会对博物馆、美术馆的整体参观率不到 20%,这足以说明社群的社会背景和他们的参观率的关系,而整体参观率的低下也可以反映社会整体的客观情况。因此,在如何制定美术馆教育的方针上,安德鲁·麦克斯兰说:"虽然美术馆由面向公众的、民主的开放政策指导,我们仍旧需要不断面对的挑战是如

---

① McClellan, A. *Art and Its Publics Museum Studies at the Millennium*. Chichester: John Wiley & Sons Ltd., 2003.

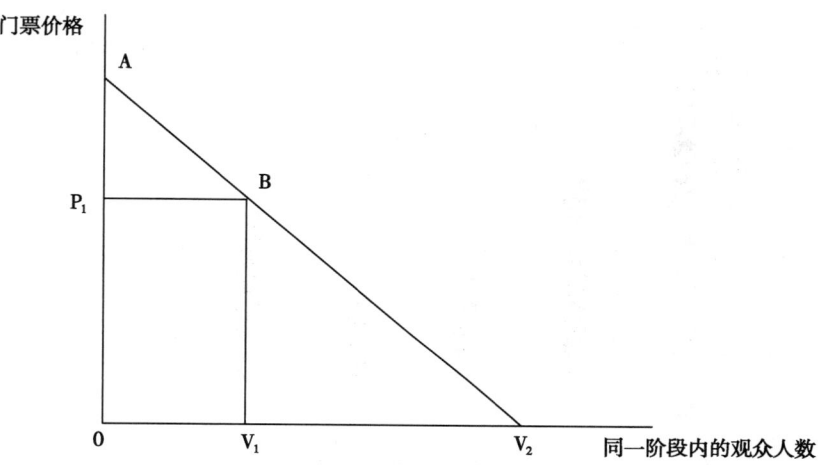

图 2　博物馆门票价格与观众参观数量的关系

何平衡知识精英和普通大众之间的需求；如何平衡艺术爱好者和普通游客之间的不同的审美需求，以及如何处理对内民主与对外交涉设计的平衡。"①

教育对美术馆来说是一项主要职能，也是美术馆管理的主要任务。举一个简单的例子：一个对艺术一无所知的人一定会在美术馆的参观过程中觉得束手无策，这种无从下手的参观经验不仅在价值上没有建设性，且基本上会打消一个参观者的再次参观欲，也很可能会引发其对于美术馆认知的一些负面传播。安德鲁·麦克斯兰更进一步阐述了观众拥有专业知识背景的重要性："在现代文化里，艺术世界被区分于不同的形式和媒介，也被区分于高和低、西方和非西方、学院和非学院、官方和非官方这些不同的辖域。"②这意味着，那些不懂艺术各门类的形式和语言的人在参观美术馆的过程中

---

① McClellan, A. Art and Its Publics Museum Studies at the Millennium. Chichester：John Wiley & Sons Ltd., 2003.

② McClellan, A. Art and Its Publics Museum Studies at the Millennium. Chichester：John Wiley & Sons Ltd., 2003.

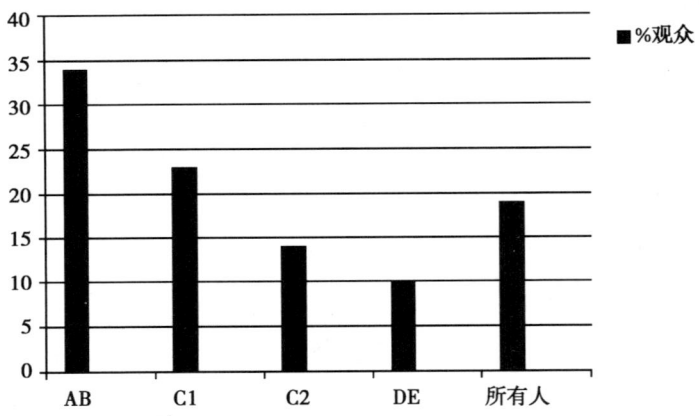

图 3　英国各社会背景的社群的美术馆参观率调查，1993/4
资料来源：《文化趋势》，1995 年，28 号期刊。

会频频遇到障碍。 实际上，在对不同门类的公共教育机构的参观上也会产生类似情况，比如在科特勒对美国观众的抽样调查里就发现：习惯于参观美术馆的美国公民的受教育程度要普遍高于参观其他教育场所(科技馆、历史博物馆或自然博物馆)的参观者[①]。 同时，另有在英国境内的观众调查也发现一个普遍趋势：参观美术馆的人群的文化程度要普遍高于那些从不参观者。 但是，在现实情况里，观众具体的参观选择也受其他一些因素的干扰，比如兴趣爱好、价值观、身体条件等因素。 由于每个不同门类的机构所承办的展览门类有所不同，一些有特殊爱好或特殊门类爱好的观众总是会选择参观承办这些符合他们爱好方向的展览机构。 在这种情况下，兴趣就成了参观意愿的第一要素。 并且随着社会多元化脚步的进程，越来越多的个性因素将成为观众参观选择的主导性因素。

综上所述，我们将导致第一类观众行为("从来没进过美术

---

① Kotler, N. and Kotler, P. Museum Strategy and Marketing: Designing Missions, Building Audiences, Generating Revenue and Resources. San Francisco: Jossey-Bass Inc., 1998.

馆")的社群分析总结出来,有如下特征:

(1)低学历背景及低收入社群;

(2)中低档社会阶层;

(3)没有专业知识储备或缺乏相关爱好。

那么,又是什么导致产生了第二类观众——只去过美术馆1~2次,但再也没有参观意愿的人群? 下面我们从美术馆所提供的设施和服务方面入手来分析这个问题。

二、美术馆的设施和服务对观众参观意向的影响

公立美术馆是由社会资金建造的公共非营利性教育机构,教育是它对于全社会的主要职责。 随着当代文化输出渠道的日趋多元,美术馆所提供的服务方式也越来越向多元化和专业化方向发展,它们中的大多数都有着各自专门的宗旨、发展方向以及针对的目标受众。 所以,如果一个地方美术馆所承办的展览针对的是某个具体的文化问题,而这个问题所传输出的理念并不十分符合其他的(或某一个别的)文化群体的价值观,那么这个展览将成为一项具有争议性的活动而有可能不被一些人所接受,这种影响带来的将是持有不同想法和信念的观众渐渐疏离这个美术馆。 这里有一个著名的案例就是当年华盛顿国家空军博物馆展出的艾诺拉·盖轰炸机(在1945年于日本广岛上空掷下"小男孩"原子弹的飞机)就引起了来自于社会不同方面的争论和指责①,可见美术馆在承办涉及敏感话题的展览时所带来的对它的受欢迎度的影响。 下面我们具体从美术馆的服务和硬件设施方面来逐一分析上文提到的第二类观众的参观意愿。

---

① Shettle, H. Visitor Studies: Theory, Research and Practice. Alabama: Visitor Studies Association, 1997.

美术馆的服务主要是围绕观众展开的,是观众体验与其目标达成的中间结构。馆内设施是所有这些服务的实施载体,也是维护其展览和收藏的硬件构成系统。在对待参访观众时,几乎所有的馆都追求提供具有学习性和愉悦性并兼的服务体验,为了达到这一效果,美术馆的服务设计包括问询服务、导览服务、餐饮服务、商店服务及最重要的教育活动服务项目。布朗早在其1928年发表的《科学月刊》(Scientific Monthly)中就详细提及美术馆服务的重要性:"休息座椅及展柜需要经过细致考虑才能够布置在展览空间当中;食品供给必须提供在观众方便提取的地方,好让因参观活动而感到饥饿的观众延长其在馆内的体验时间,并缓解他们的疲劳感。"[1]总之,在美术馆的参观过程中获得富有启发性的、安全舒适的、愉悦性体验的观众倾向于成为它们的长久受众,反之,这些观众将从不舒适的服务中体验到糟糕的参观体验,并不想再重复这种体验。

美术馆的硬件设施包括馆内安保系统、应急系统和用于进行展览维护方面的设施,包括室内湿度、温度控制设施,以及照明控制设施和一些观众互动项目设施等。这些设施所支撑构成的美术馆的内部环境直接关系到观众踏入美术馆的第一刻起产生的感官印象,而这第一时间的感官印象在很大程度上主导着观众对此馆的整体印象。另外,值得重点提出的是那些支撑观众互动的项目设施。近阶以来,这些设施越来越多地被放置在美术馆的展厅角落中,用来补充和活化展览内容而加入观众的参观体验里。汉格斯认为这是因为近年来观众需求发生了变化,尤其是在一些社会互动性较强的当代展览中,观众不再满足于与作品保持一定的距离,而是期望能够参与到作品和展厅空间中进行触碰式的交流。这种需求不论在科技展览还是在专业性较强的当代艺术展览中都有所体现[2]。由此可见,美术馆不仅需要提供这些设施,并要负责维护这些设施性能上的有

---

[1] Brown, F. C. *The Scientific Monthly*, 1928, 26(3): 193–201.
[2] Hughes. P. Exhibition Design. London: Laurence King Publishing Ltd., 2010.

效、安全和舒适,以制造更加愉悦的观众体验。

收藏和展览是美术馆的两项基本职能,其中,收藏是为了保护和保存文化遗产,展览是美术馆的自我阐释的主要形式,而这两项职能都是围绕着美术馆里的"物"(藏品或展品)展开的。研究美术馆针对藏品或展品所展开的对外服务有利于吸引更多元的观众,这是因为,首先,"藏品"是其成为"展品"的预备状态,而美术馆挑选的"藏品"的特质直接关系到有这方面关注爱好的观众群的选择,而当藏品转变为展览上的展品的时候,展览,在这里作为一个观众与美术馆沟通的媒介,是之前美术馆对于"物"的一系列服务的最终形式。它直接牵动着美术馆自身拥有的特殊观众群对于机构的意识和态度,因此,美术馆内的收藏和展览服务与观众的参观体验息息相关——良好的展览和收藏服务会使美术馆原本拥有的观众群具有稳定性和持久性。米歇尔·贝尔斯就此方面认为:"提供一个多面向的展览有利于以多种方式触及多层次的观众。"[1]因此,一个优秀的策展人需要拥有能驾驭不同媒介资源的能力,制造多感官维度的展览体验。

综上所述,形成第二类群观众的原因主要有以下两点:

(1)美术馆的收藏定位和展览服务均不符合观众预期的要求。

(2)美术馆的设施条件不能满足观众的基本需求。

本文尝试探讨的是为什么美术馆在当下这个公共的、开放的教育环境里,以自身的公共教育机构的性质面向全社会而运营,却并不是所有人都会去参观美术馆这一问题。为了研究这个问题,笔者将本文分为两个部分来进行讨论。首先,在第一部分里,笔者探讨了在观众参观美术馆的意向背后的决定性因素,继而发现是经济状况和文化背景这两点起着主导性作用,所以在这两点上不具备要求的人就很少会参与涉及美术馆的活动,对于这一类人群的参观意向选择,笔者总结出三个主要原因:(1)低学历背景及低收入;(2)中低档社会阶层;(3)没有专业知识储备或缺乏相关爱好。其次,笔

---

[1] Michael Belcher, M. Exhibitions in Museums. Leicester: Leicester University, 1992.

者在第二部分分析了那些具备经济条件和文化背景却依然不去参观美术馆或只去过一两次就再无参观意愿的人群。通过讨论，我们发现是以下两点因素干扰了这部分人群的参观意向：（1）美术馆的收藏定位和展览服务均不符合观众预期的要求；（2）美术馆的设施条件不能满足观众的基本需求。最后，本文通过文献材料中的数据归纳和分析认为，美术馆主要需通过自身的教育传播来向观众普及艺术专业相关的知识，使他们具备能够"读懂"展览的认识能力，而另一方面的改进也尤为重要——美术馆内的服务和设施。同时，适当的调整美术馆内的服务价格也可以调整它们所吸引的观众群。

参考文献

1. Brown, F. C. The Scientific Monthly, 1928, 26(3): 193 – 201.

2. Clarke, S. Language Learning for Migrants, Refugees and Asylum Seekers. Edinburgh: Museumsetc, 2010.

3. McClellan, A. Art and Its Publics Museum Studies at the Millennium. Chichester: John Wiley & Sons Ltd., 2003.

4. Falk, J. H. Museum News. In. Pearce. S. ed. New Research in Museum Studies: An International Series 2: Museum Economics and the Community. London : Atlantic Highlands, 1998.

5. Kotler, N. and Kotler, P. Museum Strategy and Marketing: Designing Missions, Building Audiences, Generating Revenue and Resources. San Francisco: Jossey-Bass Inc., 1998.

6. Shettle, H. Visitor Studies: Theory, Research and Practice. Alabama: Visitor Studies Association, 1997.

7. Hughes. P. Exhibition Design. London: Laurence King Publishing Ltd., 2010.

8. Michael Belcher, M. Exhibitions in Museums. Leicester: Leicester University, 1992.

如何破解乡镇艺术馆经营难题
——以费新我艺术馆为例

沈怡君

近年来，全国的艺术馆事业发展很活跃。例如浙江、江苏都建起了众多艺术馆，除了公立艺术馆外，还涌现出许多民营艺术馆，全国范围内正形成一股兴建艺术馆的热潮。

在这一热潮之中，浙江省湖州市双林镇以一镇之力，自筹自建了一个名人艺术馆。在乡镇财力极其艰难的情况下，对艺术馆的投入建设规模在全国乡镇艺术馆中，可谓首屈一指。艺术馆总投资4000万元，用地面积1950平方米，建筑面积3290平方米。在体制上，不同于国内公立艺术馆的运营模式，其创新采用了欧美艺术馆运营的常态——基金会模式。而目前国内的大多数艺术馆都是政府全额拨款的公益性事业单位，并且都设有一定的编制，艺术馆的经费使用也是列入财政预算的。显然乡镇建造的艺术馆不具备上述的种种优越条件，因此，在现有的体制上，乡镇艺术馆在资金缺乏状况下的长久运行，就显得尤为重要。

长江三角洲地区的艺术馆数量之多，也较为集中，如何在众多的艺术馆中展现出自己的特色，区域经济对艺术馆的影响、艺术馆资金运作及生存模式、艺术馆公共教育与文化服务职能等如何将现有的藏品资源和艺术基金发挥到最大效用，如何更好地发挥艺术馆的服务功能，如何开展广泛的对外交流从而更好地推广艺术馆的文化品牌等问题，都是迫切而现实的。笔者希望通过本文将乡镇艺术馆面临的现实问题一一进行梳理，并在此基础上提出因地制宜的解决之道。

一、区域文化性格与文化特色定位

　　区域文化性格的形成是一个漫长的过程，其形成受到多种因素和环境的影响，例如，历史、地理、政治、经济，等等。而艺术馆的定位需要考虑的因素也包含以上多种因素，例如，人群结构、地理位置、艺术资源，等等。通过综合分析以上多种因素，艺术馆可以找到自己的优势，确定自己的方向，明确自身的特色定位。

　　双林古镇仍保留着江南水乡城镇特有的水网体系、街巷格局和传统建筑风貌。穿镇而过的东、西市河，沿河而建的商铺、古巷民居构成了古镇的基本框架，较完整地体现出江南水乡古镇"天人合一"的环境特色，散发着原汁原味的生活气息和各种历史文化信息。在这一处钟灵毓秀、名人荟萃之所，每一位双林镇居民似乎都有自己的兴趣和爱好。在人口仅有50万人的镇区，就有多个书画工作室，成立于20世纪80年代的"墨河画苑"、书法爱好者个人工作室"沈晓龙书法艺术工作室"以及2013年年底刚成立的费新我书画院等。

　　作为绫绢故里，自三国时期始，双林所产绫绢已享盛名，有"吴绫蜀锦"之称，发展到近现代，绫绢作为衣物辅料的功能已经逐渐丧失，其主要用途在于字画装裱。在2008年北京奥运会上，双林绫绢装裱的数千幅古旧书画还被作为国礼赠送给来自世界各地的友人。双林云鹤绫绢厂传承的书画装裱工艺，于2013年入选浙江省非物质文化遗产名录。此外，距双林镇西南5公里的善琏镇还是文房四宝之一——湖笔的产地。其传统制作工艺也早已被选入浙江省非物质文化遗产名录。

古镇千百年来的文化习俗，形成了一种区域文化独特的"心理趋势和价值取向"，成为双林古镇艺术馆建设文化定位的重要依据。

笔者认为，乡镇艺术馆的定位一方面需建立在区域文化性格的基础上，另一方面要秉持"建设社区"为导向的理念，充分利用和发掘本土文化艺术资源，调动区域内可利用的人力物力资源，实现艺术馆与社区的良性互动。

目前，文化产业领域较为热门的一个论域就是所谓的"社区研究"和"社区营造"议题。其主要观点就是博物馆承担的功能不单纯只有保护和维护文化遗产，而是通过对当地社区的直接贡献去丰富文化遗产，在帮助所有社区成员认识到博物馆重要性的同时提高公众参与博物馆事业的热情[1]。

贯彻"社区研究"和"社区营造"理念较为成功的案例当属日本和中国台湾地区。日本曾经大力推广过公共建设，产生过："一县一美术馆，一乡一文化中心"的现象，但乡间的美术馆客源稀少，再加上政府财政的滞后和国民欣赏水平还无法跟上美术馆兴建的效率，美术馆成了蚊子的寄居地，因此，被人们称作："蚊子美术馆"[2]。蚊子美术馆的教训让日本人重新思考了美术馆的定位，金泽二十一世纪美术馆结合市民文化，将美术馆的职能从单纯的艺术品展示与收藏拓展到市民文化休闲、交流的场所。这座坐落在都市中心的圆形玻璃材质建筑，被市政厅等机关单位及日本名园之一的"兼六园"包围着。美术馆在晚间则成了金泽市市民散步、约会的好地方，甚至在特定日期，美术馆还被出租为结婚场地。

日本金泽二十一世纪美术馆的成功经验向我们展示了艺术馆的建设必须因地制宜，与当地的社区文化相融合。

结合双林镇的具体区位优势和文化性格，笔者认为，费新我艺

---

[1] 张勇："浅析博物馆与社区文化的互动关系"，载《新世纪博物馆的实践与思考——北京博物馆学会第五届学术会议论文集》。

[2] 李清志："空间革命：新世纪美术馆进化论"，载《知日·HI! 美术馆》。

术馆的特色定位至少应从两个方面进行思考：第一，挖掘传统文化资源，创新经营管理模式，推广区域文化艺术品牌；第二，完善教育服务体系，搭建优质公共文化平台，助力区域文化产业发展。

特色文化资源是建立经营管理模式的基础，也是区域文化艺术品牌的特色内容。艺术馆完善的教育服务功能，是区域文化和文化产业可持续发展的孵化器和驱动力。这两方面问题，本文将在第二、三部分详细展开论述。

二、经营模式的特色定位

浙江省湖州市双林镇费新我艺术馆于2013年12月21日正式落成开馆。费新我(1903.12～1992.5)，学名斯恩，原字省吾，字立千，号立斋，后改名新我，湖州南浔双林人，当代著名书法大师。他中年右手致残改用左手书写，并因左腕运笔自成一格而名闻天下。现担任中国书法家协会主席的张海先生系费新我大师的学生。为保存和发扬先生的书法作品和文化精神，张海先生几下湖州和双林，争取地方领导的支持和帮助。历时3年，费新我艺术馆终于在先生110诞辰纪念日之际落成开馆。

双林镇以一镇之力，自筹自建了一个名人艺术馆，建设规模之大在全国乡镇艺术馆中，可谓首屈一指。因为坐落于乡镇级别行政区域，所以它从落成的那一天起就没有公立美术馆的政府全额拨款、人员配备编制、使用经费列入地方财政预算等优越条件。因此，费新我艺术馆如何生存，怎样运转，构建怎样的机制成为一系列无法绕开的现实问题。

目前在国内各类艺术馆中，基金会的经营模式比较少见，较为成功的如上海当代艺术馆,由注册成立于香港的"龚明光基金会"运作①。上海当代艺术馆每年平均举办七场展览,相较于其他公立艺术馆来说数量较少,且为了弥补资金方面的不足,艺术馆通过开展各类展览配套活动、举办各类公共教育活动、出租场馆供商业用途等多元化经营。作为一座艺术馆,它的经营活动范围似乎有些超越"非营利性机构"的范畴,但从艺术馆的实际情况出发,这种全方位的运营策略也成为艺术馆能够生存的重要一环。

总体来说,作为国外常态经营模式的基金会模式,在中国的表现却显得力不从心。捐赠信息欠缺公开化、税收减免政策不足、公益性捐赠观念缺失等都成为阻碍基金会吸引捐赠的障碍。

浙江省湖州市费新我书画艺术发展基金会成立于2013年12月,基金会性质是非公募型公益文化基金,依据《中华人民共和国基金会管理条例》和《中华人民共和国公益事业捐赠法》等法律法规的相关规定,接受特定个人及组织的捐赠,用于发展公益性文化事业。依据《湖州市费新我书画艺术发展基金会章程》,基金的原始基金数额为人民币212.21万元②,来源于社会各界的捐助。其中企业捐赠150万元,个人捐赠62.21万元(见表1、图1)。艺术基金会目前将原始基金存入银行,每年的固定收益为20万元,加上湖州市文化厅的财政拨款每年预计约10万元,两项合法收入再加上基金会自身的投资收益(如拍卖征集所得画作等),每年固定收入在30万元上下浮动。这部分收入承担了艺术馆和基金会日常活动的全部资金来源,包括:(1)费新我艺术馆和费新我书画院的正常运行;(2)承办会议和书画展;(3)书画爱好者培训与对外交流;(4)费新我书画作品及当代书画名家作品的收藏。

---

① 龚梦旻:"美术馆之民营梦——沪上民营美术馆生存现状调查",载《艺术市场》2013年第28期。

② 基金会的原始基金作为基金会的原始资本,仅用于银行存款投资收益,不可用于其他用途。

表 1　费新我艺术基金收入来源统计表　（单位：万元）

原始基金	银行利率	文化局拨款	自营业收入
212.21	20	10	5
总计：247.21			

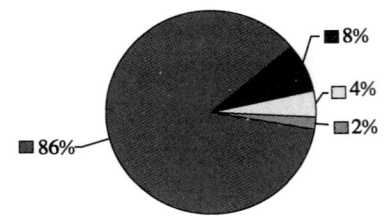

■ 原始基金　■ 银行利率　□ 文化局拨款　■ 自营业收入

图 1　费新我艺术基金收入来源统计图

2014 年的到来意味着一个全新的开始，也是费新我艺术基金成立后迎来的第一年，可以说这将是机遇与挑战并存的一年。30 万元的年活动经费对于一个承担艺术馆日常运作以及多项公益活动的基金会来说可谓杯水车薪。据资料显示，上海市民生现代美术馆每年得到民生银行的资助达 2000 万元人民币，上海当代艺术馆每年得到龚光明艺术基金的捐助也达 800 万～1000 万元①。雄厚的资金支持是艺术馆开展各类活动的强有力后盾，沪上的这两家知名艺术馆每年平均举办 3 场高品质的展览，基本以一个季度为展览持续时间。考虑到乡镇艺术馆的定位，频繁的策展次数显然不适合，那么一场高品质高端定位的展览可能会成为艺术馆未来策展的方向。换言之，基金会与其将有限的资金投入到短周期的小范围艺术展览，还不如砸重金换来每年一场高端展览的博弈。笔者认为，趁着开幕式

---

① 龚梦旻：《上海当代民营美术馆经营模式研究——以 MOCA、民生上海现代美术馆、喜马拉雅美术馆为例》。

的余热,基金会应当全力争取书协以及政府部门的支持,集合一切优势资源将艺术馆的品牌推广出去,并且让这种推广成为每年一次的传统。

其实资金的使用问题只是基金会面临的一个很小的难题,基金会生存的真正压力来源于资金的募集。

基金会最大一部分资金来源于企业捐助,其原始基金的70%来自于企业捐助。依据《企业所得税法》第9条规定,企业发生的公益性捐赠支出,在年度利润总额12%以内的部分,准予在计算应纳税所得额时扣除。这一法律保障调动了企业捐助的热情,但能否在未来艺术馆的发展过程中每年仍能吸引到当地乃至外地企业的捐赠就成为基金会需要努力的目标。笔者认为,艺术馆的健康发展与基金会的持久吸资是一个良性循环的过程,只有把每一场展览都办成精品,形成艺术馆的文化品牌,才有可能吸引到持续的捐助和投资。

另外,基金会还开辟了一些自营项目,例如馆藏作品的拍卖。馆藏作品分为个人捐赠作品和"费新我诞辰110周年名家邀请展"作品,只有名家邀请展的参展展品才能进入拍卖领域,捐赠作品除非捐赠人同意不能用于其他用途。此次名家邀请展共收藏作品49幅,其中中国书协副主席及顾问作品16幅,浙江籍艺术家作品19幅。基金会的初步计划是通过拍卖行和费新我书画院的平台出售部分书画作品,具体议程还在讨论当中。

除此之外,艺术馆的后产品开发、周边服务等也即将列入艺术馆的下一步发展计划,例如艺术衍生品以及设计品商店、文化活动的门票费及会员收费,场地出租,等等。

总的来说,基金会面临的最大问题还是资金匮乏。资金的多寡将直接影响艺术馆的收藏、学术研究、人才引进、教育推广以及优势资源的争取[1]。解决了这一根本问题,其他的难题就会一一迎刃

---

[1] 龚梦旻:《上海当代民营美术馆经营模式研究——以MOCA、民生上海现代美术馆、喜马拉雅美术馆为例》。

而解。

参考欧美国家博物馆"会员制"的经验，笔者提出了一个简单的构想，即艺术基金会的捐赠人员同时可享受艺术馆的会员服务。其可行性包含以下三个方面：其一，基金会捐赠人员大部分拥有较丰富的人脉资源，这些资源可成为推广艺术馆文化品牌的良好平台；其二，艺术馆的公共空间可作为场地以会员特权的方式出租给公司、企业用作商业用途；其三，艺术馆也可针对会员开展一系列特展活动，如会员艺术沙龙、艺术讲座、名家笔会等。

通过"会员制"的机制可以达到艺术馆、画家、会员的三方受益。首先，艺术馆可以借由"会员制"吸引到更多的捐赠和投资。根据我国《企业所得税法》第9条规定，企业发生的公益性捐赠支出，在年度利润总额12%以内的部分，准予在计算应纳税所得额时扣除。而依据《个人所得税法》第6条以及第24条规定，个人将其所得对教育事业和其他公益事业捐赠的部分，按照国务院有关规定从应纳税所得中扣除。捐赠额未超过纳税义务人申报的应纳税所得额30%的部分，可以从其应纳税所得额中扣除。综上，12%和30%的纳税抵扣额是目前基金会吸引捐赠的最大筹码，使得公益性捐赠有了法律的强有力保护和支持，虽然这一力度相较于欧美国家，如英国高达50%的税收抵扣是明显缺乏吸引力的。因此，"会员制"的施行将成为基金会吸引捐赠的重要增筹砝码。

其次，画家和会员得以通过艺术馆的平台满足各自的需求。画家可以通过各类特别针对会员的讲座、特展结识有意向的收藏购买者，而且这种购买需求是建立在艺术熏陶的基础上的，伴随着艺术馆的不定期交流活动具有长期性和稳定性。而对于会员来说，通过捐赠获得的不仅仅只是艺术馆树立的捐赠者名录上的铅印，更重要的是一种有针对性的艺术教育和独享式的收藏投资机会。因而"会员制"从理论上似乎可以成为基金会捐赠的新设想。

与费新我艺术基金同时成立的还有费新我书画院，其为区内书画艺术爱好者和篆刻艺术家自愿组成的非营利性社会组织。业务范围包括以下五项：

(1)书画篆刻艺术的创作、交流与展出；

(2)书画印学理论的研究、编辑与发表；

(3)书画篆刻人才的宣传、培养与教育；

(4)书画篆刻艺术品的经营、保存与收藏；

(5)书画篆刻活动的组织、策划与承办。

总的来说，其目的就是要激活本土的书画创作，为当地的书画家搭建一个进入市场的平台，成为联系双林镇乃至南浔区企业家与外地艺术家的一个枢纽。其交流和联系主要通过下列活动：第一，费新我书画院会定期举办名师大讲堂，广泛与外地的书画院加强交流与合作，积极吸取优势画院的长处。第二，推出和帮助本地的书画家到外地办展览，收藏他们的代表作，帮助他们出画册。第三，艺术馆二楼还设立了名家书画室，不定期邀请国内一线的书画名家做客双林。其中的第二项有着极具吸引力的保障条款，鼓励书画艺术家的创作和对外展示：凡是本院会员举办书画展览（地点不限），或出版书画作品集及书画理论专著，将获得湖州费新我书画艺术发展基金会的资助，最高可获得出版、展览费用的百分之五十的资助。

此外，书画院的组建实行会员制度，而会费的缴纳可以说是一种创新性突破，依据《湖州市南浔费新我书画院章程》规定："积极参加书画院活动，每年向书画院交纳4件艺术作品作为会费；书画院有权对作品进行商业目的的流通。"这一会费缴纳制度在激发会员创作热情的同时保证了书画院的经费来源，可以说是一种颇有创建的设想。但细细想来这一制度的设计也有其弊端，首先，会员艺术家（或书法爱好者）的作品质量良莠不齐，每人四件的量化标准难免会导致保量不保质的情况出现。部分会员作品质量上乘而部分质量低下，且不论作品的艺术水平有多高，但从其市价上来计算，每件作品的拍卖价格也不同，有的作品甚至不够进入拍卖行的门槛。这种差异势必导致部分会员艺术家消极怠工，影响书画院的长足发展。因此，在四件作品的会费缴纳上应该有一个除了数量以外的统一标准,在自愿之外提高会员的参与度和积极性。

综上所述,书画院的组织结构和制度设立是一种创新,但在创新之外还存在很多细节和漏洞需要补充完善。当然,笔者坚信在实际运作的过程中,伴随着艺术家和书画爱好者的共同努力,这一系列的问题都会得到一一解决。

笔者认为,艺术馆的文化品牌行销包括向观众的行销以及向行业内书画艺术家、艺术馆、艺术机构的行销。

首先是艺术馆向同业者(包括书画艺术家、艺术馆、艺术机构等)的行销。通过书画院的会员资源和活动架构、基金会的资金支持,艺术馆获得了一个定期展示自己的机会。这种展示,在很大程度上需要依赖媒体的曝光和宣传,这方面的努力就需要艺术馆对外宣传部门和双林镇政府协同完成。由艺术馆对外宣传部门拟订新闻稿,由政府牵头争取在新闻媒体上的曝光机会是一种传统的行销模式。当然,艺术馆、艺术机构之间的定期交流,如每年定期举办的长三角美术馆论坛、借由展览举办的书画家笔会、邀请中国书法家协会会员做客艺术馆分享交流经验等,都将在不久的将来成为艺术馆同业行销的新模式。

其次是艺术馆向观众的行销。营销学中有一个很有意思的现象,叫做"哈雷效应"。当哈雷彗星划过地球上空时,大众的普遍心理是七十年一见的机会相当难得,能有机会欣赏到这般奇观的人更是少之又少。因此,在那几天的夜晚,哈雷迷们疯狂等待,不远万里,不惜牺牲宝贵的睡眠时间,也不在乎风餐露宿,只为彗星扫过天际的一刹那。由此可知,艺术馆的活动如果能很好地利用和把握这种"稀奇与不易"的心理,策划出有"噱头"的展览,才能引发观众的好奇与兴趣。当然,利用观众的好奇心理只是艺术馆走向公众的第一步,要建立起长期的展览——参观模式,还需要艺术馆在经营实践中不断开发和摸索。

三、构建适合乡镇区域特色的服务功能

观众是美术馆存在的终极价值所在。当今美术馆的办馆理念已经从"以物品为中心"到"以教育为中心"再到"以观众为中心"的转变①。

如果我们把艺术馆想象成一个没有人物、没有情节的剧场,每个进入艺术馆参观的观众就像是演员,每一件展品每一幅画作就像是脚本,演员们拿着脚本反复揣摩,在自己独有的理解和解读的基础上演绎独一无二的艺术作品。就像莎士比亚的一句话:"在伟大的生存戏剧中是没有观众,只有演员的,每个人都身临其中,只是社会给他们铺垫的场景不同。"在展览中,艺术馆的布展就是为参观者做了一个铺垫,艺术馆的公共空间就是一个巨大的舞台,馆内的诸多藏品就是由观众们自由发挥的脚本。所以说,以观众为中心的服务功能定位是将观众作为演员,在艺术馆的空间内自由想象和表演,这从另一方面也印证了莎翁"一千个读者就有一千个哈姆雷特"的艺术欣赏原则,与中国古人所讲的"仁者见仁,智者见智"是一个道理。

除了在艺术馆的展览布置上要做到以观众为中心之外,因地制宜地根据双林镇的区位条件、人口结构分布等来设计艺术馆的周边配套服务项目也显得尤为重要。安德鲁·麦克斯勒兰曾在他的著作《新千禧年:艺术和它所面对的博物馆共众》(*Art and Its Publics Museum Studies at the Millennium*)提道:"去逛美术馆是一项休闲选择,这个选择多半是出自那些受良好教育的、富裕的中产阶级观念。"因而,要研究艺术馆的观众首先要对当地人口的受教育程度和收入状

---

① 张子康:《美术馆》,中国青年出版社 2009 年版。

况进行考察。

据统计,双林镇常住人口为 75 121 人,南浔区户籍人口为 49.36 万人,具有大学(指大专以上)程度的人口为 1.49 万人;具有高中(含中专)程度的人口为 4.848 万人;具有初中程度的人口为 21.13 万人;具有小学程度的人口为 20.11 万人(以上各种受教育程度的人包括各类学校的毕业生、肄业生和在校生)[①]。根据浙江省现有的教育体系,艺术品的欣赏课程从高中开始开设,因此,高中(含中专)以上文化程度人群是艺术馆主要针对的观众群体,也即全区 6.2 万人次。

此外,2013 年南浔区城镇居民人均可支配现金收入为 33 848 元;农村居民人均纯收入为 19 063 元。城乡居民家庭人均生活消费支出分别为 19 651 元和 12 303 元。整个浙江省人均教育文化娱乐服务支出占总消费支出的 13.1%[②](南浔区数据欠缺,以浙江省作为参考)。根据国际经验,当人均 GDP 达到 3000 美元(按照当前汇率是 18 420 元人民币)时,文化消费将快速增长,文化消费需求将占个人消费性支出的 23%。相较而言,在国际同等人均消费水平线上,文化娱乐服务消费还有很大的提升空间。

综上所述,从双林镇常住人口的文化程度和文化消费水平两个维度来看,艺术馆的观众群体不应当局限于南浔区常住人口,应当辐射至长江三角洲地区乃至全国范围。基于此,应当加强建设艺术馆的周边配套服务设施,例如餐饮、住宿、交通等,以解决艺术馆观众群体的衣食住行需求。而这些行业也可以借由艺术馆的平台打造自己的品牌,形成一个以艺术馆为中心的文化集群品牌。例如以双林鳝丝面、羊肉面为特色的饮食文化,再如以善琏湖笔、双林绫绢裱画为特色的非遗文化,等等。这些看似细枝末节的配套服务项目其

---

① 南浔区统计局:《南浔区第六次全国人口普查主要数据公报》,2011 年 5 月 20 日。
② 国家统计局浙江调查总队:"浙江城镇居民文化消费研究",载 http://zjso.stats.gov.cn/,访问时间:2014 年 2 月 24 日。

实正是一种以观众为中心的理念的贯彻,在不久的将来可能会成为助力艺术馆走出去的重要一步。

从艺术馆的属性来说,艺术馆首先是公共性、公益性、非营利性机构,应该有自己独立的馆藏、展览策略和学术理念。更重要的是,艺术馆要承担一定的社会公益职能,比如要有艺术推广和教育的功能[1]。

美国博物馆学界的重要文献《新世纪的博物馆》(*Museums for a New Century*)指出:"若典藏品是博物馆的心脏,教育则是博物馆的灵魂。"[2]艺术馆的教育功能指的就是公共教育,它与学校教育的不同显而易见。艺术馆公共教育的主要目的是培养参观者的艺术审美兴趣、提高观展者的艺术审美素养。这种素养,不仅包括对艺术作品的理解,还包括对艺术家创作理念、艺术表达方式的理解,当然,这种素养不是一朝一夕能形成的,需要长期艺术教育的熏陶。

最常见的艺术教育活动包括有导游陪同的参观活动、实地考察、艺术课程、讲座、电影以及会员服务等项目。例如美国大都会博物馆为纽约市市民和来自各地区、各国家的观众提供内容丰富的教育活动。每天,观众们都能参加讲演、看电影、艺廊论坛、诗歌朗诵、专题讲座、家庭活动及工作坊[3]。然而结合双林镇的实际,囿于资金和客流量的局限,各类活动的频率和内容一定没有如此频繁和丰富,但古镇浓厚的艺术文化氛围和固定的书法爱好群体是艺术馆举办各类活动的固定长期保障。朝九晚五的悠闲古镇生活让人们有更多的时间参与文化娱乐活动,艺术馆可以利用二楼的书画工作室举办一些诸如书画培训班之类的课程,这些课程相对于名家讲座来说更切实可行,因为家长一般都不吝于对孩子的教育投资。另外,开展各类亲子活动。让儿童参与,家长鼓励,也是艺术馆利用

---

[1] 唐子韬:"民营美术馆如何软硬兼施",载《中国文化报》2014年1月6日。
[2] 俞允:"中国美术博物馆公共教育的新探索",载《经营者》2013年10月。
[3] 黄光南:《博物馆企业》,文化艺术出版社2011年版。

亲子教育的潮流增加观众人数的新途径。家长更关注有益于儿童的各项学习课程，并且会跟随自己的孩子前往参加，这种加倍式的观众群，将会成为博物馆观众的主要来源。

此外，和学校教育相通的是，艺术馆的公共教育还需要针对不同年龄段和知识结构的人群制定不同的实施方案。如双林镇辖区内包含双林中学、双林成人高中、双林二中和双林庆同小学，也即两所高中、一所初中和一所小学。针对初高中生群体，结合他们已有的美术教育背景和知识结构，可以采取知识性灌输和创新思维能力培养相结合的教育方式。而针对小学及以下年龄段的观众，则可以采取启蒙式的教育方式，培养他们对艺术作品的喜好，激发他们参与艺术创作的兴趣。另外在活动的形式上，也应该把趣味性和知识性相结合，在活泼的氛围中接受艺术教育。

公共教育的职能让艺术馆顺理成章地成为一个艺术文化展示的窗口。再加上在未来几年内凤凰文化广场上即将兴建的南浔区图书馆双林分馆，一个以艺术馆为中心的区域文化中心就会在不久的将来展现在公众的面前。

四、乡镇艺术馆的经营启示

大力发展文化产业的大潮，带来了博物馆、艺术馆数量的迅猛增长。乡镇艺术馆在面临政府财政支持不足、民间捐赠匮乏、远离传统文化艺术中心等自身及区位条件限制的情况下，处在一个尴尬的发展重围之中。

笔者认为，乡镇艺术馆的经营难题和破解方法可以总结为以下两点：

第一，乡镇艺术馆由于享受不到国家体制内的待遇，存在资金匮乏的难题。破解难题的方法是建立基金会筹资。在充足的资金保障的前提下,再考虑创造乡镇特色的文化品牌行销,提高知名度,扩大影响力。

第二,乡镇艺术馆的服务功能不明确。破解难题的方法是建立适合乡镇区域特色的服务功能,拓展经营范围,争取资金来源。

这两个问题的解决,可以说具有乡镇艺术馆"普适"的经验意义。乡镇艺术馆的发展应当突破传统的艺术馆经营思维:在立足区域文化性格的前提下,创新经营管理模式,推广艺术馆和艺术家的文化品牌,最终成为公共教育和区域文化的中心。换言之,艺术馆不仅是一个艺术展示的空间,也是一个优秀艺术家展示自我的平台,更要成为广大民众真正向往的艺术殿堂。在中共双林镇第十三届代表大会第三次会议上,双林镇党委书记提出了2014年双林镇文化产业的发展重点:"挖掘传统文化资源,扶持发展文化产业。依托费新我艺术馆和书画院,打造双林文化展示窗口[①]。"借此,笔者希望本文的一些拙见能为这一目标的实现提供一些具有实践意义的探索。

参考文献

(一)著作及译著类

1. 王璜生.作为知识生产的美术馆.中央编译出版社,2012.

2. 黄光南.博物馆企业.文化艺术出版社,2011.

3. 张小鹭 等.现代美术馆教育与经营.西南师范大学出版社,2009.

4. 乔治·埃里斯·博寇.新博物馆学手册.张云,曹志建,吴瑜,王睿,译.重庆大学出版社,2011.

5. [美]卡里尔.博物馆怀疑论——公共美术馆中的艺术展览史.

[①] 《站在新起点 抢抓新机遇 全力谱写双林经济社会发展新篇章——在中共双林镇第十三届代表大会第三次会议上的报告》。

丁宁,译.江苏美术出版社,2009.

6. 王璜生.美术馆——博物馆展示文化与藏品管理.同济大学出版社,2009.

(二)期刊报纸类

1. 美术馆体现着一个国家的文化自信——访中国美术馆馆长范迪安.新华每日电讯,2012-02-10.

2. 陈儒斌.收藏与展览是艺术博物馆的核心竞争力——以纽约大都会博物馆为例.中国博物馆,2013-02-15.

3. Lisa Dennison,赵容.从博物馆到博物馆群——古根海姆博物馆的历程.中国美术馆,2007-02-20.

4. 傅玉兰.博物馆群运作模式研究.复旦大学,2010-05-31.

5. 柳淳风.中国民营美术馆现状报告.中央美术学院,2007-06-06.

6. 孙鹏.中国民营美术馆的现状与发展模式分析——以上海民营美术馆为例.中央美术学院2012年青年艺术批评奖获奖论文集.

7. 龚梦旻.上海当代民营美术馆经营模式研究.华东师范大学,2013-04-01.

8. 廖晓菲.群众艺术馆的服务与创新探讨.艺术中国,2012-09-15.

9. 陈义丰.艺术网络营销.中国艺术研究院,2010-06-30.

10. 王富军.农村公共文化服务体系建设研究.福建师范大学,2012-05-28.

(三)其他

1.《2012年南浔区政府工作报告》.

2.《站在新起点 抢抓新机遇 全力谱写双林经济社会发展新篇章——在中共双林镇第十三届代表大会第三次会议上的报告》.

3.《费新我艺术馆章程》.

4.《湖州市南浔费新我书画院章程》.

5.《湖州市费新我书画艺术发展基金会章程》.

(四)网络资源

1. 中国知网,http://www.cnki.net/.

2. 雅昌艺术网,http://www.artron.net/.

3. 豆瓣读书,http://book.douban.com/.

4. 新浪博客,http://blog.sina.com.cn/.

从"HIHEY 艺术网"看艺术品交易的新形式

张晓楠

艺术品在线交易是艺术品市场中形成的一种新的交易模式,它以网络技术为基础,以市场推广为手段,以征集拍品为核心。近年来,中国艺术品网上交易额迅猛上涨,在线交易平台数量骤增,成为艺术品市场不容忽视的新的发展趋势。本文以"HIHEY 艺术网"为例,通过与传统拍卖行、画廊在交易方式、客户群体、艺术品类别、交易费用等方面的比较,总结其优势及存在的问题,并对未来的发展进行分析,以期为此类艺术品在线交易平台的进一步发展提供一定的借鉴。

一、艺术品在线交易时代来临

2013 年 7 月底,文化部文化市场司发布了《2012 中国艺术品市场年度报告》。报告中显示,2012 年我国艺术品市场的整体发展呈下降态势,市场交易总额为 1784 亿元,同比下降 15%;但艺术品网上交易额则为 18 亿元,同比上涨 50%。2013 年中国艺术品网络拍卖更是呈现喷涌之势,从拍卖公司到艺术品网站,甚至还有移动端,纷纷介入艺术品电子商务。艺术品在线交易市场呈现出一片欣欣向荣之势，根据有关数据显示，国内已有艺术品电商逾千家，表1中列举了近几年一些主要的艺术品在线交易平台的成立时间及主要拍卖类型，以助于更加直观地了解该行业的现状。

表1 主要艺术品在线交易平台一览表（2000年至2013年）①

机构	成立时间	拍卖品类
嘉德在线	2000年5月	中国艺术品、工艺品，包括当代艺术陶瓷、后新生代油画、中青年名家书法、老版画家经典作品、中青年雕塑精品、古代中国画、近现代中国画、玉件等种类繁多的精美之作
盛世收藏网	2005年	青铜、瓷器、玉器、字画、印玺等
UCCASTORE	2007年11月	复制品、架上绘画、书籍
大艺网	2009年	架上绘画、雕塑、装置、摄影
ARTWE.COM	2010年	架上绘画、书籍
HIHEY	2011年4月	当代艺术、油画、装置、雕塑、摄影
新星星艺术商城	2011年6月	当代艺术、摄影
hiartstore	2011年8月	年轻艺术家（45岁以下）的原创作品
Zan8	2011年10月	当代书画、水墨油画版画水粉影像、陶瓷玉石
艺典中国网	2012年6月	"大匠之门"、"水晕墨章"、"傅抱石及傅氏家族书画专场"、"鬼才神气一派传"、"2013春拍　回归人文情怀"、"深圳棕榈泉　保利艺术大展"
赵涌在线	2013年6月	邮票、钱币、纸杂、文献、艺术品、磁卡、杂项

在国际上，艺术品"在线拍卖"至今已有19年的历史。1995年在纽约成立的 artnet.com 网站是世界首家"在线拍卖"网站，该网站建立的网上竞拍业务标志着全球首家艺术品在线竞价拍卖网站正式上线。2000年，嘉德在线拍卖有限公司成立，将拍卖与电子商务相结合，标志着我国艺术品网上交易的逐渐形成。艺术品在线交易是艺术品市场中一个新的分类市场，它是与传统的艺术品交易模式相对而言的。它一方面借助于电子商务的普及，另一方面也是艺术产

---

① 来源：http://collection.sina.com.cn/ystz/20130903/0732125968.shtml。

业互联网化的标志。传统的艺术品交易载体包括一级市场的画廊和二级市场的拍卖行等,是一个平面化的、模板式的交易模式。而艺术品在线交易以网络技术为基础,以市场推广为手段,以征集拍品为核心,是一个更加立体的、综合的、线上线下相结合的艺术品交易模式。

目前,艺术品网上交易的形式主要包括网络拍卖、网上店铺和论坛交易三种:(1)艺术品网络拍卖在目前我国艺术品网上交易中影响力较大,如嘉德在线、远方文博电子商务、赵涌在线等。(2)网上店铺是类似于实体古玩城的一种网上交易形式,包括 Hihey.com、华夏收藏网、博宝艺术网等网站。(3)论坛交易主要依附著名的艺术品门户网站的论坛进行交易,例如雅昌艺术网、艺术国际等。下文就以"HIHEY 艺术网"为例,通过与传统艺术品交易市场(拍卖行、画廊)的比较,探讨艺术品在线交易平台的特点,发现其优势与问题。

二、HIHEY. COM 简介

HIHEY 总部位于北京 798,是一家在线艺术拍卖和画廊市场服务商,搭建了一个艺术品在线交易平台,为传统艺术市场中的艺术家、画廊、拍卖行、供应商与收藏家之间建立了一个高效、开放、自由的艺术共享平台。他们的初衷是:为所有艺术家提供机会和支持,让他们能够通过销售作品维持生存并继续艺术事业。[①]

HIHEY 网站于 2011 年 4 月 18 日正式上线,开市当日即完成 10 万元销售额,同年 10 月 10 日 HIHEY. COM/ARTIST 签约艺术家突破 125 位。2012 年 2 月升级了全新的在线拍卖系统 hihey. com/auc-

---

① 来源:http://www.hihey.com/。

tion，随后总访问量突破 1000 万大关，并在当年 3 月 30 日被创业家杂志评选为 2012 黑马企业 10 强。2013 年 1 月 1 日总部搬迁至 798 艺术区，总部大楼命名为 HIHEY 艺术中心。截至 2013 年 12 月 31 日，HIHEY.COM 累计成交总额突破亿元大关。

从总体来看，HIHEY 的主营业务是：在线零售、拍卖服务，衍生业务有：展览、艺术金融等。针对不同的用户，HIHEY 的业务又可以分为以下三类：

（1）艺术家服务。这是一项针对艺术家的业务，主要是将艺术家的作品和简历甚至视频永久安全地存储在 HIHEY 中央数据库的云端，并且可以通过电脑、手机、iPad 等终端随时调用。同时将作品在 HIHEY 进行挂牌报价，准确地为您的艺术作品找到最合适的收藏家。

（2）网上艺博会。这是一项针对画廊的业务，主要是为一级市场带来一个全新的联合公开市场。画廊可以通过统一的网络平台为旗下的艺术家作品进行公开展示、报价，同时通过 HIHEY.COM 获得更丰富的收藏家信息。

（3）HIHEY VIP 收藏会。这是一项针对收藏家的业务，收藏家可以在这里与专家和志趣相同的同好一起挑选艺术品，并且在购买艺术品时享受折扣。

三、与传统艺术品交易模式的比较

在网站上，HIHEY 对于自我价值的评价是：艺术价值的发现和确认；艺术品价格的发现机制；公开市场提高艺术品交易透明度；在线技术提高交易效率，降低成本；开放性平台产业链自由高效整合。三大优势概括为：价格低于传统艺术市场 20%；绝无假货，保真正品，现金赔付；快捷安全的物流和支付体系。通过对与 HIHIEY 类似的艺术品在线交易平台（如赵涌在线、艺典中国、Artgogo 等）的观察，以及与传统拍卖行、画廊的比较，笔者认为艺术品在线交易平台主要有以下四个特点：

（一）艺术品与网络结合

艺术品与网络结合，是艺术品网上交易最显而易见的特点。

互联网的交易方式简单快捷时尚方便。

线上交易使艺术品展示平台扁平化，客户与企业的中间渠道缩短，促进了高效交易。艺术品线上交易平台还可以创建数字虚拟展厅、为各种展览做出类比例线上展览，延长作品的展出期限，加大艺术品和画家的曝光力度。

艺术品与网络的结合既要有高超的网络技术做支撑，又要有高质量的上游艺术资源，还得有买家客户群体以及有效操盘艺术市场的能力，这就使其形成了与传统拍卖不同的组织结构。艺术品网上交易的组织结构包括三个部分：互联网技术、市场营销推广和艺术品征集与拍卖。其中互联网技术是基础，市场营销推广是手段，艺术品征集与拍卖是核心，三者缺一不可。这就需要文化、营销、互联网三种思维方式和基因。

（二）新晋年轻客户群体

与传统艺术品拍卖相比，在线拍卖并不只是简单的拍卖地点的改变。两者最根本的区别在于客户群体，客户群体的改变是在线拍卖给艺术品拍卖行业带来的最本质的改变。

据 HIHEY 的数据统计，目前顾客主要以"70 后"和"80 后"为主，他们的职业多为律师、医生、高级白领、大学教授、私企业主、金融行业的管理层等。

新一代年轻买家与传统买家不同，他们大都属于中产阶级甚至工薪阶层，没有传统投资大收藏家的巨大资本。传统买家热衷于古代书画、陶瓷等,这类藏品在拍卖会上动辄拍出"天价",对于大多数新买家来说是难以接触的,而现在艺术品在线交易平台提供的艺术品大都是中低端藏品,更加符合年轻收藏家可接触的范围。另外,这些新买家没有过多的闲暇时间到传统拍卖会或者画廊挑选藏品,但是他们习惯网购,看待艺术品在线拍卖也有全新的视角。艺术品网上交易平台为新一代的年轻收藏群体打开了艺术品消费的新空间,买家可以随时随地以各种互联网终端进行出价交易,趣味、方便、快捷。并且在将来,年轻一代的收藏群体必然成为收藏的主力军,为了吸引这些主力军,艺术品交易也必然要适应网络,以迎合他们的习惯。

可以说,网站上的艺术品交易靠的不是富豪来支撑,而是挖掘更多新兴中产阶级的需求。

(三)以中低端艺术品为主

HIHEY涉及的艺术品类别主要有当代艺术、油画、装置、雕塑、摄影。从HIHEY网上拍卖成交记录来看,网站主打的是1万元至5万元的艺术品,约占成交总额的近60%,其次是成交价格在5万元至10万元的作品,成交价格在10万元以上的作品很少见。

传统拍卖大厅里卖的都是5万元以上的拍品,低于5千元的即将面临利益亏损的风险,这是艺术界业内的一个共识。而艺术品在线交易平台大都是从低端平价藏品切入,价格普遍不高,这是其吸引新藏家,或者资金实力有限的藏家的首要利器。

如前文所述,在线交易主要的客户群体是新一代的年轻收藏家,他们喜欢艺术或者希望投资艺术品,但是资金实力有限。然而,随着艺术品市场行情高涨,不少拍卖机构紧盯能够带来高收益的"天价"拍品,而价格亲民的中低端拍品已很难在拍场露面,导致普通藏家根本无从接触。所以网站针对这些目标受众,为他们挑选合适的艺术品。尽管在线交易具备便捷优势,但对于许多习惯"上手"的国内藏家而言,作品的"真伪"成为他们购买时最大的顾虑。于是,价格高昂的古代绘画作品、书法艺术等难于网上成交,价格相对较低的当代作品成为艺术品网上交易的主流。

(四)低佣金、低门槛

拍卖行业属于一种特殊的经济中介组织,佣金、保证金是拍卖行的主要收入来源,也是竞拍人参与拍卖要支付的主要费用。

(1)佣金方面。 HIHEY在佣金方面的规则是,20万元以下的成交都不收取买方佣金,但向卖方收取10%~30%的佣金,以保证毛利在20%左右。 主营邮币卡的线上平台"赵涌在线"的佣金根据拍品规格而变化,一般不超过10%,向买方收取。 传统拍卖行的佣金思路是向买卖双方收佣金,佣金一般达到25%~30%,画廊一般和艺术家按五五或四六分成,如证大艺术超市和艺术家就是五五分成,而艺术品在线交易平台总佣金(或者毛利)的比例通常在10%~20%[①],远远低于传统拍卖行的交易佣金。

(2)保证金方面。 最开始参与HIHEY艺术品在线拍卖是不需要保证金的,用户只需要注册会员便可参加。 为了维护公平市场,保障艺术品卖方和竞买人的权益,自2012年12月23日起,HIHEY在线竞拍启用竞拍保证金制度,注册买家在每次参加拍卖前需要将保证金汇入hihey.com的个人注册账户名下,否则将无法参加竞价。保证金金额的规则是1∶50。 如买家交纳1000元人民币/件的保证金,可参拍单价5万元人民币以下的一件作品。 传统拍卖会拍卖成本非常高,拍卖公司需要组织预展,以及组织现场拍卖,而参与拍卖的顾客也要花费相应的时间成本和经济成本来参与竞拍,门槛相对较高,拍卖保证金动辄上万元。

在线拍卖会成本较低,百元至千元不等的保证金,具有门槛低

---

① "艺术电商ABC",载《顶层》2012年3月刊。

的优势,可以让更多的人参与进来,选择自己喜欢的艺术品。

四、艺术品在线交易的社会意义

(一)青年艺术家的成长平台

中国当代青年艺术家的生存现状一直备受担忧,虽然他们的作品价格相对较低,但是由于没有经过市场的长期检验并不受市场的欢迎。随着中国藏家的日渐理性、成熟以及整体市场环境的变化,青年艺术家尤其是急于进入拍场的青年艺术家,更是频频遭遇"滑铁卢"。各个拍卖公司的青年艺术家份额还在缩水,青年艺术家逐渐沦为各拍卖会上可有可无的一道小菜。[1]

艺术品在线交易的主要客户群体是年轻一代的收藏家,从投资角度讲,他们没有机会和能力去追高,但也有作为后发者的优势,就是能面向未来,积极地去寻找、发现和投资新一代年轻艺术家的作品。在线交易平台通常会在拍卖之前进行较长时间的作品展示,有利于让更多人了解这些作品的作者,了解那些长期不被关注的青年艺术家。对于青年艺术家来说,更多的关注比销售来说,更加重要。艺术品在线交易平台成为除了拍卖、画廊、艺博会等传统渠道之外,又一个推广青年艺术家的重要而有效的途径。

HIHEY成立以来,代理的艺术家不断增多,并且积极与画廊签约合作,在推广艺术家方面有不可替代的作用。

---

[1] Jerry:"艺术与投资:'青年艺术家的未来由谁决定'",载《东方艺术·大家》2012年第1期。

(二)培养大众艺术品消费习惯

现在,越来越多的有消费能力的人,开始对艺术品感兴趣。一方面,在线交易为他们提供了便捷的方式。这些人在第一次购买艺术品的时候,不会直接跑到大型拍卖会去寻找艺术品,而是在网站搜索他们感兴趣的作品。比起传统的艺术市场,HIHEY 带来了一个巨大的艺术长尾市场,使得每个艺术家都有获得推荐和被肯定的机会,每个收藏家也都可以做到自己去判断价值,用钱投票,想买就买。可以说,艺术品在线交易平台拉近了消费者与艺术品之间的距离,也让艺术消费更加生活化了。

HIHEY 客户统计数据显示,在网站消费过的客户中,50% 的人会进行第二次购买,他们第一次买艺术品可能仅仅是为了装饰家里的一面白墙,随着购买次数的增多,对当代艺术了解的深入,渐渐成为当代艺术的藏家。[1]

(三)转变人们的收藏理念

经常听人说,中国至今还没有收藏家,原因是现在的人们完全把艺术品当做投资的产品,"收"下了,"藏"不久,倒来倒去,一味追求经济效益,有点像过去人们常说的"投机倒把分子"。[2] 许多有财力的个人或者企业收藏艺术品是以投资为目的的,他们的收藏思路通常有两种:

一种是购买艺术品市场里的"硬通货",即成熟艺术家最顶尖的、最被市场认可的作品,稀缺作品,具有特殊艺术价值、历史价值的作品等,这些作品入手价格再高,风险也总是小的,而且长期和短期持有都可以,若有需要可随时套现。

---

[1] 潘雨希:"在网上卖艺术品",载《第一财经周刊》2013 年第 31 期。
[2] 孙炜:"中国到底有没有真正的收藏家?",载《大艺术》2009 年第 2 期。

另一种则是一举购入一批目前还没有名气的年轻艺术家的作品，等待其作品升值，获得收益。

这种收藏理念将没有雄厚资金的艺术爱好者长期隔离在了收藏的门外，艺术品在线交易改变了人们的艺术品消费方式，也使人们的收藏理念逐渐发生了从投资到爱好的转变。知之者不如好之者，好之者不如乐之者，青年艺术家的作品，更能让年轻藏家产生时代的共鸣，有些作品还可以投射个人的心境。藏家甚至可以通过网站找到作品的创作者，进行交流，或许是处于同一段历史时期的年轻人的感同身受，通过艺术的方式去分享，进而让收藏者愿意去拥有这些作品。年轻藏家用自己的眼睛去发现艺术，去寻找他们认为美的、有价值的东西。家中收藏的艺术品一定都是自己喜欢的，所以跟市场的关系不大，这样即使某天市场跌入低谷，他们也不会慌乱地急于抛出。本着自己的所好，由浅入深，由低及高，循序渐进才是健康稳健的收藏之路。

五、未来发展趋势分析

中国艺术品在线交易市场目前仍处于一个探索时期，行业正规军其实并不多，整个行业没有规则，想要获得进一步发展还有很多问题需要解决。除了艺术品拍卖行业长期积累的鉴定难、不保真、价格虚高等顽疾外，由于网络的虚拟性和透明的交易过程，还会使这些问题扩大。其一，是鉴定环节。看不到实物是线上交易最大的顾虑。中国拍卖行业协会委员季涛认为，艺术品并非标准化、均质化的商品，艺术品鉴定、评估向来就十分复杂，而且网络上贴出的照片因光线、角度、后期处理技术等，多少与实物存在着差距，这些都妨碍人们建立竞买艺术品的信心，即便出价也会比看过实物的人要低许多。① 这是艺术品在线交易的硬伤，要解决这个问题很难。笔者认为，拍卖行业最重要的是诚信的积累，健全的支付和担保体系是保证诚信的充分条件，必要条件则是电商自己杜绝一切虚假。杜绝假的拍品、假的浏览量，更要杜绝虚高的单价和总成交额。虚假的数据可能有利于一时的宣传和发展，但未来的前景将被提前透支。其二，是物流问题。艺术品物流在欧洲已经很成熟，但是在国内还没有。艺术品运输和一般商品运输还是有较大的差别的，由于一般的快递并不知道艺术品的价值，也不太可能给予这个东西特殊的照顾，所以很容易造成艺术品的损坏。如果不能对艺术品价值作出鉴定，就无法解决艺术品因运输而损坏的后续赔偿问题。先打通物流，就占一步先机。希望有企业能够早日进入艺术品物流这个空白点，解决物流这个问题，鉴定与售后服务的环节也便可以迎刃而解了。其三，是文化习惯。文化就是变成习惯的精神价值和生活方式。目前中国艺术品市场蓬勃发展，但是推动市场发展的主要力量还是一些天价艺术品或者名家作品。大众对于网络交易的当代艺术品和小众藏品仍然存在顾虑，并没有形成自觉的文化习惯，这是艺术品在线交易平台进一步发展需要认清的现实。培养大众的文化消费习惯是一个长期的过程。

在线交易是一种年轻的艺术品交易方式，让收藏者能够方便挑选中低价位的艺术作品，同时提供给年轻艺术家一个市场机会。目前的艺术品在线交易平台规模普遍偏小，并没有产生具有实力的领头企业，如果像HIHEY这样的网站能够解决这些问题，发挥互联网交易的优势，培养大众对艺术品消费的需求，积累人气和信誉，在未来的五年到十年之内，也许会有艺术品在线交易平台跻身一线拍卖行。

---

① 来源：http：//auction.artron.net/20130912/n508562_2.html。

"帕萨加德"画廊：新锐艺术微投资

胡　锡

　　近年来，我国国民购买书画等艺术品的总资金数额相当可观，画廊作为艺术品交易一级市场，充当着画家与收藏家之间中介者的角色，具有重要的经济和文化价值。 但是，中国传统的画廊业目前呈现出数量大、差别大、层次低等特点，在经营管理上还存在不规范、画家与艺术家关系权责不清等繁多问题，使得画廊本身的发展困难重重。 对于普通民众而言，一般也无法负担动辄几万甚至几百万、几千万元的艺术作品，因此无法购买画作等艺术品来享受其带来的精神愉悦。

　　"帕萨加德"画廊作为一个关注新锐艺术家作品投资的 O2O 平台，集线下帕萨 gallery & workshop、线上新媒体交流与销售平台于一身，充分体现了其名字所蕴含的意义。 从签约艺术家本身到新锐艺术作品，从创新的运营管理模式到画廊良好的发展现状，从创始人大胆独特的经营理念到画廊管理人才的挖掘培养，无不体现着其蓬勃的朝气和无尽的生命力。

一、主营业务及组织架构

"帕萨加德"画廊成立于 2012 年,目前主要从事新锐艺术品投资经营、艺术衍生品销售、艺术品租赁、活动策划及承揽等业务,专注于新锐艺术微投资、艺术家居新理念以及时尚品质新生活,旨在通过"让艺术走进生活"的理念使都市普通白领感受到艺术品所带来的美感及精神享受。

从画廊的创立发展至今,创始人庄迎通过具体的调查分析,对画廊的定位及经营业务范围做出了逐步的调整,逐渐明确了投资新锐艺术家、生产销售艺术衍生品、建立 O2O 交易平台的运营模式,使"帕萨加德"从单一经营波斯挂毯及中东艺术品的画廊转型发展成为如今的 Pasar gallery & workshop。

"帕萨加德"画廊的组织架构大体上分为三个部分:领导团队、核心员工、实习生及其他。

(1)领导团队。 "帕萨加德"的领导团队主要包括投资人和原始联合创始人,这些人也可以算是"帕萨加德"的老板们,主要负责整个"帕萨加德"的发展目标、方针以及计划的制订,指导具体工作的展开。 从最初庄迎单独一人带着自己的创业梦想和规划到处参加创业大赛发展到如今的加入了投资人的领导团队,这一变化不得不说是巨大的。

(2)核心员工。 这是"帕萨加德"组织架构中的核心,主要由 5 名员工组成,分为三块工作,包括市场方面的工作、艺术经纪人以及生产方面的工作。 市场方面的工作主要指微信、微博等公众平台的维护、活动策划以及整个"帕萨加德"对外形象的建立和宣传;艺术经纪人负责挖掘和签约艺术家、办小型展览,以及收集一些艺术品收藏客户,为他们推荐艺术作品;生产方面的工作由另外一个新组建的专业团队具体负责,主要包括艺术衍生品的生产以及淘宝、易贝线上交易平台的维护。

(3)实习生及其他。由于"帕萨加德"专注于新锐艺术家,并且有别于传统画廊的特色经营模式,吸引了许多感兴趣的学生前来实习,具体负责一些小型活动、网络营销以及行政方面的工作。这部分新鲜血液的加入不仅可以充实画廊的劳动力,而且正因为他们的年轻和活力,可以为"帕萨加德"的发展带来更多的创意和可能。

二、运营及管理模式

"帕萨加德"品牌由上海溢东投资发展有限公司负责具体运营管理,办公地点位于上海市杨浦区财大科技园;注册地位于上海市虹口区,为虹口区扶持企业。"帕萨加德"旗下现有两家实体画廊,位于新天地商圈的帕萨画廊采用 gallery & workshop 的形式,复合式利用画廊空间;衡山路的画廊不对外开放,只针对 VIP 客户,定位高档;此外还有"帕萨加德"官方网站、淘宝以及易贝等线上网店,同步进行销售。

(一)打破艺术品投资的小众壁垒

目前,中国的画廊瞄准的投资人群是 40~60 岁、有一定财富积累和艺术品收藏经验的人士。画廊通常只经营高端艺术品,包括业内大家的作品或短期内会急速升值的作品。但是,在深入艺术品投资行业后,庄迎发现对艺术品投资感兴趣的其实并非只有那些中年的高收入者。很多年轻的投资者经常会来帕萨加德参观、咨询,他们体现出对艺术品投资和艺术本身的强烈兴趣,尤其是上海人和在上海生活的人,受海派文化的影响,多多少少对艺术品投资有些所谓的小资情怀，但是他们却无法负担动辄几十万、几百万元的艺术品。

根据这一现实情况，庄迎察觉到一股暗流正在冲击着中国的艺术品投资市场，大额小众的投资现状正被小额大众的趋势撼动着，在这中间她看到了商机。她算了一笔账，2013年上海年收入超过30万元的中高收入者有150万人，如果有10%左右的人已经参与或有意向参与艺术品投资，而且年人均消费达到1.5万元的话，那么上海的年目标市场规模就高达22.5亿元。① 因此，她果断把画廊定位在吸引小额投资人，关注新锐艺术家上。

（二）新锐艺术家甄选以及签约

针对画廊定位的特殊性，在艺术品来源上必须同时满足小额、升值空间大和鉴赏性强等要求。因此，"帕萨加德"的艺术家主要是集中于八大美院的学生和一些国外的新锐艺术家，作品主要包括油画、小型雕塑和装饰画。目前，与"帕萨加德"签约的国内和国外艺术家已达一百多位。

（1）新锐艺术作品甄选标准。新锐艺术家的作品没有经过市场检验，不仅让人产生疑问：如何选择作品及定价？庄迎解释主要有两个参考，一是来自中央美院、上大美院、清华美院、复旦大学的教授专家意见；二是参考权威拍卖行青年艺术家春秋拍相同层次、相同背景的艺术家价格。"我们也考虑毕业院校、办过的个展、得过奖项等因素，选出一个价格区间如1万到2.5万的适合投资的新锐艺术家作品，艺术家最终在区间中自主定价。"②

（2）艺术家签约模式。"帕萨加德"与艺术家签约包括两种模

---

① 参见"艺术品微投资：下注新锐艺术家"，载 http://www.forbeschina.com/review/201308/0027631.shtml。

② 参见"专注新锐艺术品投资'帕萨加德'获创业谷最佳项目"，载 http://www.shbiz.com.cn/Item/211290.aspx。

式:全权代理和代理特定画作。全权代理的艺术家只和"帕萨加德"独家签订代理协议,画廊为其进行全方位的画作推广、销售、举办个展等服务,这种签约代理模式针对艺术品升值空间不大的艺术家以及大多数国外艺术家。第二种签约模式是代理特定画作,这也是"帕萨加德"目前与艺术家签约的主要模式。艺术家不仅仅和"帕萨加德"签订代理协议,还和其他许多画廊进行合作,只就某一艺术品、画作和"帕萨加德"签订协议进行代理。这种签约代理模式主要针对那些国内的艺术品升值空间较大的艺术家。

(三)"多渠道"销售,建立新锐艺术品微投资O2O平台

为了加快开启艺术品"微投资"这片潜力巨大的市场,同时尽可能多地增加新锐艺术家作品的展示机会,"帕萨加德"在实体画廊的基础上开设了线上官方网站、淘宝和易贝等电商平台,利用网络来弥补实体画廊的空间限制,优化投资者的消费体验,同时线上线下平台均通过艺术品销售提成来实现盈利。目前,"帕萨加德"线上每月的交易额都在原有基础上稳步上升。

除了线上展示、线下体验,创始人庄迎还特别看重"渠道"这一重要市场因素,越多越合适的渠道会让新锐艺术作品越大可能到达潜在投资人,其市场价值也会越快被市场所认可。目前,"帕萨加德"最主要的营销渠道就是银行,银行有丰富的VIP资源,这些理财人极有可能成为新锐艺术家的伯乐。目前,"帕萨加德"与渣打银行、民生银行、中国银行和建设银行等的私人理财中心均有合作,他们为银行理财客户提供增值服务,合作举办酒会、小型画展、艺术品租赁等来进行新锐艺术家和艺术品的推介,向这些潜在客户传播艺术品"微投资"的理念。

(四)宣传平台

"帕萨加德"目前的线上宣传平台主要集中于微信和微博,据庄

迎介绍，微信公众平台每天新增的关注人数都有一百多人，很多在校生和新锐艺术家通过微信公众平台表达了浓厚的兴趣；此外，"帕萨加德"还通过 Newsletter 进行了一些资讯的推送、新锐艺术家的推荐等，起到了良好的宣传效果。

"帕萨加德"线下宣传平台主要包括门店宣传和"跨界"合作。目前，"帕萨加德"与商会、银行、媒体机构等均有不同程度的合作，通过帮助他们进行活动策划，举办酒会、个展等来宣传"帕萨加德"，事实证明也取得了预期的宣传效果。值得一提的是，"帕萨加德"通过高频率不定期的举办流动艺术馆活动，不仅达到了宣传画廊、挖掘潜在客户的作用，更体现了"帕萨加德"品牌"让艺术走进生活"的理念，在一定程度上实现了与社会的良性互动。

（五）版权保护

由于"帕萨加德"画廊主营业务的特殊性，因此对艺术作品版权的保护不容忽视。首先，放到网上展示的作品，画廊全部都是与作者进行签约，衍生品的生产销售亦征得作者的同意并签订协议；其次，"帕萨加德"画廊与律所也有紧密的合作，聘请知识产权方面的专门律师负责具体版权保护方面的工作。截至目前，"帕萨加德"并没有遇到大的版权方面的问题和纠纷，体现了其在版权保护工作方面的良好成效。

（六）人才管理

"帕萨加德"的工作团队目前主要由 5 个核心成员组成，其他还包括一些实习生。这 5 个核心成员大部分都是硕士学历，专业涉及艺术、管理、金融等领域。按照庄迎的话说，"对艺术品及艺术品投资有一定的了解是必需的"，但她并不是特别看重专业出身，她更看重的是个人全方位的工作能力和素养，这 5 个核心员工都有独当一面的工作能力，良好的综合素质，这才是最重要的。此外，"帕萨加德"画廊的新颖模式也在网上吸引了一大批实习生,他们借此来进行学习和锻炼,为"帕萨加德"充实了人力资源。

在工作环境上,"帕萨加德"并没有制定严格的规章制度、员工管理条例等,相反,极力营造一种轻松愉悦的工作环境。在"帕萨加德"的办公区,并没有真正意义上的个人办公桌,所有员工围坐在一张大的办公桌旁进行办公,这样既可以拉近彼此的距离,更可以及时进行交流,实现信息上的互通,也间接使得每个员工都能熟悉各项业务,将他们培养成为多面手。

在人才培养上,由于"帕萨加德"是虹口区扶持企业,因此享受到了一系列的优惠,其中便包括在人事、财务、运营管理方面的辅导;此外"帕萨加德"也会组织其他形式多样的员工培训和素质拓展活动,帮助员工提高业务能力。

在员工薪酬方面,"帕萨加德"为员工提供了较为丰厚的薪资待遇。据庄迎透露,一个普通本科生员工,基本工资每月便在6000元,加上提成和奖金等,员工每月收入可达10 000元及以上,丰厚的薪资报酬也进一步激发了员工的工作积极性。

三、制约因素及社会影响

总体而言,在短短两年多的时间内,"帕萨加德"从一个从事销售波斯挂毯和中东艺术品的主题画廊发展成为现今的关注新锐艺术品的"微投资",建成具有O2O平台的艺术画廊,可谓相当成功。然而,发展至今,"帕萨加德"的发展也遇到了一些因素的制约。

(1)环境变化快。由于"帕萨加德"画廊针对的客户群是在30~45周岁、具有较高文化水平的白领和金领,因此他们获得资讯以及与社会潮流的互动可谓相当敏锐,比如这群人之前可能还专注于微博这一社交网络,但转而就已经抛弃微博投向了微信的怀抱;

再如由于一些国际国内流行趋势的转变，他们可能之前还对某一类型的艺术品或衍生品感兴趣，下一秒他们的喜好风格又有了180度的大转变。因此如何牢牢把握原有客户群，紧跟快速变化的外部环境，同时拓展新的客户群，存在一定难度。

（2）信息不对称。这里所指的信息主要是指政府制定的相关政策、方针、规定等，尤其是有利于像"帕萨加德"这种文化小微企业发展的信息。制定新的利好政策或者对原有政策的修改也可以算得上是一种外部环境的变化，但是如果"帕萨加德"之类的文化小微企业没有及时了解、掌握并利用这些政策措施，企业的发展可能就会错过一些好的机会，甚至阻碍企业的快速发展。由于政府政策的发布一般只通过政府门户网站、政务平台等，此外不会有大面积的发布宣传，因此很多诸如"帕萨加德"的文化小微企业根本无法及时获取这些优惠政策或者规制信息，更谈不上利用这些优惠政策和措施，因而制约了企业的进一步发展。

从"帕萨加德"画廊发展过程中遇到的问题我们不难看出，要想使"帕萨加德"这种文化小微企业得到长足而又健康的发展，画廊自身发展建设与政府方面的努力一样不容忽视。通过对"帕萨加德"的调研分析，从它发展的制约因素以及成功的经营模式出发，我们看到了许多积极的社会影响。延伸到我国文化小微企业的发展，我们看到了更多启示，具体说来包括以下几个方面：

（1）企业需要明确目标客户，紧跟环境和潮流。在现代社会，有许多因素影响着市场需求，社交网络、流行趋势等因素都越来越多地进入市场和生产当中，以"帕萨加德"为代表的一些文化小微企业想要立于不败之地，就必须在明确自身定位和目标客户的同时，紧跟变化着的环境和潮流，不断做出调整。Newsletter等新技术手段的运用，新媒体多渠道信息搜集和发布平台的建立有利于及时掌握资讯，帮助企业调整方向。

（2）政府要尽最大可能制定优惠政策，对"帕萨加德"等小微企业进行扶持，比如资金上的赞助、提供免费或租金低廉的办公场所、提供企业经营等相关培训。最重要的是能够主动提供行业分析等信息通报，让文化小微企业能够及时了解一些行业信息并进行必要的调整。此外，还可以通过形式多样的创业大赛进一步挖掘一些诸如"帕萨加德"这类具有发展前景的文化小微企业进行重点扶持培养。

（3）要发展一批专门服务于文化小微企业的金融机构，通过它们来不断增加文化小微企业的融资力度；改善盈利制度，探究并制定能使得两者共赢的制度；建立完善的信用风险分散机制，借助信用风险分散来推动"帕萨加德"等文化小微企业的快速发展。

（4）通过媒体和政府机构的宣传引导，树立人们对"帕萨加德"等文化小微企业的关注意识，提高社会各界的重视程度。同时，逐步创造条件，使得文化小微企业与其他企业、科研机构、各类专业院校进行合作和交流，促进资源共享，为文化小微企业提供及时有效的市场信息和相应的咨询服务。

当前，画廊业已经在中国文化产业中占据着重要的位置，与二十多年前的经营状况相比，已经进入全面发展时期。以"帕萨加德"为代表的一些新型画廊的出现，又给画廊业提供了一个新的经营发展模式，即抛弃传统画廊紧盯成名大咖及其艺术画作的方式，转而关注新锐艺术微投资，并利用新媒体技术建立全方位的新营销体系。同时，"帕萨加德"画廊等新型画廊也应该牢牢把握住时代脉搏，突出特色，不断发展，在不久的将来，获得新锐艺术作品不断升值的同时，吸引更多个体乃至机构投资，如有机会的话，就像庄迎所说的，"上市，又未尝不可呢？"

文化產業觀察
Cultural Industries Observation Vol.1 (第一輯)

媒介·营销

自媒体微企业"徐达内小报"的发展

胡凤桃

徐达内的《媒体札记》是 FT 中文网①的一个评论专栏,从 2008 年 10 月至今已写作 361 余篇专栏评论,总浏览超千万,单篇浏览过万,RSS 订阅用户过万,微博粉丝过 13 万,评论被多次转载、转发。作者从纸媒、门户、微博、电视中探寻中国舆论生态,记录转型时代片断,热评冷析,亦庄亦谐——重要的不是新闻,是新闻背后的故事。在 2013 年亚洲出版业协会(SOPA)年度"卓越新闻奖"中,《媒体札记》专栏获得"评论写作"(Opinion Writing)类荣誉奖。

2013 年,FT 中文网徐达内的《媒体札记》的 APP 收费版"徐达内小报"诞生,分为媒体札记、报纸头版以及图解天下 3 个板块。与网页微博、微信、豆瓣等免费平台相比,该 APP 版附加了报章封面、图解世界的栏目,且摘录内容更加详尽。

---

① FT 中文网是英国《金融时报》集团旗下唯一的中文商业财经网站,旨在为中国商业精英和决策者们提供商业财经新闻、深度分析以及评论。

一、运营概况

为完成一篇 6000~8000 字的媒体摘录,徐达内每天大概需要浏览 30 多份报纸,如《新京报》、《京华时报》、《人民日报》、《南方都市报》、《环球晚报》,以及十几个大型门户网站：财经网、新华网等。根据多年的媒体经验,徐达内从几份主要媒体的头版、评论版中确定主要话题,按图索骥,研究每个媒体对此话题的论述以及表达方法,并且在写的过程中,不断刷新各门户网站的更新内容。摘录一般在中午能够完成,但是对一些争议比较大的或者比较重大话题的整理摘录,耗费时间相对较长,为保证 FT 中文网以及 APP 能及时排版,一般最晚也需要在下午四点完成。而且随着互联网社交网站的发展,徐达内此前大部分是查看正式门户网站的报刊,现在还需要参考媒介平台上的发言,关注微博上官方微博、加 V 微博,还有微信公共平台等。

同样是政治、思想宣传的重要工具——电视节目并未被选择作为摘录的对象,其中很明显的现实原因是电视节目是声像节目,内容大多通过口述表达,对电视内容的逐句摘录有难度,无法做到像报纸、网上评论可以复制粘贴那么便捷,除非有现成的电视节目脚本,如白岩松将东方时空脚本上传到微博。另外,电视本身作为普及度最高的传媒载体,出于对受众接受程度的考虑,一般都是传播大众喜闻乐见,便于理解的内容,无法更加深刻地分析问题。正如徐达内所讲的："电视因为它的传播方式决定其内容是相对比较肤浅的,不能讲很复杂的东西。我本身也参加过一些电视评论,考虑到受众,节目会要求你用一句话概括你的观点,无法进行深入地剖析。

虽然不能抹杀电视传播的作用，但总归来说其深度是不如纸媒的。"①

"徐达内小报"作为媒体摘录，记录的是媒体乃至舆论界最为关注的问题，主要话题大体包括官民冲突，贫富矛盾，包括中外、地域性等的各种歧视问题，媒体内部的意识形态问题。摘录不同于论文，并不需要阐明自己的观点，理论上应该保持中立和客观，但在实际撰写过程中，这其实是很难做到的，因为通过对摘录内容的选择就无形表达出一种态度。诚如徐达内所表示的："作为《媒体札记》的作者应该是以旁观者、记录者的身份去解读媒体，所以我在写《媒体札记》中，大概90%是摘录，只有10%是自己的观点。我并不会轻易地表明自己的立场。不过就像他人所说，我本身在对材料的选取中，就已经是一种倾向。"②

分析"徐达内小报"APP的具体运作，还必须先从徐达内创业经历说起。徐达内有近十年的媒体工作经验，2007年他从东方早报中心辞职，踏入当时中国鲜少涉足的行业——信息可视化。他创办了一家信息可视化公司，目前在北京、武汉、上海均有分公司，计划2014年在广州开分公司。最初创办"徐达内小报"APP是为了顺应公司的发展：随着社会自媒体微企业创办潮流兴起，公司招聘了一批APP制作团队，针对现有资源《媒体札记》做一次市场试水。在扩展公司本身业务的同时，加入自媒体浪潮中，检测"徐达内小报"在不依附FT中文网的情况下作为独立的自媒体是否可以在市场经济竞争中继续运作。并且，《媒体札记》作为FT中文网的专栏，考虑到FT中文网是英国《金融时报》在中国设立的中国报纸，对于摘录内容会不可避免地受到意识形态的限制。因此，设立"徐达内小报"的独立APP，可以减少意识形态对摘录内容的限制。这些都是徐达内创办APP自媒体的考虑因素："很多人开始进入自媒体，我

---

① 笔者对徐达内的采访记录，2013年12月1日。
② 笔者对徐达内的采访记录，2013年12月1日。

也想尝试自媒体，看看不依附 FT 中文网，'徐达内小报'是否可以继续运作，将来如果脱离 FT，APP 也能作为一条后路，保证《媒体札记》仍然能继续运作下去。 对于媒体摘录，有一些内容不适合在 FT 中文网刊登，超过 FT 的落地尺度，如过于涉及政治，尽管这情况是非常少的，也保留一个备用渠道。"①

"徐达内小报"目前的主要盈利方式是尝试针对 APP 的有偿订阅，而且就 2013 年 10 月的订阅情况来看，总订阅收入是两万多元，不计算徐达内本人的劳务费以及依托公司的 APP 制作团队，仅扣除雇用一名编辑的成本，总体来说还是盈利的。 此前一直习惯免费阅读的读者对于这种有偿订阅获取盈利的方式，难免会有批评、无法接受的。 可是付费阅读是自媒体 APP 进行市场化运作，实现盈利的重要方式之一，在国外早已盛行，并且针对摘录也是耗费大量脑力的劳动成果而言，订阅价格相对合理，是大部分读者可接受的范围，因此目前仍有为数不少读者订阅，实现盈利。 面对这种情况，徐达内作出如下回应："针对 APP 的有偿订阅，当然也受到一些人的批评，付费阅读会减少受众面，但我觉得在微博、微信群、FM 等都是可以免费地阅读。 只有部分内容需要付费，APP 针对的受众群体主要是政情研究官员或者大学舆情研究专员。 另外，在免费的微信平台上，我们也不排斥广告，逐步地投放广告，取得收入。"②

"徐达内小报"盈利的重要方式是付费阅读，付费阅读的前提是摘录本身作为有价值的智力成果，此类智力成果普遍面临的就是版权侵犯问题。 媒体摘录是对当代媒体舆论的深度解读和高度概括，具有很强的借鉴性。 所以，目前存在广泛的未经许可的引用甚至"抄袭"。 而摘录又有其自身的特殊性，因为是对各方媒体评论的收集整合和概括，如前文所说，几乎 90% 都属于摘录部分，可是不管是从整篇摘录的文章选择、行文组织，还是那仅仅 10% 的自己观

---

① 笔者对徐达内的采访记录，2013 年 12 月 1 日。
② 笔者对徐达内的采访记录，2013 年 12 月 1 日。

点，这些都无法否认其中的原创性。然而，就算将其视做属于版权法保护的内容，其维权依然比其他著作版权来得困难，也存在取证难、鉴定难等问题。针对这个问题，徐达内表现得十分淡然，他认为："我无所谓，本身'徐达内小报'就是受惠于他人的，不在乎被他人所引用。因为摘录本身的题材特点，只要我想写，永远会有写的素材和内容，这可以当做原创的，也可以不是原创的。不像多数其他的APP，泛属于心灵鸡汤，都是人们在从业经验、知识积累中寻找灵感，而这些灵感终归是有限的。"①

谈到自媒体"徐达内小报"的运作，就离不开对大环境下政府监管的分析。近一年来，网络监管的力度明显加大，面对越发严格的网络监管趋势，主要的社交、门户网站无不抓紧内容审核，把严关卡，唯恐再触高压线。自媒体虽然不同于主要社交门户网站处在舆论监管的风口浪尖上，但是这隐形不可见的意识形态高压线同样是众多自媒体无法触碰的底线，并且，在自媒体之中，作为舆论摘录的"徐达内小报"直接与政治与意识形态挂钩。因此，如何能够在不触碰越来越低的高压线的前提上，又不失对各方媒体关于焦点问题的观点、立场的精准概括和摘录是"徐达内小报"将长期面临的挑战。

规划分为短期规划和长期规划，目前大多数自媒体的短期规划是相对清晰且一致的，在拥有一群固定受众群体后，为了实现进一步盈利，而进行广告投放、品牌推广等活动。而自媒体的长期规划则不然，存在许多不稳定不确定因素。自媒体的创办作为近几年刚刚兴起的浪潮，大多数是少数人不以盈利为首要动机，出于兴趣爱好等其他非经济目的而建立的。面对多变且竞争激烈的市场竞争，自媒体企业大多数并没有明确系统的长期规划和设定。对于"徐达内小报"的未来规划，徐达内并没有给出确定的答案："我并没有具体的规划，可能再过几年，我就不做媒体摘录了，一来做了这么多年

---

① 笔者对徐达内的采访记录，2013年12月1日。

都已经出现了审丑疲劳,每天主题或重大事件都是那么几件事。二来,这份工作需要耗损很多脑力和体力。以后可能尝试用别的形态去表达自己的观点。"①

二、社会影响

在目前的网络时代,网络如同一个大舞台,每个人的才能能够通过网络途径得到充分的展示,个人价值能够得到最大的释放,对社会产生深远的影响,而"徐达内小报"便是一个典型的案例。通过近四年在FT中文网撰写的《媒体札记》,徐达内自身在无形中已经具备了一般公共媒体所具备的公信力,《媒体札记》俨然已经成为中国媒体摘录领域的鲜明品牌,吸引了一大群的固定读者等待每天固定时间的媒体解读。英国《金融时报》副主编、FT中文网总编辑张力奋就曾评价道:"徐达内的《媒体札记》,已成为中国公众生活中一个独特的舆情量表,一个新闻监测的监测屏,它拆解新闻,媒体人与宣传当局之间的微妙互动,感受中国事态的心跳脉动。"②这句话便形象道出了徐达内撰写的《媒体札记》作为一个品牌对公众生活以及社会的影响。

"徐达内小报"的设立作为《媒体札记》的APP延伸发展,为读者的阅读提供了便利。在当下智能手机人手一台,以及越来越普遍的平板电脑时代,只需安装"徐达内小报"客户端,注册独属自己的账号密码,付费订阅,便能够个性化的阅读,省去了登录FT网页的复杂步骤,也能够获取比微博、微信更加详尽的内容,并且APP客户端所增设的报纸头版和图解天下的板块也增添了阅读的趣味性。

---

① 笔者对徐达内的采访记录,2013年12月1日。
② http://www.ftchinese.com/story/001050986。

APP的设立让读者能够随时随地方便阅读《媒体札记》，让《媒体札记》不知不觉地延伸到读者的生活中，成为生活的一部分。

作为一个自媒体企业，"徐达内小报"除了与其他自媒体有共同之处，如通过手机、电脑客户端传播内容，个性化订阅等之外，"徐达内小报"本身还有其独特之处，对社会起着独特的影响作用：在发展顺序方面，大多数媒体是先有微信、微博再有APP，而"徐达内小报"是先有APP，再进而推广到微信、豆瓣的；成本考量方面，一般决定运营一个APP，不管是技术上、资金上等都需要更多的投入，而由于其本身是信息可视化公司的原因，因为有自己的APP团队，成本考量比较轻松；营销渠道方面，大多数APP只通过自己的微信、微博等自身的渠道进行营销推广，而"徐达内小报"还拥有FM这个外在的平台对小报进行宣传。可以说，"徐达内小报"APP客户端的设立，不仅便捷了读者，而且将《媒体札记》推向了更广阔的平台，获得了更多的读者和更广的社会效应。

媒体摘录因为需要汇总全国能够代表各方意见的媒体，不管是纸媒还是现在民意反应更活跃的互联网门户网站以及社交网络，毋庸置疑，仅庞大的阅读量就需要投入巨大的时间和精力；并且仅仅有时间和精力还不够，优秀的媒体摘录者要做到对媒体舆论的精到准确分析，需要有丰富的媒体经验和对舆论的敏感度，能从发表机构的属性或者只言片语中抓住立场，厘清主旨，并且有深厚的文字驾驭能力，做到言简意赅，同时又要避免对文章观点的多度解读。可以说，媒体摘录是一份考验综合性能力的职业。以上还只是偏重于在书写表达方面的硬实力，而如前文所说，摘录为了尽量保持其客观性，需要旁观者的身份去解读媒体评论，而媒体工作者本身，虽然能够深入理解媒体的评论以及意识形态性，但因为是当局者，是被解读的客体，所以并不适合媒体摘录这份职业。

对于媒体摘录这份职业，徐达内认为："媒体摘录是最没有性价比的事，只是我不想做个纯粹的生意人。现在人大概可以分成两类，有时间没有经济能力，有经济能力却没有时间。在某种程度上，我是个闲人，可以自由分配自己时间，在有能力维持正常生活的基础上，而且也拥有10年的媒体从业者，对党报、市场报的运作模式、背景、代表身份有较为清晰的认识，当然也不否认可能存在的过度解读的嫌疑，不过相较于一般人对媒体报道更具敏感性，可以在铺垫之后准确找到主旨。另外，媒体当事人因为职业问题，会顾及很多，并不方便做这份职业。只有跳脱出来，才能以一个旁观者的身份去解读整个媒体界。"①

媒体摘录作为一种摘录，对当下的信息碎片时代是很有意义的。在信息时代里，信息多呈现片段化、碎片化且多带有明显的主观情绪性，常常只会渲染气氛，影响读者的客观判断，却无法交代事情的原本经过，进而一传十、十传百，这也是出现谣言的一个原因。在这种背景下，摘录显得尤为可贵，摘录能够使人们更快地、相对而言较为完整地了解事情的全貌、始末，有助于人们做出相对理智而客观的判断。

从长远角度看，摘录也是对历史负责的一种表现，不管是对于正当下的我们，还是未来历史长河的后人们，摘录是对历史的一个交代和总结。正如徐达内对于摘录的理解："我认为自己的这份工作是从舆论的视角切入对历史的一个记录，多年以后回顾这媒体摘录，也能够有助于更加清晰地去了解当时当下的历史。例如我最近正在做的全年中国媒体盘点，我感觉便有这份意义所在。"②

三、结语

自媒体的产生依托于互联网，扎根于普通大众，它越来越深入

---

① 笔者对徐达内的采访记录，2013年12月1日。
② 笔者对徐达内的采访记录，2013年12月1日。

地影响了人们的生活,在信息传播中起到巨大的作用。① 其中,"徐达内小报"作为媒体摘录类别的自媒体,因为其全面深刻的思想解读和广泛的受众群体而比一般的媒体摘录更加具有影响力和代表性。

本文所用的微企业是用来区分在市场经济下已经实现资本化、完全市场化的大规模企业。尽管"徐达内小报"因有信息可视化公司作为依托,在人力、财力、组织等方面并不是典型的微企业,但是,"徐达内小报"目前并不主要以市场为导向,以营利为主要目的,《媒体札记》的撰写更多的是彰显其社会效应,有其社会研究价值。并且,在传统纸媒不断衰落,新媒体诸如自媒体不断兴起的大背景下,对从《媒体札记》到"徐达内小报"逐步市场化探索的研究,对中国自媒体乃至整个文化微企业生存发展的研究也有着重大的意义。

---

① 周晓虹:"自媒体时代:从传播到互播的转变",载《新闻界》2011 年第 4 期。

从"野兽派花店"看小微企业微博营销

李 金

"微博,是微博客的简称,英文为 microblog,是一个基于用户关系的信息分享、传播以及获取平台,用户可以通过 WEB、WAP 以及各种客户端组建个人社区,以 140 字左右的文字更新信息,并实现即时分享。"[1]微博作为互联网的一种应用模式,以其即时性、互动性、开放性等特点,顺应了信息传播变革的趋势,迎合了网络时代人们强烈的网络社交需求的主观条件,因而一经推出,便得到迅猛发展。根据 CNNIC 在 2012 年年初发布的《第 29 次中国互联网络发展状况调查统计报告》,截至 2011 年 12 月底,我国微博用户数量已有 2.49 亿,在网民中的使用率从 13.8% 提升到 48.7%。以新浪微博为例,截至 2011 年 12 月,已有超过 2 亿的注册用户,每天发布微博量超过 7500 万条。[2]

"作为文化产业的新生力量,微博在诞生之初就很快与其他行业实现了跨界融合"。[3] 以微博上的大量人气为基础,加之其操作

---

[1] 苏日娜:《WEB 2.0 背景下政府对微博客舆论的应对与应用策略研究》,内蒙古大学 2011 年硕士学位论文。

[2] 参见 http://www.cnnic.cn/gywm/xwzx/rdxw/2012nrd/201207/t20120709_30807.htm。

[3] 田涧岚:"微博时代,文化产业的机遇在哪里?",载《文化产业导刊》2011 年第 9 期。

简单、进入门槛低以及成本低等特色,使得小到外卖订单、大到跨国集团,均开始着手通过微博途径进行推广和营销活动。2010年,先是 Dell 这样的跨国公司以企业名义高调登场,随后,五花八门的国内外企业开始陆续建立官方 ID。根据新浪微博与 CIC 联合发布的《2012 企业微博白皮书》显示,截至 2012 年 2 月底,共有 130 565 家企业开通了微博[1],并且这一数据还在不断增长。随着微博影响的急速升温,微博作为企业品牌传播的新媒介越来越受到人们的关注,微博营销逐渐成为企业营销的新的制高点。

一、微博用于企业营销的相关研究

对于国外学者早期关于微博的研究,王睿在其博士生论文《企业微博营销影响因素与短期效果测量研究》[2]中对这一部分有比较详细的介绍。他认为,早期国外学者主要从 Twitter(微博鼻祖)的案例现象出发,对微博使用现状、微博发展前景、微博使用动机等方面做了些简单的分析。如:"Mischaud[3](2007)认为 Twitter 在早期就是'即时通讯+短信'的结合体,在跟踪调查研究后,发现当时绝大部分用户使用 Twitter 的目的,只是通知朋友和熟人自己正在做什么。" "Passant[4](2008)研究了 Twitter 系统的即时性、交互性、便捷性等方面,认为 Twitter 将在 Web2.0 时代对人类社会产生深远影

---

[1] 参见 http://tech.sina.com.cn/i/2012-03-31/00406898078.shtml。

[2] 王睿:《企业微博营销影响因素与短期效果测量研究》,北京邮电大学 2012 年博士学位论文。

[3] Edward Mischaud, *Twitter*: *Expression of the whole self—An investigation into user appropriation of a web-based communications platform*, London: London School of economics and political science, the University of London.

[4] Alexander Passant, Tuukka Hastrup, Uldis Bojars, John Breslin, *Microblogging*: *A Semantic and distributed approach on Scripting for the Semantic*, 2008.

响。"随着对 Twitter 研究的深入,涉及微博社区结构、微博商业模式、微博盈利模式等的定量研究也逐渐出现。 "Jansen et al.[1](2009)把 Twitter 视为消费者对品牌意见分享的网上口碑营销(electronic word-of-mouth)的途径,通过整理分析 15 万条对品牌包含情感的 tweet 得出与用户保持良好的沟通、倾听,发现不同的信息传播渠道变化和情感变化会对营销效果有影响。" "Ehrlich 和 Shami[2](2010)通过对 Twitter 上 4 个月的持续观察和对比分析得出,企业在运用微博营销的同时,需要控制负面消息在微博上的传播,基于人们猎奇、愤怒、批评等心理,往往负面消息比正面消息传播得更加迅速。"美国记者 Israel[3](2009)在其著作 *Twitterville* 中记载了 Twitter 的成长历程,并对 Twitter 在商业营销、品牌推广、公关活动、慈善募集、民众与政府交流等方面的价值进行了深度分析,被认为是研究 Twitter 的第一本著作。 这些研究有个很明显的特点,就是以 Twitter 上的案例搜集和数据分析为依据,得出不少有价值和指导意义的结论。

早期国内学者对于微博营销方面的研究多来自于直接翻译学习和跟随国外学者的研究成果。 在我国新浪微博诞生后,才逐渐有了相对独立的研究,或将已有的研究结论拿到国内微博环境对其进行本土化分析。

Twitterville 的中文版书籍《微博力》[4]可以被称为国内微博市场的启蒙书籍。 李开复在《微博:改变一切》[5]一书中提供了针对企

---

[1] Bernard J. Jansen, Mimi Zhang, Kate Sobel, Abdur Chowdury. *Twitter power: tweets as electronic word of mouth*. Journal of the American Society ForInformation Science And Technology, 2009.

[2] Ehrlich K, Shami N S. *Microblogging inside and outside the workplace*, Washington: AAAI Press, 2010.

[3] Shel Israel. *Twitterville: How businesses can thrive in the new globalneighborhoods*. New York: Portfolio of Penguin Group, 2009.

[4] [美]以色列:《微博力》,任文科译,中国人民大学出版社 2010 年版。

[5] 李开复:《微博:改变一切》。

业进行微博营销的策略。"这方面的学术论文研究视角主要集中在微博用于企业营销的重要性、微博用户特征、适应微博传播特性的营销等方面"①,周凯建立了微博营销的 5T 模型,即 Talkers(谈论者)、Topics(话题)、Tools(工具)、Taking Part(参与)以及 Tracking(跟踪)。谢耘耕在对 2011 年中国企业微博运营现状、特点及存在的问题进行分析的基础上,提出相应的建议:"准确定位、系统布局,注重企业整体形象塑造;重视内容建设,善加利用微博平台的应用服务功能;提升互动功能,重视与受众的情感沟通,培养用户忠诚度;定期开展对外宣传,策划有影响力的企业营销活动;提升负面舆情的应对能力,以微博为平台展开危机公关。"②目前,比较热门的理论是由北京口碑互动公司提出的 PRAC 理论,即 Platform(平台管理)、Relationship(关系管理)、Action(行为管理)、Crisis(风险管理)等。

　　从中我们可以看出,虽然目前对于微博营销暂时没有统一的研究体系。但现有研究成果为实际企业营销带来了前沿的创新理解并具有很好的营销实践意义。结合现有研究结论,笔者认为,微博营销就是在了解用户使用微博的动机,即"通知朋友和熟人自己正在做什么"的基础上,通过相应要素的运用来实现社交网络口碑营销,从而不断为企业或个人培育信誉度、好感度与品牌价值的过程。而营销关键因素就在于:创建新的价值取向、人脉关系的延伸和拓展、高超的文字造诣及多层次的互动方式。

---

① 杜华:"微博时代的企业营销路径",载《企业家信息》2013 年第 10 期。
② 谢耘耕:《2011 年中国企业微博报告》,复旦大学出版社 2012 年版。

二、个案分析

借助微博营销平台，以微博为载体的新型 Online 个性店铺异军突起，应运而生，成为网店新潮流。新一代线上个性定制店铺"野兽派花店"就是个中翘楚。

野兽派花店最初没有实体店、淘宝店，只是通过发布微博与私信来营销与交易；这里没有专业技艺的插花师，只有"来自对生活与情感的理解，对美的基本判断"的插花人；没有价目表，也不接受指定品种；员工规模不大，从最初的几人发展到今天也只有二三十位核心员工；店主 Amber 之前和现在，都在管理一家艺术品投资公司，甚至此前从未有过开花店的经历。这样的一家花店，却自 2011 年 12 月底开通微博以来，在不到半年时间，累积了超过 10 万的有效粉丝，至今已达 54 万，且常有模特、明星在微博自发地晒出自己和野兽派花束的合影，其品牌影响之大不言而喻。

随着运营理念的加入，野兽派官方网站上线，商品、服务日趋多元，从代售到合作，到自主品牌商品的出炉，从线上花店到承接花艺布置与下午茶，野兽派在一步步走向成熟。如今，它不仅有上海时代广场、上海环贸 IAPM（筹备中），北京国贸的实体花（礼品）店，还在 Design Shanghai 2014（上海国际设计展览会）开张了 The Beast Café ——一个用鲜花布置的只存在五天的野兽咖啡馆，不但粉丝爆棚还受到其他各国设计师的热情捧场。

也许野兽派花店的花艺技术在上海花艺圈不算是顶尖的，可它独到的网络推广与营销手法却为其开辟了区别于传统花艺市场的新市场，支撑其从微博店铺一步步成功发展到线下商务活动。笔者通过实地调研与访谈，梳理出了代表性概念店铺"野兽派花店"微博成功营销的一些关键因素，以期对小微企业微博运营关键要素的提出做实证分析。

(一)市场空白,行业机遇

在野兽派花店之前,传统花店多为实体店铺,且一般设在医院附近,花材种类有限。传统店主将花朵当成普通商品,经过简单包扎或插摆成模式化的"插花艺术品"出售,客户到店铺亲身挑选有固定花语传统花材。其经营主体、产品结构、营销方式都还停留在"卖商品"的阶段。而野兽派花店借微博之势,发现了卖"花"人的市场商机。

以野兽派花材为例,它摒弃了传统花店与模式化的花语搭配。从厄瓜多尔的永生玫瑰到英国殿堂级的 David Austin Rose,从曼珠沙华到传统花店几乎不会使用的大袋鼠爪。在传统的情人节,其他花店几乎都会以玫瑰花作为主打,而野兽派却主打美丽的"草"。个性、不随波逐流,是野兽派区别于其他在线花店(花里花店等)的独到之处。野兽派的设计理念"是来自对生活与情感的理解,对美的基本判断"。他们并不局限于传统的插花配色技艺,这也使得其创作过程更加自由,更加能够承托顾客的丰满的情感诉求,通过情感的共鸣,打造一份份独一无二的个性化概念化花束。此外,在把花束送到对方前,顾客只知道自己花了多少钱,甚至连样品都无法过目。这也在某种程度上,满足了消费者对"美"的认同与占有及猎奇的心理。

除了花艺贩售,野兽派还代售或合作发售精致的礼品:如柏林 KühnKeramik 手工杯、巴黎名店 charvet 出品之麂皮拖鞋等。随后与爱马仕集团旗下的"上下"(东方雅致生活品牌)合作,并成为其唯一合作伙伴。此类商品的畅销也给野兽派带来了新的契机,他们随之开始着手研发自主品牌,如矢车菊的围巾、方耳熊等。并同时与国外大师级人物合作,开拓新的业务领域。如与世界面料顶级品牌 Dormeuil 合作,设计鞋履。野兽派所售商品无一例外:大牌、浅奢、文艺，在无形中促进了野兽派的整体品牌价值的提升。

概念服务，是野兽派花店的又一招牌，即在最大程度上满足顾客的情感需求。如，野兽派花店推出了"金色的心"服务，帮你将想郑重奉上的物件（可以是一本日记或是一条内裤）放入插满干花的金色盒子，以丝带细心包裹，配以烫金卡片，让送礼充满温暖的仪式感。再如，曾有一位中年女顾客感慨不再年轻，希望能有个帅哥为自己献上一份生日祝福，野兽派就派了一个挂BV卡包开雷克萨斯的司机，载手捧生日葫芦的正太帅哥送货上门，给了客人满满的惊喜。

当然，野兽派花店营销渠道的标新立异也带给了"野兽派"无限商机。其最初携店进入社交化媒体营销市场时，国内平台可选择性不多，从用户活跃度和人数来看，主要集中在新浪微博和腾讯微博。据调查，新浪微博用户稍微高端，而腾讯微博用户则相对年轻。野兽派花店选择了新浪微博，瞄准了白领、小资、文艺青年等与店主"同一种类型的"主力粉丝，所以能通过微博快速传播，精准找到目标客户，而且反馈直观。可以说，在商业模式上，野兽派花店先利用线上推广转成线下销售，然后把已发生的订单作为动人故事再次推广，如此不断循环，迎合了电商垂直化的最新"Online To Offline"（线上带动线下）趋势。

（二）人脉搭桥，明星造势

Amber系复旦大学高材生，曾做过十年媒体工作（参与过《加油好男儿》节目组），目前除经营野兽派花店外还从事当代艺术收藏。她在以往工作生活中所积累的人脉，为野兽派花店的影响力带来了短期内的迅猛扩张。

在微博上，明星、大V与野兽派的互动自然不做作，没有商业气息浓厚的生硬的广告关系，更多的是诚意的赞美，也使得明星与大V的粉丝更容易接受野兽派。井柏然（《加油好男儿》选手）是第一个与野兽派互动的明星，转发了"试验了一个小盆栽，用新鲜的糖葫芦为主题。糖葫芦绝对是 handmade 的,当日制作,新鲜出炉,可以食用"的官方微博,让野兽派的微博第一次转发量冲到 600 + ,到了第二条:"我明天可以预定杀青蛋糕么?@ 野兽派花店"的转发量更是达到了早期巅峰的 1732(此前转发量多为 1 位到 2 位数)。随后店主好友超级名模@ 秦舒培开始频频与野兽派互动;店主好友时尚人士@ 三胖杰克为@ 安以轩送花被发到微博;店主好友@ 黄油小熊(实为拍摄《等风来》的滕华涛导演)为@ 白百合送花同样被展示在微博;店主好友知名设计师@ 孙浚良亲自操刀为野兽派设计包装;店主好友网络时尚界红人@ 小炳炳亲自为野兽派代言并当了一天送花员等。

随着野兽派的影响力飞速扩张,包括刘嘉玲在内的诸多明星慕名而来。网络红人张辛苑特发微博说"我们都爱野兽派@ 野兽派花店",编剧@ 六六更是高度评价"强烈推荐@ 野兽派花店,我生病朋友送的花是她家派的,非一般好看,我无意中去瞅一眼她家微博,店主的审美真不是一般地高,我怀疑以前可能是搞艺术的出身。价钱贵不?能常年配花不?"他们有心或无心的转发,为野兽派创造了巨大的影响力,也在无形之中带来了更多的微博上潜在的消费者,实现了社交网络"病毒性"的营销。

(三)内容建设,多层互动

野兽派花店要招揽到生意,就需要拥有受众极高的信任度。顾客不能自主选择搭配方式,因而花卉成品充满了不确定性。在朋友有限的助力下,官微凭借几张花卉礼盒的照片和 140 个字的文字介绍,就赢得了这种信任,并将原本单调的花艺技术幻化成一种情感象征与受到大众认可的文化符号。可以说,野兽派卖的不仅仅是花,这才是野兽派花店相较于传统花店真正独到之处。

"野兽派"的营销方式摒弃了传统思路中的"有奖转发"、"抽奖"等短期积累粉丝的方式,而是将微博当做一个长期宣传窗口悉心经营、培育。如前文所述,野兽派倾听客人的故事和经历,经微博主的文化加工,每束花被赋予了丰满的情感而耐人寻味。官博主文字驾驭能力极高,没有华丽的修饰也没有花哨的表情符,仅用 140 字讲述一个个故事,或是一段荡气回肠的感情或像一首隽永的小诗。

比如:"一对情侣来到店里,逛了一会儿,男生把女生推开,说你去别的地儿玩会儿,然后小声地跟我说:帮我扎一束花,我们是潜水认识的,想要一束像大海一样的花。过一会儿,花包好了,我看见男生走到女生身边,跟她说了什么,然后在她脑门上狠狠亲了一下。鼻子一酸差点哭出来,可是心里觉得甜甜的。。。祝你们幸福。"配图是蓝白相间的花捧。

"新的一周。本周主题:I promise I'm not trying to make your life harder(我承诺,不再让你过闹心的日子)……打开微博,这真是个闹心的世界。"

"去 k11 野兽花园,发现睡莲玉兰都开了。窗外阴雨,在没有阳光的狭窄空间里,它们那么没心没肺地开放。。。三月发生太多伤心事,刚得知喜欢的时尚作家黎坚惠过世。世事无常,我们还能站在这里,赏花。"

浏览微博会发现,句号在博主的手中被用得美妙,像在无形中拉长字词的读音,你仿佛能够看到在电脑那一端有一个说话慢慢的优雅又带点儿俏皮的姑娘,将她的生活向你娓娓道来,此时,买家与卖家不再有距离。她将直击人心的话语能力运用到野兽派花店的微博上,演变成了人们竞相效仿的"故事营销"。在野兽派的剧本中,你将成为备受瞩目的男女主角,与无数粉丝分享自己的情感历程,满足情感的倾诉欲望。观看野兽派的微博也是享受,跟着分享初恋的甜蜜,放手的心痛,为人父母的喜悦,为人子女的孝心……

野兽派的官博不仅仅创造故事,同时善于转发"有意思的有画面感的故事"。微博时代,人人都是创作者。微博之于普通用户的一大作用就是"通知朋友和熟人自己正在做什么"(Mischaud,

2007)。 女性收到花,多期待得到赞美与羡慕,或其他情感的表达,也就有越来越多的收花人在网上晒出收到的野兽派的照片,主人公大多洋溢着幸福的喜悦,满意之情溢于言表。

"@旻小饭不二:老公回家 从一个不起眼的塑料袋里掏出了一个爱的小饭盒,就说了一句:拿去[心]@野兽派花店(配图是野兽派的限量hello kitty花盒)"。

再如,"@野兽派花店:昨傍晚,一斯文帅哥前来取求婚花。女同事们纷纷找各种借口,前去围观。。。 帅哥说他有点紧张,我赶紧安慰:'用我们的花求婚没有失败案例'。。。 今早收到消息,成啦!"(随即转发了被帅哥求婚成功的姑娘的微博)"@-大白白-:十月初十,The day for U and Me。 谢谢@野兽派花店的独家鲜花……别人没有,只属于你我。"

伴随着野兽派的花与礼物幻化为定制、高端、视觉型幸福的文化符号,男性也乐于选择这样一种礼品来讨得爱人欢心,彰显自己的格调。

网友@泥鳅女王说:"@野兽派花店 23年来老爸终于肯花心思替妈妈过回节。 花儿由我挑选,回来以后看完真的越看越好看! 挑了最爱的一朵,香味沁人。"

面对这些非官方的更受到粉丝认可的"推广"行为,在大家共同分享收花人的喜悦的同时,对野兽派作品的信心与信任也在一步步提升。 "野兽派"不生硬地推销花束与礼物,而是将摆拍修复过的照片作为美的象征自然地插入微博之中,跟着动人的文字内容被潜在或实在的客户不断转发。 朋友或粉丝从中很容易产生共鸣,进而产生消费。 就如有粉丝在微博评论里说的:"我开始期盼,哪一天能收到野兽派花店的花,满足心底的浪漫。"

与其他微博推广的在线店不同,野兽派的微博是有生命的微博。 微博上吐吐槽,晒晒日常生活,也成了野兽派花店和粉丝保持互动的主要方式。

博主会抱怨工作太苦太累:"'朋友问:你后悔做野兽派花店

吗？''每一天。'"；会生气于顾客敷衍的态度："最恨'差不多就可以了'"这样的人；会很有人情味："早起进花市，方知相熟花摊老板生病了。选货时，无人嚄里啪啦报自创花名；算账时，无人叽叽歪歪讨价还价。。。失落啊。。。我生命中最重要的男人名单里，又添新成员。"

博主还会秀工作人员的日常，在140字中塑造了很多鲜明的形象，如中文说不利落，还动不动骂"Stupid！"的设计师Shawn；因为美女顾客的到来流了鼻血的人气点心师Sean；总被店主大手笔进花材气得抓狂的"抠门儿"财务Amy；任劳任怨蕙质兰心的小客服Flore；德国留学回来的可爱小员工@小乌龟8428⋯"总有人把他叫成小乌龟8424。。。他很恼火："8424是西瓜，好啵？！。"博主将野兽派描述成了一个充满爱与美好的工作室，引得无数微博粉丝心生向往，也就无怪乎野兽派在微博上的招聘信息火得一塌糊涂。

三、"野兽派花店"再思考

（一）"野兽派"效应

野兽派花店具有代表性，不仅仅在于它的成功运营，更因为它的存在引发了一系列的"野兽派效应"。

野兽派花店不仅打破了传统花艺审美的壁垒，同时推进了传统市场经营设计理念及营销方式在新媒体时代的重新思考。它开创了微博概念店铺的先河，它引发的不仅仅是更多概念花店在微博上的驻扎，同时，其他行业也开始在微店铺试水。如点心店"1001烤箱"、水果店"乐田良品"，甚至是餐厅"定制兰州拉面店"，等等。

更有社会现实意义的是，野兽派花店最初无库存，低营销成本，及微博营销便利性、潜在客户搜寻的精准性，也鼓动了许多青年人创业。在微博上，现已有不少大学生创业者开了微店来卖现磨咖啡、手绘明信片、复古衣着等，赚到了第一桶金，去过"自己想过的生活"。

此外，野兽派的商务日常走向正轨后，便涉足公益事业。2013年6月，@马伊琍应野兽派之邀设计母亲节花束"小港湾"，花盒销售款总计429 525元，所得款项全部捐赠给大福基金，帮助自闭症儿童。2013年9月，野兽派再次携手@高圆圆，通过@无冕爱心网转变成对散落在各地的抗战老兵的微薄援助和抚慰。这是野兽派影响力社会效应的升华，野兽派品牌的内涵再次得到提升。

（二）"野兽派"发展困境

与创业的公司一样，野兽派花店在成长的过程中遇到了很多难题。用Amber的合伙人Isabella的话说："真的是每天都有困难，难以想象。"

伴随着"野兽派"的走红现象，刮起了跟风潮。魔幻主义花店老板岳岳就曾亲口说过"是模仿野兽派的模式"才创建了微博魔幻主义花店，类似花店还有rose only、花里花店等后起之秀。商品趋同化不说，野兽派的知识产权也受到了挑战。时代广场实体店的店员告诉笔者："我们精心设计的花盒、摆配方式，有心人买回去稍作变动，就可以再次出售，这种情况还不少。"①当然，跟这些彼此效仿的同行相比，直接冒充野兽派高价贩售自造花束的问题更严峻。如2012年4月，微博网友@泫雀在微博上称："对@野兽派花店说：今天一早收到一束土鳖花，落款是老公，他一直忙于工作事业，

---

① 笔者对野兽派花店员工采访记录，2013年11月22日16：20于野兽派花店连卡佛实体店。

也没时间玩微博之类,知道我喜欢野兽派的花,上网搜了兴冲冲送给我,结果是假冒的野兽派,20支白玫瑰花了五百多,盒子脏兮兮的泛黄泛黑,又好气又好笑不知道说什么好,于是约定,等我们结婚周年的时候再来订你家的花吧。"面对这样的情况,野兽派只得转发回复:"天哪!再次严正声明,野兽派花店目前只在新浪围脖,别无分店。"此外,花朵本身娇嫩的特性也使其对物流有着更高的要求,走向实体的选址也并非一帆风顺,层层困难为野兽派的未来发展带来挑战。

微博店铺发展迅猛,却逐渐与传统法制支持产生脱节。尤其是以现代文化产品为代表的创意商品的知识产权更是不断受到挑战。传统专利保护偏重于技术性保护,如尺寸、色泽。但今天,创意性的文化产品对知识产权的审核方式提出了新的要求。网络时代的知识产权保护甚至是消费者权益保护政策亟待落实。此外,微博在线店铺日益增多,相关行业组织的缺乏也带来了很多问题。相似店铺扎堆,贩售商品趋同,销售甚至营销理念也趋同等现状虽然能够迫使私营店主不断创新,但也在某种程度上打击了早期微博店铺创业者的积极性。与此同时,对于消费者而言,缺乏行业监管的直接后果就是,一旦在微博店铺上买到劣质商品时,在相关管理制度空缺的情况下,实在投诉无门。

美与趣味的结合是一种高级的心理需求。传统花店千篇一律的花材与模式化的花语搭配不知不觉地将不同个体的情感表达模式化,消费者的情感诉求只能得到部分展现。野兽派花店正是看准了这一空白,大打概念牌,为个人度身定制,让美与个人趣味完美融合,在某种程度上满足了消费者在马斯洛需求层次理论中的最高层次——自我实现的需求。

野兽派花店填补了传统花艺市场对花材多样性的需求及丰富情感诉求的空白。其借助人气极高的微博平台,迎合了"O2O"的电商发展趋势。且正是凭借高超的文字造诣及人脉的拓展,在有限的发表框内,创建了新的价值取向,吸引直接或潜在客户的注意力,并将产品理念自然地融于微博内容之中,构建拥有了该项商品或内容后生活质量的改善画面以刺激消费。同时,通过互动及病毒式传播互动来拉近与消费者的距离,从而不断提升自身的品牌价值,实现了从线上到线下的成功发展。

从资源与机会的视角看文化小微企业的发展

——以上海雀沃信息科技有限公司为例

李沛欣

　　文化企业是一种高附加值的企业,即生产、经营和销售文化产品和服务的企业。 文化企业在我国具体是指从事新闻出版、广播影视和文化艺术的企业。 改革开放后,我国有关领导人提出物质文明和精神文明两手都要抓,两手都要硬的战略指示。 全国人民在享受经济发展带来的红利后,对精神文化生活方面的要求也更加多元。然而,在全国老百姓迫切汲取文化养分时,文化企业的发展还不尽完善,呈现出混乱的局面,规模以上企业不多,融资渠道不畅,管理混乱都制约了我国文化企业的进一步发展。 我国的文化企业起步较晚,且大多属于中小微企业。 制约我国中小微文化企业进一步发展的一个难题是企业资金需求得不到满足,融资成本高,融资渠道单一。 但是,我国中小微文化企业由于规模小,也呈现出船小好调头和前瞻性的优势。[①]

　　雀沃(Travo Inc.)是一家由上海交大 2004 级校友创立的移动互联网公司,于 2011 年 8 月 8 日在上海成立。 成立 3 年来,"在路上"已拥有超 600 万旅行用户,目前获得红点风投和阿里巴巴数百万

---

　　① 胡晓清、国凤兰:"中小微文化企业融资问题研究",载《时代金融》2012 年第 12 期下旬刊。

美元的投资。从雀沃的成长时间来看,它是一个初创的小微文化企业,在众多初创文化企业的进军大潮中,保留了一席之地。小微文化企业的建立和发展需要有一定的资源和机会,并且必须保持各个方面的融合。Hisrich 和 Peters(2002)认为,企业的创立和成长过程是这样的:"企业家为获取个人收益而组织和经营一个企业。他按市场价格购买经营中将要消耗的材料、使用的土地、雇用的人员以及资金。他贡献自己的勤奋、技能、独创性于企业计划、组织和管理之中。他也接受由于不可预知和不可控制的环境带来损益的可能性。企业在支付所有成本以后的收入净剩余,他留给自己。"[①]以下将对"在路上"项目做资源与机会分析。

一、上海雀沃"在路上"APP 项目的"资源与机会"分析

企业资源包括所有由企业控制的资产、能力、组织流程、经营特征、信息、知识(Armstrong 和 Shimizu,2007)。Greene 和 Brown(2001)则将资源分为这么几类:实物资源(厂房、设备、库存资产)、声誉资源或称无形资产(品牌认同、商誉)、组织资源(质量控制体系、企业文化、人际关系)、财务资源(现金流、借债能力、新权益获得能力)、人力资源(科技人员、生产管理人员、销售人员)、技术能力(高效率生产知识、低成本使用设备知识)。Greene 和 Brown(2001)通过实证表明,一个概念转化为一个企业需要企业家获得相应的资源,而新企业的成败也受其资源的影响。Brush 等(2001)指出,每一次资源的获得对于企业的生存和成长都有重要意义。如果

---

① 曹小春:"小微企业倒闭成因的国外研究成果综述",载《北京工商大学学报》(社会科学版)2012 年第 6 期。

不能获得资源,或者获得的资源本身质量低下、与市场机会不匹配、有可能消耗大量其他有价值的资源,结果就会有问题。 尤其是财务资源和人力资源这两种主要资源的缺乏和不合适,对小微企业的倒闭起的作用最大。 Sheppard(1995)则强调,一个企业是通过从环境中获得资源并加以保持而得以生存的,拥有大量具有长期价值资源的企业能够获得成长并减弱外部动荡环境的影响[①]。

上海雀沃信息科技有限公司的主要资源可分为产品、财务与资本、技术与人力、品牌与组织资源。

(1)产品资源:"在路上"APP 是雀沃的成名作和项目核心,也曾经在安卓"机锋市场"旅行应用排行蝉联第一名。 它是一款旅行游记 APP。 目前支持 Android/IOS/Web 平台。 产品以游记、发现、分享为主线,通过定位和相片生成带地理信息的时间轴旅行游记,留下旅行回忆,与朋友分享。 它与国外的一款旅行移动应用"Trip Color"类似,但结合了中国大陆用户的实际需求,在百度应用市场上,它的关键词是"旅游"、"攻略指南"、"故事"。 它不仅是一款文化产品,更是一种文化服务,力求培养潜在的旅游消费者,打造服务于交通、住宿、旅游、餐饮、休闲娱乐以及购物一系列产业的平台。

(2)财务及资本资源:与其说雀沃是一个公司,倒更像是一个项目团队。 公司于 2011 年后半年成立,创业初期是合伙人模式,初始资金来自于团队成员共同集资,2012 年推出"在路上"APP 后,获得红点创投数百万美元 A 轮融资,2013 年 4 月获得阿里巴巴数百万美元的 A + 轮投资,用于产品研发。 2013 年 7 月下旬于北京华贸和上海漕河泾的写字楼租下两个办公场所,2014 年 1 月公司又获得 B 轮投资。 投资方是和阿里巴巴有关联的顶级投资机构。 对此有业内分析人士认为,"在路上"的此轮金额可能是迄今为止,国内在线

---

① 曹小春:"小微企业倒闭成因的国外研究成果综述",载《北京工商大学学报》(社会科学版)2012 年第 6 期。

旅游业最高的 B 轮融资额度，融资规模或在 1500 万美元以上。"在路上"已经完成在线产品销售平台的基础研发，年后将推出新款 APP 来完成商业模式闭环，而这很可能是此次 B 轮投资成功的关键因素之一。

（3）技术与人力资源：产品"在路上"APP 专注于满足高质量旅行用户的刚性需求，已积累了深厚的技术门槛，不易被模仿和抄袭；技术团队大部分来自于名校计算机专业，且均有成熟的移动互联网开发经验；团队成员从业背景丰富，对移动互联网和旅游产业的跨界整合有深刻的理解力和执行力。创始团队成员来自 Microsoft、CISCO、GE、Ericsson、百度、腾讯、盛大等知名企业，团队知识构成、职能分工相对比较完整。2013 年年初，携程度假业务奠基人唐一波总裁的加入，加速了公司商业化的步伐。

（4）品牌与组织资源："在路上"APP 的用户规模最大，在一些公开报道中有迹象显示已经达到千万量级；经过两年的积累，"在路上"面向全网用户，日活跃用户约 20 万人次，综合用户获取成本低于 2 元。"在路上"项目与德国汉莎航空携手打造《寻找在路上"旅型家"》的系列活动，并伴随着校园和社会招聘，在全国多个省市推展。通过淘宝红包派送等活动，把原本局限在线上的旅行类 APP 互动拉回现实；其在上海高校的系列宣讲会上通过推广 APP、派发礼品来增加用户，一方面提高了曝光率和知名度，另一方面也为引进人才做准备。"在路上"两年多来和包括 The North Face，孤独星球杂志等一线旅行装备和旅游媒体进行市场品牌合作，并和多地旅游局、旅行社、OTA 等进行了深入的业务合作。

机会是一个市场中被当前服务于它的人所遗留的缝隙，它也代表着提供比顾客当前所受到的服务更好的服务的可能性（Wickham，2001；Rwigema，2005a）。机会以各种各样的方式显现出来，除了产生于产品和服务的变化以外，还可能产生于价值链的变化。产生不同机会的变化包括：新产品或新服务创造、新地理性市场发现、新原材料发现、新生产方法形成、新组织方式构造（Eckhardt 和 Shane，

2003）。 Hisrich 和 Peters（2002）认为，一个创业者调动资源的理由是抓住一个机会，企业的存在就是为了利用机会（需求），也就是说，可获利的机会构成了企业存在的理由。另外，在企业生命周期的任何阶段，如果机会离开企业或不再存在，企业也就不复存在。Rwigema（2005b）也强调机会在驱动企业发展中的重要性，他说，机会能够产生将企业带入下一个发展阶段所需的收入和利润。一旦机会由于竞争而逐渐减少，企业就会面临低需求，就不能再为企业的下一步发展提供足够的资金。因此，除非机会存在，否则不可能成功[1]。

上海雀沃能掌握的机会主要包括：宏观经济、政策与行业扶持、市场空缺、用户需求这几个方面。

（1）宏观经济：旅游宏观经济效益是社会效益的一部分。旅游宏观经济效益体现在两个方面：一方面，旅游宏观经济效益体现为整个旅游业的综合经济效益，无数的旅游微观经济效益汇总成宏观经济效益；另一方面，旅游宏观经济效益体现为包括旅游业在内的整个社会的经济效益，除了旅游企业整体的直接经济效益以外，还包括发展旅游业带动其他相关行业发展的间接经济效益。中国旅游经济的快速增长是在经济危机之后、国家为了拉动内需而启动经济板块后。旅游类 APP 虽然小，若做得好，可以拉动整个行业乃至整个社会。

（2）政策与行业扶持：政府对初创小微企业的税收减免扶持政策——自 2013 年 8 月 1 日起，对营业税纳税人中月营业额不超过 2 万元的企业或非企业性单位，暂免征收营业税，免征营业税的纳税人范围为企业或非企业性单位。而企业家俱乐部对于文化企业、文化项目也有创业大赛等形式的鼓励性资助。因此，政策、行业扶持也有助于该企业的发展。

---

[1] 曹小春："小微企业倒闭成因的国外研究成果综述"，载《北京工商大学学报》（社会科学版）2012 年第 6 期。

(3)市场空缺:总体来说,目前旅游 APP 有四大类型——预订类(以艺龙旅行网、去哪网为代表)、工具类(以穷游清单、美食酒店相关点评应用为代表)、攻略类(以 TouchChina 为代表)、分享类(以"在路上"、"蝉游记"为代表)。这四种类型的 APP,自上而下与"旅游"主题契合程度由弱而强。预订类和工具类的 APP 更贴近消费者的刚性需求,盈利空间不是很大,社会化的旅游记录分享社交网络应该是许多开发者的目标,毫无疑问,上述几家应用也已不同程度地收到风投的融资,可见领域前景是看涨的。

(4)用户需求:很多用户在使用旅行类 APP 的过程中产生了些许尴尬的情感,质疑自己若不是在准备一次旅行是否会打开这款应用,同时也对大多数目的地与不同的游记难以产生点击阅读的欲望。因而大多数时候(两点一线的生活中),旅游主题的 APP 并不能满足人们生活中的一般生存需求,然而一旦在筹划某次旅行的情况下,这些有关旅游的需求就会跃升为强需求,与之相关的 APP 也就成为首选。由此可见,旅游作为消费者的发展、享受型需求,是一种可以逐渐变成刚需的用户培养方向。

资源与机会是直接相关的。也就是说,机会越大,所需要的资源越多。反过来也如此,资源的质量和数量决定了机会实现的程度。Rwigema(2005a)、Kodithuwakku 和 Rosa(2002)认为,资源的可获性意味着机会的存在,而机会的存在意味着资源的需要。从某种程度上说,资源是捕获和保持机会的关键,而机会是保持资源的关键(Michael 和 Combs,2008),也就是存在一个资源需要机会且机会需要资源的双向反馈环和机制运作过程。为了使企业长久经营下去,资源必须总是可以获得,以捕获和保持机会;而机会必须总是存在,以产生再投资和保持企业不处于绝境的利润[①]。

"在路上"的市场占有率已经与其他同类应用的占有率总量持

---

① 曹小春:"小微企业倒闭成因的国外研究成果综述",载《北京工商大学学报》(社会科学版)2012 年第 6 期。

平。用户使用APP记录旅行的习惯还在逐步培育中，国内智能手机普及、硬件提升、网速提高、资费降低等问题有待解决，移动互联网行业整体尚处在萌芽期。与淘宝旅行的合作有利于打通垂直旅游交易平台，也有利于共享淘宝旅行海量的用户和数据信息，抓住战略超车的机会。融资信息方面，雀沃公司一直对其内幕三缄其口。但据投融资圈中资深人士分析，"在路上"完全可能是从战略角度出发，刻意延缓融资信息的发布。自从"在路上"APP发布以来，国内出现了多家模仿者和跟随者，虽然产品体验和用户规模均与"在路上"有相当差距，但为了生存，寻求融资刻不容缓。因此，如果"在路上"过早发布A轮融资信息，或将引发一些投资基金对其他旅行记录类APP的关注，这也许反而会加速"成全""在路上"的潜在竞争对手。雀沃公司的低调引资、高调公关之举，值得借鉴。

上海雀沃以年轻人的眼光挖掘、培养年轻人的需求，巧妙地运用风投对它的注资，开展"体验式消费"和"饥饿式营销"，迎合新一代人群休闲娱乐与社交双重需求，适应全球化的步伐，浸入由"生存型消费"向"发展型消费"和"享受型消费"转变的整体大环境。其他APP或者过分注重工具性，或者过分注重社交性，很少能够将几种特色加以结合，即使结合了也未能精准定位做好营销工作，造成用户及流量份额被"在路上"占领，盈利可能性也就大大降低。上海雀沃的优势可见一斑。

二、结论与展望

运用"资源—机会"理论对上海雀沃信息科技有限公司进行战略分析，可以得出结论：对于一个面向移动互联网的文化小微企业，在创业初期就能获得大量投资，依靠的是产品本身的市场指向性，研发团队较高的技术水平，以及市场与政策的外部机会。它并没有把自己定性为单纯的文化创意企业,也预示了以后的无限可能,在互联网深刻嵌入实体经济的现状下,将文化旅游服务业内各个小环节联结起来,形成服务于实体旅游行业的大平台,想必是"在路上"及以后研发的同类 APP 所能发挥的最大也是最佳的作用。

作为文化产品,这类 APP 具有外部效应。外部效应是指正外部性,主要体现在它给人们带来精神愉悦的享受以及自我发展的潜在动力,旅行在年轻人心目中是释放自我、发现自我的过程,该服务产品使用者不仅能给自己带来有益的作用,还能形成口碑,引发"同群效应"[①](peer effect),推动整个群体形成去旅行、在路上的生活状态和意识形态。当然,也有一定的负外部效应,它可能会导致媚俗消费的产生,亦即为了盲目攀比、炫耀自己的身家而使用它,甚至有些人抛弃当前正在努力奋斗的生活状态,耗尽全部财产去旅行,反而失却了旅行的本意。因此,上海雀沃公司在维护这个文化产品的时候一定要注意它的社会影响。

当前实体经济形势整体处于间歇性下行阶段,"口红经济学"可以用来解释经济寒冬时一些特殊产业的逆势上扬,旅游产业作为文化产业的一部分,一方面是在人们繁忙的工作之余调节身心的手段,另一方面也是一部分失业者使用仅剩不多的存款进行的一次"激情"消费,其行为具有不可持续性。因此,单纯以一个旅游服务产品作为筹码,是壮大公司过程中的大忌。如果雀沃公司不能推出新的产品辅助"在路上"APP,则很有不日解散的可能。再者,采访报道中常有一种猜测:阿里巴巴注资"在路上"是要依靠其成为"淘宝旅行"的一大移动端入口。这种猜测有其合理性,阿里巴巴

---

① 同群效应(peer effect)又称 peer group effects,是指一个人处于某个群体中,他的行为和结果受到周围人群行为和特征的影响,而影响他的人是和他处于平等地位的"同群者"。这一术语较多地应用于教育学中。其实,同群效应就是经济学家们所关注的非市场互动,即不同行为人之间的相互影响,而这种影响又不是直接在市场上通过价格的变化而产生的。更重要的是,人与人之间的互动会产生人力资本积累的外部性,从而表现出同群效应。

投资虾米网、陌陌、丁丁网、快的打车等,都是力求在相关领域分得一杯羹。这样的后果可以想见:阿里的涉足领域越摊越大,为的是与另一"马"——腾讯竞争。最坏的结果是,许多文化企业均被收纳入这两个超大型企业之下,依赖其资本成长,以后的独立性也值得质疑,雀沃的未来会是做成独立的O2O平台还是被收购,有待进一步观察。

我们也要看到,"资源—机会"分析路径本身有其局限性,该理论所能起到的作用也仅仅是提供一个分析小微企业初创阶段的框架。它是"SWOT"分析法的简略,没有强调劣势和威胁,任何初创的小微企业都有其自身劣势,所遭受的任何威胁都有置之死地的可能;它没有将管理者的管理作风、智力与非智力因素置于重要的位置,而往往在创业初期,管理者、合伙人对于一个公司来说起着掌舵和划桨的双重作用。

总而言之,文化小微企业必须将自身拥有的资源和外部的机会结合起来,才能够生存,而若想继续发展壮大,必须善于利用机会开发新的资源,如此循环往复,企业的生命力才能持久。鉴于文化小微企业其产品本身的外部性特征,它赖以维持的应当是长久的文化意识形态资源,企业只有将文化意识形态"包裹"着的消费观念深植于用户的内心,才能随时随地唤起用户对该企业文化产品的消费动机。

参考文献

1. 曹小春.小微企业倒闭成因的国外研究成果综述.北京工商大学学报(社会科学版),2012(6).

2. 胡晓清,国凤兰.中小微文化企业融资问题研究.时代金融,2012(12).

3. mimi.旅行记录App在路上首次公开融资内幕.泡泡网,2013-01-31.

4. 周德升. 在路上：旅行分享类 APP 出路在哪里. 环球旅讯, 2012-11-26.

5. 李卉妍, 王浩. 旅游经济学. 电子工业出版社, 2009.

6. 左惠. 文化产品的外部特征剖析. 天津创意产业发展博士论坛论文集, 2010.

文化產業觀察
Cultural Industries Observation Vol.1 (第一辑)

创意·融合
……

基于"觉网"的众筹模式研究

吴丹丹

2014年2月24日,文化部发言人蔡武在国务院新闻办公室新闻发布会表示,为推动文化产业快速发展,文化部将于2014年制定扶持小微文化企业和创意创业人才的专项政策,通过深化与金融机构间的合作支持小微文化企业发展。资金问题是企业发展的"瓶颈",以微小的成本为代价,借助网络平台"抱团"的方式进行创业活动——这种来自海外的"众筹式"微创业模式逐渐受到广大创业者的青睐。本文以国内众筹网站——觉网(jue.so)为例,介绍众筹模式这一新型融资模式对小微企业发展的影响。文章包括四个部分,第一部分详细介绍众筹模式的运作模式及其特点,并简单介绍众筹网站鼻祖Kickstarter和国内众筹网站代表"点名时间",以了解众筹网站发展情况。第二部分介绍国内众筹网站——"觉网"的发展与转型,分析国内众筹网站的运作模式及发展情况。第三部分通过总结"觉网"偏移众筹的原因揭示众筹网站在国内的发展现状和面临的问题。第四部分结合当下的政策环境,指出在互联网时代下,众筹模式为小微企业带来了新的发展空间。

一、众筹模式

"众筹"来自国外"crowd funding"一词,即大众集资或群众集资,是指在互联网上用团购+预购的形式,向网友筹集项目资金的融资模式。众筹模式由三个部分构成:发起人,希望实现自己创意与想法但缺乏启动资金的创作人;投资人,对发起人的创意和想法感兴趣,认为发起人承诺的回报可以实现,且有能力支持的人;平台,连接发起人和投资人的互联网终端。众筹模式利用互联网和SNS传播的特性,让小企业、艺术家和个人有平台对公众展示他们的创意,争取普通大众的支持和关注,进而获得所需要的资金援助[1]。可见众筹模式的出发点在于集大多数人的力量实现投资人与创作人共同的愿望。

全球第一家众筹平台是2009年4月成立于美国的Kickstarter网站,它的成立创造出一种全新的网络模式,即通过用户预购的方式,使得一些缺乏资金的项目能够被孵化。Kickstarter成立的初衷是为艺术家提供实现梦想的融资平台,现已发展为致力于支持和激励创新性、创造性和创意性活动的众筹网站。Kickstarter在成立之初并未取得成功,经过平平淡淡的两年,于2011年开始引起创作人的注意,截至2012年9月,Kickstarter总共成功推出73 065个项目,他们抽取成功项目总集资额的5%作为佣金,资助的项目包括Pebble Watch、Elevation iPhone Dock、Ouya Games Console,共融得3.77亿美元的投资[2]。

Kickstarter上的项目分13个门类,从2012年的数据来看,音乐

---

[1] "众筹:前景美好,现实骨感",载http://cailv.blogchina.com/1672943.html。
[2] 施俊:"众筹模式与P2P应深度合作",载《新财经》2013年第7期,第18页。

类的成功项目最多,有 5067 个达成目标,游戏类筹得的资金最多,为 8300 万美元。从成功项目的数量来看,最火的几个门类分别是艺术、电影、音乐、出版和戏剧,都有 1000 多个成功项目。融资额度超过 100 万美元的明星项目有 17 个。相较于 2011 年,融资金额、PV 和独立访客等数据都有 220% 以上的增幅,资助者数量也有 134% 的增加①。

与国外有声有色的 Kickstarter 网站相比,国内众筹网站并未现出应有的风采。总体来看,目前国内仍在运营的众筹网站数目较多,为人所知的却比较少。专注于微电影众筹的"淘梦网",全力支持电影梦想;援助实现音乐梦想的"乐童音乐";做设计产品和众筹项目的"亿觅网";宣称"人人都是创业家"的"众筹网";创意计划众筹平台"追梦网";想做城市中的正能量聚集地的"觉网";以及最早做众筹网站的"点名时间"受到较多关注。国内众筹网站影响力大多局限于小众圈子,用户数量、项目数与筹资金额方面和 Kickstarter 不可同日而语。发展最好的网站注册用户不超过 10 万人,各网站收入模式类似,但没有一家网站开始盈利②。

"点名时间"成立于 2011 年 5 月,2011 年 7 月上线。上线初从中国台湾地区天使投资者获得 50 万美元的第一轮天使投资③。从上线至 2012 年年底,共收到 6000 多个项目提案,600 多个项目上线,接近一半的项目已筹资成功并顺利发放回报。其中,单个项目的最高筹资金额为 50 万元人民币,总共已经完成了上千万元

---

① 36 氪:"众筹的灿烂一年:kickstarter2012 最佳项目盘点",载 http://www.36kr.com/p/200670.html。
② 36 氪:"那些年我们折腾过的公司(之)众筹依然在追梦",载 http://www.36kr.com/p/200415.html。
③ 按企业在不同成长期的投资分为天使投资、A 轮投资和 B 轮投资。天使投资是指在企业的种子期,可能只是一个概念还未成立企业,或者刚开始运营还未生产产品,或者生产了产品却没有大规模售卖,此时的投资者相当于一个天使,培育种子发芽成长。

的募资①。2014年1月,"点名时间"获"经纬中国"、"英特尔投资"等数百万美元的A轮投资,众筹再度成为大家聚焦的热点,有日渐兴起之势。

国内外众筹网站的运作模式相似。创业者首先将自己的创意和设计原型以文字、图片和视频的方式在众筹网站上进行展示,并承诺给投资人的回报,承诺的回报通常会设立几个等级,投资不同金额的投资人得到相应的回报,并设立筹资结束的时间点和目标金额。发起人的项目通过众筹网站的审核后,即开始了筹资过程。投资人通过浏览网站,如果觉得这个想法有发展的潜力就将钱投给创业人(交钱的方式类似于淘宝支付)以换取相应的承诺,投资人得到的回报可能是成功筹资的创业公司的股份,也可能是比非投资人优先获得使用最新产品的权利。筹资项目必须在发起人设定的时间内达到或超过目标金额才算成功。项目成功后,发起人获得投资人的全部资金,投资人得到发起人预先承诺的回报,融资平台抽取成功项目资金抽成;如果筹资项目失败,已筹资金全部退还投资人。

在众筹模式中,投资人根据发起人承诺的回报进行投资,根据承诺回报的种类,众筹可以分为相应的类型。结合研究公司Massolution的一份报告及国际上对众筹平台的研究,众筹平台可以分为四类②:

(1)债权众筹(Lending-based crowd-funding):投资者对项目或公司进行投资,获得其一定比例的债权,未来获取利息收益并收回本金。在此种类似P2P的网贷平台上,投资者相当于将钱存在感兴趣的项目上,由北京乐融多源信息技术公司运营的"积木盒子"属于此种类型。"积木盒子"收到融资方的融资需求后,通过实地走访、审

---

① 施俊:"众筹模式与P2P应深度合作",载《新财经》2013年第7期,第18页。

② 36氪:"大家快给我钱吧!——众筹在中国的四种模式",载http://www.36kr.com/p/209228.html。

核调查和风险评估审核项目,审核通过后公司帮助融资方完成担保服务的申请,当风险和收益达到平台要求,公司和融资方签订协议,项目被放到平台,向大众融资。平台向借款人和投资人提供后续贷中、贷后服务。债权众筹的平台多与律所、资金担保和资金监管公司合作,以提高自身可信度。

(2)股权众筹(Equity-based crowd-funding):投资者对项目或公司进行投资,成为企业、项目、投机活动的持股人。这种众筹平台上发布的项目多为希望创办小型公司的创业者。对于投资人来说,这类投资与股票投资一样,如果成功,资金价值将会增加,如果失败,价值则缩水,甚至有可能失去全部的投资。"天使汇"由天津盛邦投资有限公司运营,旨在"让靠谱的项目找到靠谱的钱"。"嘀嘀打车"、"黄太吉传统美食连锁"和"大姨妈"等应用都是在"天使汇"众筹平台融资成功的案例。由于回报为股权,此种众筹平台在投融资过程中对专业知识要求较高,因此投资人多为专业人士。

(3)回报众筹(Reward-based crowd-funding):投资者对项目或公司进行投资,获得产品或服务。属于回报众筹的平台很多,发起人希望产出某个产品或举办一场活动、拍一场电影等,都可以在此种众筹平台上发布项目,完成众筹后,则给予投资人相应的产品或门票。需要注意的是,回报众筹与团购不同。团购仅在销售阶段出现,目的在于提高销售业绩,而回报众筹中发起人购买的是"未来"的产品,产品中可能会加入投资人的意见。目前属于回报众筹的平台有"觉网"、"点名时间"和"追梦网"等。

(4)捐赠众筹(Donate-based crowd-funding):投资者对项目或公司进行无偿捐赠。纯粹的捐赠众筹平台在中国寥寥无几,更多的是以一种NGO的形式存在,这与中国文化和国情相关。目前受到人们关注的"微公益"类似捐赠众筹平台,但一般不将其看做众筹模式。

相对于传统的政府投融资模式和市场投融资模式,兴起于互联网时代的众筹融资方式更为开放,发起人能否获得启动资金不再由项目的商业价值唯一决定,普通大众也可以参与到融资活动中。众筹网站的诸多优点为更多有创意的人提供发展的无限可能,为大众参与融资活动提供更多机会,因此成为互联网金融领域一颗冉冉升起的明星。

(1)打破传统的创业和融资观念。在众筹网站上,只要有想法、有创造力的人都可以发起项目。发起项目的人可能是一位艺术家,也可以是一位农民,从而突破了身份、年龄、性别、职业和地位的限制。只要项目能让网友感兴趣,都可能通过众筹平台获得项目启动的第一笔资金。对于投资人来说,需要的金融知识不多,投资像购物一样简单,所需金额通常也不高。众筹最初作为艰难奋斗的企业家们为创作筹措资金的一个手段,现已演变成初创业企业和个人为自己项目争取资金的一个渠道。它使任何有创意的人都能够向几乎完全陌生的人筹集资金,在这种商业模式下,任何人都可以成为大众投资者,而众筹最大的特点在于独立于传统的银行体系之外,投资人可以更直接地控制自己的投资。

(2)项目多样,创意为先。发起人的项目类别不局限于某一方面。对于想创办一个小型公司、开发某个应用、生产某种硬件产品的创业者来说,众筹平台都可以提供服务。浏览众多众筹网站可以发现,获得成功的项目囊括设计、科技、音乐、影视、视频、漫画、出版、游戏和摄影等各个领域。多样的项目为各个阶层的投资人提供了多样的选择。多种众筹平台的存在为融资人获得更有针对性的服务提供了保障。在众筹模式中取得成功的项目无一例外是吸引人们眼球的。这种创意可以是突发奇想,也可能是抓住人们的怀旧心理。当然,发起人要想让自己的项目通过平台审核,必须将自己的创意(设计图、成品或策划等)达到可展示的程度,而不单是一个概念或者一个点子。

(3)满足创业人和投资人的需要。对于有想法的创业人来说,最缺乏的往往是资金,而对于投资人来说,好的项目总是可遇而不可求。在众筹模式下,创业者不再需要费尽心机满世界找投资者,只要设计一份产品介绍放到众筹网站上就可以等着投资者将资金打入你的账户中,当然前提是你的项目被认为有潜力。投资者只要坐在家中,像逛淘宝一样浏览网页,就可以找到倾心的投资项目,并且可以得到相应的回报。在这种模式下,投资人不再局限于拥有丰富金融、法律知识的专业人士,或者是传统融资模式中活跃在市场的财团和企业家,普通草根民众也可以参与其中,争取自己想要的产品或服务。

(4)改进创业人观点,降低创业成本与风险。众筹网站不仅为创业者提供需要的项目启动资金,还可以帮助创业者在产品量产前检验自己的产品能否被大众接受。在众筹平台中,大众投资人就相当于创业者的第一批内测用户,而且是很忠实且乐于提供意见的用户,因为这关系到他们的切身利益[1]。通过众筹,创业者相当于拿到一份来自消费者的市场调查报告,而且这份报告不必亲自去统计调查,提前调研的方式让创业人对自己的产品有更清晰的了解。在众筹网站上没有获得成功的项目,创业者就可不必为一款不被认可的产品浪费更多的时间和精力,可以提早改进自身观点,从而避免量产后带来的损失。

众筹模式的这些特点使得越来越多的创业人选择在平台上发布项目,募集资金,也让更多的创业人实现了自己的创意。

二、觉网(jue.so)

创业人要想成功融资,众筹网站的作用至关重要。下面将以"觉网"为例,介绍"觉网"的成立、发展和转型,为后文分析国内众筹网站的发展现状奠定基础。

---

[1] 筑梦创造:"什么是众筹模式?",载http://www.mongcz.com/archives/9257。

"上海融觉文化传播有限公司"成立于 2011 年 7 月，联合创始人之一 Rain 作为一名广告人，受到当时国外 Kickstarter 的影响，希望国内能有一个让设计师展示自身作品的平台。另一位创始人 Vic 负责市场和推广。他曾在一家大公司做过媒体投放工作，在工作中发现一个创意在实现的过程中，需要克服太多的障碍，因此萌生帮助这些创作人实现梦想的念头。第三位创始人也是出资人 Ting，曾经在杭州开影视公司，资产丰厚，某次受到藏文化的启发希望在城市里开辟一块能够聚集正能量的天地。机缘巧合之下，三人不谋而合，共同创办了这家创意公司。

　　成立之初，公司内部有五个部门。财务部管理公司资金；技术部负责公司网站的架构和视觉效果；公关部主管媒体对接和接触创作人；项目部管理网站上发布的项目和作品集；人事部决定公司发展方向，是公司浓厚的积淀①。

　　jue.so 上线于 2012 年 4 月，网站包括项目、觉物、创作人、觉响和觉 lab 五个板块，作为一个基于众筹模式的创作人网站，本着"一个念头，就是一个小宇宙"的观点，它为一切创作人提供展示和销售的平台，并试图打造一个真正的创作人社区。

　　作为一个发起、支持和分享创意的平台，jue.so 网站上发放的项目主要来源于两个部分：一部分由火部工作人员寻找，另一部分来自网站上项目人自己投递。jue.so 对上线项目的甄选机制是：第一，过滤，创意门槛，这与所有众筹平台的标准相似；第二，特殊性门槛，项目在别的地方很难看到，jue.so 认为只有将自己的偏好和市场需求区分开，才能开辟一片新天地，而不是沦为和众多众筹网站类似，毕竟 jue.so 的资金都来自于个人，难以和大公司抗衡；第三，创作人本身具有实力，jue.so 将考察创作人是否有实现产品生产的能力，以确保支持者的利益。当创作人越众而出，穿越了这三道过滤

---

① "觉"将这五个部分分别称为：金木水火土。来源：笔者采访公司内部工作人员，2013 年 11 月 26 日上午 11：00。

网之后，jue.so 会对创作人和项目本身进行全方位的包装和宣传，争取将曝光和销量最大化，而成功后的项目（如有具体产品）也将进入"觉物"单元继续销售，选购后可以即时发货，不必再经历漫长的等待[1]。项目的筛选由火部的工作人员负责，不以市场的角度衡量——这也是众筹模式的优点之一——商业价值不是决定项目成功的因素，通常他们选择自认为有创意的项目发到网站上筹资。对于有争议的项目，将由公司其他部门的工作人员参与评判，再有争议则由"觉"的负责人决定。

对于筹资成功的项目，公司抽取项目筹资的 10% 作为佣金。比如一个项目筹资 2000 元，jue.so 抽取 200 元。每个成功的项目，jue.so 会开辟专门的讨论区，这意味着 jue.so 并非在一个项目筹资成功后就可退出。假如投资人对收到的产品不满意，而创作人又不同意退货，jue.so 就要承担责任，投资人可以将产品退给 jue.so。因此一般 jue.so 会要求创作人在发货前先寄一个样品给公司，如果公司内部工作人员大多数不满意，将要求创作人继续改进，这样可以降低创作人和 jue.so 双方的风险。然而，风险总是存在。

另一个风险来自项目人担心的知识产权问题。如果项目十分成功，"觉"将帮助项目人走相关的法律程序。有一个红木优盘的融资项目是筹资非常成功的案例，当时为了避免其他人的模仿，"觉"帮助项目人申请了专利。知识产权侵权问题无法完全杜绝，对于一个不是很成功的项目，本着过多的保护不利于产品传播的观点，"觉"在知识产权保护方面并无太多保护措施。

由于国内做众筹的网站并非一家，一个项目在多个众筹网站上筹资的现象不可避免。对此，觉网认为一个网站的承载量非常有限，为了能够更好地帮助创作人实现创意，"觉"并不要求创作人不能在其他网站上发。因此如前所述，"觉"在项目甄选上有自己的偏好，只有让自己的网站更有竞争力，才能吸引更多的创作人。

---

[1] 觉响："开篇"，载 http://www.jue.so/news/8。

jue.so 的创办受到 Kickstarter 的启发却又不同于 Kickstarter。首先两者的定位不同。Kickstarter 定位在慈善以外一切需要筹集资金的项目，jue.so 则更关注文化创意产业，因此在 jue.so 上投资人获得的产品不仅是一般的实用品，还带有文化创意的附加值。其次两个平台的性质不同。Kickstarter 提供一个在线工具让用户满足自身需求，jue.so 在平台背后会思考更多问题，比如如何更好地推进项目，帮助创作人。不能通过电脑解决的问题，jue.so 会出动人力解决。最后是对项目的管理，Kickstarter 通常只负责项目的筹资，后续过程不在责任范围内，而 jue.so 希望能为创作人提供从生产到销售这一完整产业链的帮助。"觉"不仅是一个网络工具，更是一个不断思考、成长、完善的人。

然而 jue.so 这种理想的众筹状态并没有持续很久。2013 年 4 月，jue.so 被外界认为"失败"了，这个所谓的"失败"，并不在于有没有合格的创作人，或者优秀的产品，而是这些创作人的数量和产品的质量，还远不足以支撑一家平台型网站的运营。2012 年 4 月至 2013 年 4 月间，jue.so 平台运营支出 250 万元，总收入 8 万元[①]。转型势在必行。

觉网成立至今，还未开始盈利，这与国内众筹网站的发展现状一致。其资金都来源于其中一名创始人。2013 年 4 月，由于资金问题，jue.so 不得不进行转型，首先是办公地点的变换，由原来的宋园路黄金城道搬至普陀区圣骊澳门苑，在小区内租了一间房间作为办公场地，紧接着是公司内部的整改。

经历过"可以载入史册的巨大震荡"后，觉网形成了"三分天下"的局面。一是 Juelab 实验室，"觉"在上海设立了 Juelab 作为创意技术研发实验室，和国内知名设计师、研发工程师合作并不断研发新的互联网技术和创意产品扩展至全国。公司在觉网及新浪微博等平台发布活动信息，感兴趣者可以报名，并通过淘宝平台支付

---

① 觉响："reset（一）"，载 http://www.jue.so/news/711372091660。

相应的报名费以参加活动,活动参加者的报名费是目前觉网的资金来源之一。 Juelab 以一种工作坊的形式召集志同道合的人制作产品,产品可能来源于网上筹资的项目,也可能是设计师自己的设计。在活动过程中,设计师常常会在现场教授自己的设计理念,参与者获得自己制作的产品和对手工制作过程的体验,对创作人项目的宣传与融资在线上、线下同时开展。 二是售卖创作人产品的平台——觉物,消费者可以在网上购买已经完成筹资的产品,而不必经历漫长的等待,觉物的自主经营也为"觉"解决了部分资金问题。 三是互联网的重新搭建与改版,这一部分的工作是为了承载更多的在线人数,需要很多的研发资金。

Juelab 工作坊的成立吸引了更多的人关注"觉"的发展。 工作坊的成立灵感来自于一次线下活动。 在一次筹资活动中,"觉"认识一位布拉格做书籍装帧的老师,出于兴趣,线下组织了一次教大家做书籍装帧的活动,结果报名人数远超预期,于是又增加了两期。活动结束后,"觉"的工作人员认为工作坊的形式与网站建立的初衷(鼓励大众来分享和创作)相符,于是开始做工作坊的筹备工作。 与众筹模式相比,Juelab 实验室加入用户体验的环节,从之前鼓励用户支持创作人,到鼓励用户一起参与到创作中,线下活动的举办吸引了更多人对项目的支持,也让"觉"更加出名。

在市场不断细分的环境下,"点名时间"开始专注做硬件项目,"觉"则更加关注创作人本身。 jue.so 将每位创作人看做一个小微企业,通过给予创作人销售和管理方面的帮助,吸引更多的创作人,打造一个创作人社区,继而形成自己的游戏规则。 笔者采访后认为,jue.so 的工作人员自身也是一个创作人,在这片"城市正能量聚集地"上,他们对生活、对艺术的热爱,对梦想的坚持,对未来 jue.so 将会独一无二的自信,都影响着公司的发展,改变着自己和他人的生活方式。

三、众筹模式存在的问题与原因分析

Kickstarter 年度报告显示,2012 年,在 Kickstarter 上有 18 109 个项目成功募资,获得 2.74 亿美元(约合 17 亿元人民币),成功率高达 85.7%;而作为国内最大的众筹网站,"点名时间"从 2011 年 5 月上线至 2012 年 7 月,总共筹集资金 300 万元人民币,成功率仅为 47%[①]。因此,尽管众筹模式有如前所述的优点,项目在众筹平台上获得成功的偶然性依然很大,众筹模式在中国也不愠不火,笔者认为出现这种局面的原因主要来自三个方面:创作人、投资人和众筹平台。

首先,根深蒂固的文化影响创作人的执行力。虽然国内众筹网站众多,但是好的创新项目却很少,这是目前众筹网站面临的最大问题。这与我们的教育体系密切相关。在美国,很多好的项目都来自实验室,个人在实验室研究出作品后,通过在众筹网站筹集资金然后进行生产。而在中国,实验室中的作品大多来自老师外包公司,由大企业负责生产,因此众筹网站难以觅得创新项目。"车库文化"的缺失使得创作人的执行能力一般较弱,尽管有十分完美的想法,由于缺乏必要的实践,创作人难以实现自己的想法,手工方式制作的产品比较粗糙,无法和商场中的商品媲美。此外,为了得到良好的筹资效果,创作人不仅要定期更新信息,还要应付众筹平台的各项检查,并且要与投资人保持畅通的沟通,忙于处理各种人际关系常常令创作人困扰。

其次,投资人的购物心理影响创作人的积极性。众筹模式让投

[①] 肖湘女:"众筹模式:小微文创企业现融资新渠道",载《北京商报》2013 年 8 月 23 日第 A01 版。

资变得像购物一样简单,大多数支持者抱着"逐利"而非"投资"的心态支持创作人。带着购物的心理,投资人难免将收到的产品与一般的商品相比,制作工艺的缺憾常常使得投资人对产品感到失望。在 Kickstarter 上有这样一种现象,所有成功的案例几乎都是能够快速将原型产品交给投资人体验的项目。因为投资人的耐心和对一个产品的新鲜度都是有限的,只有尽快拿到他们想要的产品原型才能检验他们的投资选择。在觉网上,一个项目的周期一般是两个月,作为一个买东西的普通用户,两个月的周期未免太久,因此很多人尝试一次到两次之后就不想再尝试。传统的风险投资在提供第一轮创业资金后,只要项目发展顺利,一般会提供 A、B、C 轮融资。而投资人很可能只提供一轮投资,如果回报不能让投资人满意,投资人则会将注意力转移到其他发明上。久而久之,其他的众筹项目将很难获得成功。在这种尴尬局面下,"觉"专注打造一个"创作人社区",目的是为创作人提供更完善的服务。

再次,众筹平台同质化。一说起国外众筹平台,Kickstarter 绝对位列榜首,而能够领先国内众筹平台市场的则众说纷纭。尽管目前国内出现众多专注于某一文创领域的垂直型众筹平台,例如微电影众筹平台"淘梦网"、音乐众筹平台"乐童音乐",然而这些网站的网站体验与产品逻辑尚待构建,否则创业人不知道到哪里为项目寻求更好的服务,投资人也无所适从。大数据时代,想要搭建一个众筹平台不是困难的事,如何运营却需要花费更多心思。决定投资者投资方向的,绝不仅仅是简单的宣传活动,众筹网站本身的定位也至关重要,使自己的服务与众不同是众筹平台成功的重要原因之一,也是吸引投资人反复投资的关键。

最后,众筹平台盈利模式不清。作为一种新型的融资渠道,国内外对众筹模式的盈利模式仍处于探索阶段。在国外,Kickstarter 收取 5% 的项目资金。国内的众筹网站由于处于起步阶段,需要建立初级的信任机制,吸引更多的创业者和投资者,所以大多数还是免费的。这也符合互联网免费的大环境。另外,由于在众筹平台上发布的项目规模小、周期短,创作人本身资金也不足。 在两方面因素的影响下,众筹平台收费则难以吸引创业者,不收取费用则难以盈利。 2012年4月至2013年4月间,jue.so平台运营支出250万元,总收入8万元。 几乎所有的众筹平台都处于非盈利状态。 最近众筹平台也在盈利模式上做出探索,希望在项目的衍生品上赚钱。比如觉网的觉物板块,通过售卖筹资成功项目的产品增加资金来源。

国内外众筹网站之间最大的差别在于对支持者的保护措施上。在国外,只要项目成功了,马上会将钱发给项目发起人执行,在国内,为了保护支持者的利益,将钱分成两个阶段发放,项目启动时发放50%的启动资金,项目完成后,确定支持者都已经收到回报,才将剩下的钱交给发起人。 这样,创作人为了应付众筹平台的审查,与投资人沟通,需要花费更多精力,阻碍了产品的生产与创作,丧失在众筹平台成功融资的信心。

四、众筹模式与小微文化企业

众筹模式的理论基础是著名的"长尾理论":在产品存储和流通渠道足够大的情况下,需求不旺或销量不佳的产品共同占据的市场份额可以和那些少量热销产品占据的市场份额相匹敌甚至更大,即众多小市场汇聚后可产生与主流相匹敌的市场能量。 由长尾理论可知,商业和文化的未来不在于传统需求曲线上那个代表"畅销商品"的头部;而是那条代表"冷门商品"经常被人遗忘的长尾。 小微企业占企业总数的90%以上,它们在创造就业、增加税收、活跃市场和保持社会稳定等方面发挥着巨大作用,为国家经济发展所作出的贡献令人瞩目。

然而,长久以来困扰小微企业的融资难问题目前仍然是阻碍小

微企业发展的主要原因。小微企业主之所以融资困难,总结来看有以下几点原因:

(1)企业规模小,抗风险能力差。投资人不是慈善家,投资的目的多是为了获利。由于市场环境和政策等原因,小微企业的生命周期相对于大企业较弱,破产率更高。研究结果显示,一般小企业创办5年内的死亡率高达30%~50%,全国小微企业生命周期平均为3年[①]。因此很多投资人不愿意冒险支持小微企业,企业难以获得维持生命周期所需的资金。

(2)外部融资困难,内部融资[②]不足。根据全国工商联的调查显示,90%的小企业没有与金融机构发生任何借贷关系,95%的小微企业没有与金融机构发生任何借贷关系[③]。尽管银监会高度重视中小企业融资难的问题,出台了一系列政策鼓励银行开展中小企业信贷服务,而从现实情况看,各大银行在开展此项业务时,其目标客户绝大多数定位在"中型企业"而非小微企业。许多小微企业并不具备信贷业务中所需的抵押物、担保人等条件,企业的财务状况透明度不高,财务制度尚不成熟,难以达到银行信贷业务的条件。因此,小微企业向银行贷款的渠道并不通畅。由于利润率和积累期限的限制,小微企业内部融资的能力相当有限[④]。

如果不能及时解决小微企业融资困难问题,小微企业的发展必将受到很大限制。众筹模式的出现在一定程度上解决了小微企业难以从银行等金融机构获得资金的困境。作为一个借助互联网手段的投融资对接平台,目前天使汇的业务已经覆盖到小微企业的全生命周期,小微企业可以根据发展需求实现多轮快速融资,包括初创阶

---

① 黄胜:"浅析小微企业融资难的成因",载《绵阳日报》2012年5月28日B7版。
② 将自己的储蓄(留存盈利和折旧)转化为投资的过程。
③ 蔡丽华:"我国小微企业融资难的现状及对策",载《西部财会》2012年第8期,第49~52页。
④ 同上。

段的天使投资、成长期的股权融资以及 IPO 前的股份转让等①。 天使汇上线两年来，经过验证的投资人已有 700 多个，迄今有 70 多个创业项目通过该平台获得了 2.5 亿元投资，融资额大多分布在 100 万元到 500 万元之间②。

与大众消费品相比，小众文化产品的生产销售由于受到市场需求、生产成本等限制很难大规模生产，众筹模式的出现为小微企业特别是小微文化企业的发展提供了新的融资渠道。 从公益项目到图书出版、拍摄电影，再到新闻制作，几乎没有什么领域不可以众筹，集融资和营销于一身的性质赋予了众筹网站在互联网金融领域的重要地位。 并不是所有的项目都适合众筹，然而众筹似乎"为文化类项目而生"。 Kickstarter 上众筹项目有 13 类：美术、动漫、舞蹈、设计、时装、影视、食品、游戏、音乐、摄影、出版、技术和戏剧，大多数属于文化产业范畴。 在追梦网上，电影、音乐和动漫等文化类项目占 70% 左右，影像、设计、出版等项目的筹资金额更为突出。 jue.so 也将平台定义在支持文化创意类项目的实现上。 适合众筹模式融资的项目或许应该带有如下性质：创业人多为个体或小团体，需要投资人的资金和资源支持来实现产品或服务，投资人通过投资能得到额外价值。 在文化创意类项目中，这种额外价值表现为对自身品味与价值观的肯定。 投资人通过选择项目，表达了自身品味与价值观，获得物质与精神的双重满足。 此外，项目在网站上发布后，不仅融得所需资金，也得到了全世界的关注。 筹得的资金越多，受到的关注也越多，常常是融资成功时市场营销的步骤也基本完成了。

众筹模式的出现将培育良好的创业文化。 在以往的商业环境下，"创业"曾是"艰难"的代名词。 个体创业者通常由于资金的

---

① 李文龙："'众筹融资'试水破解小微融资难"，载《金融时报》2013 年 11 月 21 日第 3 版。

② 同上。

缺乏而举步维艰，即使历经艰辛获得创业的启动资金，一旦创业失败，周边人的质疑声也加剧了创业者的恐慌，成王败寇的思想似乎成为中国创业文化的核心。众筹模式鼓励陌生人之间互相扶持，互相帮助，凑一点钱，分摊一点风险，集大多数人的力量实现各自的梦想。许多项目的融资成功启发了更多的有志青年，增强了更多的创业人的信心。尽管投资人本着"获利"的观点进行投资，但同时也支持了创业人的观点，增强了创业人的信心。即使融资失败，创业人也没有大的损失。众筹网站就像一个梦想孵化器，为更多有想法、有创意的人实现梦想，因此受到广大青年人的青睐。而目前众筹网站线下的现场融资活动获得媒体的广泛关注。对于一些需要产品体验的项目，众筹平台举办线下活动进行展示，现场的观众如果对产品有兴趣，则可以现场"众筹"。众筹模式正在不断发展成为互联网金融的重要力量。

在众筹模式下，每个创作人也是一个小微企业，由于创作人难以有固定资产作为贷款担保，希望通过传统渠道进行融资困难重重，基于互联网的众筹模式给小微企业的发展开拓了新的空间。互联网集通信、服务和信息于一身，提供了更多服务、创业和创新的机会，开启了新的商业模式。在原先的商业环境中，行业巨头靠规模、渠道和政策的优势，排山倒海地利用一切可利用的资源，垄断了某个行业，在互联网世界中，传统的发展模式被瓦解，新的消费模式将掀起一股潮流，影响甚至覆盖旧的商业模式，任何有创意的人都能开拓自己的一片天地。

参考文献

（一）期刊报纸类

1. 施俊.众筹模式与 P2P 应深度合作[J].新财经，2013(7)：18.
2. 肖湘女.众筹模式：小微文创企业现融资新渠道[N].北京商

报,2013-08-23(A01).

3. 黄胜.浅析小微企业融资难的成因[N].绵阳日报,2012-05-28(B7).

4. 蔡丽华.我国小微企业融资难的现状及对策[J].西部财会,2012(8):49-52.

5. 李文龙."众筹融资"试水破解小微融资难[N].金融时报,2013-11-21(003).

6. 魏国雄.增加融资供给缓解小微企业融资难[J].中国金融,2010(3):39-41.

7. 孟扬.寻求破解小微企业融资难的根本之道[N].金融时报,2010-03-09(006).

(二)网络资源

1. 大家快给我钱吧！——众筹在中国的四种模式,http://www.36kr.com/p/209228.html.

2. 众筹——前景美好,现实骨感,http://cailv.blogchina.com/1672943.html.

3. 众筹的灿烂一年：kickstarter2012最佳项目盘点,http://www.36kr.com/p/200670.html.

4. 那些年我们折腾过的公司(之)众筹依然在追梦,http://www.36kr.com/p/200415.html.

5. 别把众筹当预售：新硬件创业者怎样才能用好众筹平台？,http://www.36kr.com/p/208622.html.

6. 众筹模式在商业上远未成熟,各种不靠谱,http://www.huxiu.com/article/3852/1.html.

7. 众筹平台的分类及风险性,http://chuangye.cyz.org.cn/2013/1126/45331.shtml.

8. 觉网,http://www.jue.so/.

9. 筑梦创造,http://www.mongcz.com/.
10. 点名时间,http://www.demohour.com/.
11. 天使汇,http://angelcrunch.com/.
12. Kickstarter,https://www.kickstarter.com/.

魔镜工作室：艺术与技术的嫁接

李方露

魔镜工作室作为一家提供个人定制数字油画服务的小微企业在近年来取得了不错的发展。它的迅速发展既展示了文化小微企业发展中所具有的一些共同特征，也揭示了一些同质困境。本文通过对魔镜工作室这一个例的发展特征进行全面分析，旨在引起对小微文化企业发展模式的关注，审视小微文化企业对文化产业发展的影响与意义。

一、数字油画与个性定制

魔镜工作室位于田子坊文化创业产业园区内，是石库门里的明星级工作室。它以制作个人定制数字油画为主要业务。客户只需提供想要制作的照片或者图片给魔镜工作团队，不到一周就可以看到被画在油画画布上的照片。不是那种简单 Photoshop 的油画效果，而是照片内容被真真切切制作成为一幅可装帧可收藏的油画。这种产品制作并不复杂，是对数字油画的定制制作运用。工作室规模不大，主要核心成员只有数十位画师以及数位电脑绘图师。老板杨智秀是中国美院的教授。他凭着对艺术市场的多年经验，产生出将照片这种原创摄影艺术与传统油画经典艺术嫁接在一起的想法。

由于产品新颖,从成立伊始,魔镜工作室便备受关注。韩国MBN电视台、中国台湾地区八大电视台、CCTV纪实频道、生活时尚频道、东方卫视、第一财经等多个国内外知名电视频道都对它进行过专栏采访报道。特别是利用2010上海世博会这一契机,工作室先后接待过60多位各国部长级领导人以及无数的国内外市长,所做油画被指定为第十三届上海市人民代表大会的礼品,为800多位人大代表成功定做了油画。①

二、意义搭建与模式定位

魔镜工作室作为一个小微企业却在短期之内聚集了大量的关注和人气,笔者认为其创立的商业模式至关重要。这也是任何一家小微文化企业想要获得发展的最重要的一个环节。面对当下现状,文化产业发展扶持力度日益加大,小微企业免税试点逐步扩大,大的文化产业企业借机疯狂占城掠地圈分市场,新生竞争者也层出不穷,若想取得良好发展,构建适合的商业模式尤为重要。目前企业的竞争,尤其是文化产业领域内的竞争,不单单是产品的竞争,而是商业模式的竞争。② 商业模式就是企业创造营收和利润的手段与方法,既关乎企业对于内外环境的分析判断,也在于对企业自身核心资源的利用能力。魔镜工作室商业模式中可圈可点之处有如下四点:

---

① 2013年11月22日,上海市泰康路274弄14号魔镜工作室(田子坊店)实地调研所得数据。

② 中研普华报道:"十大成功商业模式解析",载中国行业研究网,www.chinairn.com,访问时间:2013年12月30日。

(一) 符号意义的搭建

托马斯·劳伦斯和尼尔森·菲利普斯在他们的文章《理解文化产业》中指出，文化产业的特征体现在三个趋势上：从物质到精神，从生产导向到消费导向，从环境到文本。[①] 精神性产品不同于一般的物质产品，它存在的价值不只包含着创造者的价值观念和情感喜好，更多地取决于受众对它的理解和接受。因此文化产品实际意义上的效用地位不再占据主导地位，反而是它对于消费者情感需求的满足更为重要。抓住了消费者的情感需求就等于抓住了市场。

多个世纪以来，油画艺术以其独特的色彩美感、层次错落、形象生动、高雅精致，一直备受喜爱，但是它复杂的绘制流程、严苛的技艺要求、较长的制作周期使得它也有着不菲的价格，只能是贵族才能拥有的私家收藏。从拉斐尔画中的圣母到达·芬奇笔下的蒙娜丽莎，油画艺术中的人物选择走下神坛，但不变的是走入油画始终是普通人永恒的梦想。拥有一幅个人人物油画，是彰显身份与地位的象征。魔镜工作室则利用消费者的这一心理，推出依托于真人照片的数字油画，让消费者过足"上油画"的瘾，成为肖像油画的主人公。这一新颖的理念自然赚足眼球，也使工作室获得迅速发展。据工作室工作人员介绍，他们每人日均制作油画近 10 幅，每月制作数量在三四千幅。

(二) 对市场的精准定位

除了理念，对于产品的准确定位也不可或缺。因为你的产品定位决定了你可以拥有的市场。市场在哪里，市场是什么，是企业最希望解决的两个产品定位问题。市场是不会被瓜分完的，索尼公司

[①] Thomas B. Lawrence, Nelson Phillips: "Understanding Culture Industries", *Journal of Management Inquiry*, 2002.11, DoI: 10.1177/105649260223852.

董事长盛田绍夫的"圆圈理论"认为,在无数的大圆圈(指大型企业占有的市场)与小圆圈(指小企业占有的市场)之间,必然存在一些空隙,即总有部分尚未被占领的市场。① 但是这样看来,这些空隙由于原有市场的挤压是比较窄的,市场容量也相对不大。 这一市场机会看似很小,但无数小范围的聚合却使得其延展性极大。 文化产业是典型的消费导向产业。 由于文化产品的消遣性质、娱乐性质和符号性质,受众的圈层特性比较明显,使得消费者不能满足于大批量生产的单一、同质产品,而期许获得更能满足个体需要的个性化产品。 这使得大企业也不得不进行小众定制生产。 就拿娱乐传媒巨头华谊兄弟而言,他们的电影生产模式也是采用多个工作室单独运作生产形式,每个工作是独立运作的,独立制作的电影产品迎合不同的受众群体。

如此,找准这种"小微"机会,决定了一个文化产业企业的生存空间。 魔镜工作室通过对客户市场的划分,将产品定位于礼品,将受众群体定位为参观田子坊的游客,这部分人大多对于文化创意有一定的兴趣,也具有一定的经济购买力。 当消费者前来咨询时,魔镜的工作人员会大力推荐将其作为礼品送朋友、长辈以及上司。 产品价格是22寸及以下是600元,34寸900元,最大的42寸及以上也不过2000元。 600~2000元是较为适合中产阶级可接受的礼品价格,并且可以极大地满足接受者的求新猎奇或者虚荣之心。 单纯的照片太过低廉,而精工细作出的油画又太过昂贵,远超一般人的消费水平。 魔镜的产品则中和两者优势,既有照片的写实回忆记录功能,又增加了油画的精致与高雅。

(三)突出专业特长

现代战略的基础理论认为,在全球企业的竞争环境中,企业的

---

① 白俊宇:"小微企业发展战略探讨",载《武汉科技大学学报》2012年11月,第49页。

竞争优势应该来源于内部和外部这两个方面，在结合外部环境的威胁和机会的同时，仔细分析自身的优势和劣势，通过资源的整合使企业优势不断放大，从而形成核心竞争力。[①] 一般而言，文化产业内涵、外延都极为宽广，横跨演艺、出版、影视、动漫、广告、设计、文教、旅游等多个领域，而小微企业由于自身人力、物力、财力的限制，不可能在各个领域都具有竞争优势，所以，这就要求文化产业领域的小微企业一定要坚持专业化的发展道路，集中企业的可利用资源形成企业的长期持久的竞争优势。魔镜工作室的老板出身于中国顶级的美术院校，有着较强的艺术敏感度，也的确抓住了受众对于现在工艺美术的心理期待，从而在市场上占据一席之地。市场上提供类似产品的商家不少，但是魔镜工作室的最大竞争优势则主要来源于其内部特异的、优质的资源——画师的艺术水准。同样是提供定制化的数字油画，魔镜出品的油画无论在色彩运用或是在层次渲染上都较为精美，与同行拉开不小的距离。

（四）与技术的结合

魔镜工作室产品的制作流程为：先将客户提供的照片进行一定的修饰和美化，然后电脑制作出油画效果供客户事先了解，然后按照客户意愿在画布上印制照片并进行油画绘制。从产品的制作流程可以看出，对于照片的电脑处理可以让客户事先了解产品形态，并提前提出修改意见，以确保产品符合其心意。接着，将美化过的照片印制于画布之上进行绘画。这样，将艺术与科技融合，不仅节省了绘画时间和绘制成本，也降低了对画师技术的要求。加之完善的网络客服系统，能够同时完成多个客户的修改要求。魔镜相较于标准油画作品最大的特点就是加入了对电脑的应用。电脑绘制基本图形，人工辅助上色，这其实就是一种数字油画的定制服务。这使得

---

① 白俊宇：“小微企业发展战略探讨”，载《武汉科技大学学报》2012年11月，第49页。

油画作品的质量与画师个人技艺水准的关系割裂,将它的制作链条切断,取其中一部分供人工制作。这样不仅大大提高了油画质量,最重要的是,节省了绘画时间,从而减少了油画成本。文化产品作为一种精神产品,必然需要其独特内涵。但是不能忽视的是,作为一种企业产品,它必须能够保证盈利性。文化企业对于技术的利用是为了增强其产品的盈利性,而运用得如何则决定了产品的价值所在。

三、核心技术与可复制性

企业提供的产品在行业内具有独特的、明显区别于其他同类产品的特点。利用顾客对差异化的需求以及由此产生的价格敏感度降低,使文化小微企业避开与大企业及其同行业者的正面冲突,它可以增加利润而不用一味追求低成本。小微企业完全能够不以扩大市场规模为目标,而保持市场上的相对优势地位。通过开发区别于大企业的、高附加值的产品,而达到占领特定市场、获得生存空间的目的。

魔镜工作室现阶段的成功来自于其产品理念的创新,但是"瓶颈"的出现在于其核心创新力的缺失。从产品的制作流程也可以发现,对于电脑数字处理技术的依赖弱化了创作者的个人能力要求,这使得这一类产品在市场上大量涌现。在淘宝上,可以提供类似服务的商家就有3467家,并且价格也便宜近30%,22寸大小价格约为160~300元,远低于魔镜工作室相同规格的价格。而工作室这一产品主要依托于数字油画技术,但数字油画是国外相对成熟的一种手绘产品。数字油画这一产品提供者光几家购物网站上就多达3000

余家。① 相对于此,魔镜工作室除了优越的地理位置——身处主要文化创意产业园区田子坊,有着大量慕名前往的国内外游客以及文化创意爱好者作为客源,此外并无特别大的优势。而占据优越地理位置的代价是支付相对巨额的房屋租金,这一成本开支也导致其无法像网上商家那样大打价格战。如果依旧像现在这样高度依赖电脑绘图,而没有形成自己的油画风格,魔镜工作室被市场抛弃便是必然。

"独特性"和"持久性"是对于一个文化企业发展模式的两个硬性评价标准。"独特性"构成企业的竞争优势,在同行业中难以被对手所模仿;"持久性"则能够支持企业持续盈利。而当前我国大多数小微文化企业所面临的共同问题就是由于核心技术的缺失,独特性不够突出。一旦被广泛模仿复制,随后会丧失企业的持续盈利能力。自 2013 年 8 月,财政部和国家发改委发出通知,决定在未来 3 年免征小型微型企业 22 项行政事业性收费,以减轻小型微型企业负担。并且,近年来文化产业扶持力度持续加大,在这种大趋势下文化产业成为众多融资能力较差、物资条件缺乏的小微企业创立者最先考虑到的选择。但是由于缺乏内在的专业技术以及相关领域经验,只能大量复制成功范式。不得不承认,被大量追捧也是文化企业最怕遇到的噩耗。因为这种复制带来的直接结果就是同行价格竞争激烈,盈利能力大幅下降。面对这种状况,小微文化企业想取得进一步发展,需要具有一定的创新能力,这种创新能力不仅局限于技术或者产品的创新,也可以是客户体验的创新。而魔镜工作室在目前同行竞争激烈的市场上,想要取得进一步发展,可以从客户体验的创新上有所突破。

---

① 数据统计了截止到 2014 年 3 月 10 日 17:35,淘宝、京东、亚马逊,销售"数字油画"的商家数量。

四、艺术发展与大众需求

在文化产业领域内,企业依据其影响力可以划分为两种:一种是特定群体、特定对象的小众化品位的迎合,而另一种,也是极少部分的是改变消费者生活方式、消费理念习惯,甚至也可以引领一种潮流。前者是受众市场的追随者,后者则是创造者。现阶段符合市场引领者定位的小微企业主要以两种形式创新:一是具有完全的原创性,或在关键环节实现了突破,形成了较为浓厚的原创性;二是模仿或借鉴了其他艺术态势,进行了一定创新,但具有浓厚的个体特色。就这一意义上讲,魔镜工作室并不算是市场的引领者,顶多算得上是一个追随者。因为数字油画其实并不是一个新概念,它最早兴起于20世纪50年代的美国,随后便在欧洲风靡,甚至影响了油画大师辈出的传统艺术之国意大利。如今的数字油画的迅猛发展和当初摄影技术席卷而来如出一辙。同样是依托技术进步带来的成果将影像大规模定格复制,同样是对于纯艺术的一种"文化工业式"反叛,同样是引起了艺术的恐慌,被看成对于高雅艺术的入侵。

19世纪末,摄影技术的出现终于将转瞬即逝的时光固定并留了下来,从而告别了单纯依靠手工描绘自然的时代,开始了快速将自然转化为影像的新历史。对此,Paul Delaroche 在达盖尔摄影术出现的1839年作出评价:"From today, painting is dead"。[①] 而现在看来,其实是绘画真正诞生了。画家不再执着于最大限度地模仿和还原客观对象,不再用形形色色的比例透视、解剖分解模拟原物,也不再需要考虑形体、空降和质感的逼真程度,甚至可以让绘画形象超

---

① 王巧玲:"施纳贝尔:在'绘画已死'之后",载http://www.sina.com.cn,访问时间:2007年10月9日。

越客体主观存在。印象派、后印象、野兽派、立体主义、超现实主义、未来主义、达达主义、表现主义、波普、照相写实、光效应艺术一一应运而生。艺术家们如同摘掉了桎梏一般开始更多按主观意愿创作,把记录现实的任务交付给了摄影。同时摄影技术也刺激了写实主义绘画,从笔法、色彩到空间层次,写实主义油画也在一步步超越自我。反过来,绘画技术也深刻地影响了摄影,使得它从简单的记录变成为一种创作,一种光与影的构建与塑造。其实如今的数字油画也是如此,虽然它的确是标准化、规范化的产物,虽然它的创作规制了作者的创作空间,但是它可以以其独有的方式去引领油画创作者们,去深入思考这一艺术的下一步发展。

但是,从当初的摄影技术到如今的数字油画,它们更重要的意义在于,使得艺术品从神坛上走下来,真正地融入人们的生活,成为可以被接近的艺术,而不只是挂在艺术馆的展品。让经典艺术跳出原有的框架界限,以简装版风格"飞入寻常百姓家"。从这方面而言,它们的诞生,本质都是对于艺术的需求所催生的。

艺术对于一般大众而言,总是被认为是"阳春白雪"般的存在,是精神世界纯粹的产物。艺术似乎从来都与大众生活有着不小的距离。但其实艺术本身就是来源于生活的。从原始时期的花纹图案到图腾,都只是记录生活、装饰生活的存在。从阶级的分工细化开始,艺术便逐步成为一种身份象征。近几个世纪,艺术品变更成为奢侈品的代名词。这种艺术垄断被打破是随着工业技术的进步开始的,电子复制、大工业生产等使得艺术逐步从神坛走下,进入人们的生活。摄影技术,声音录制技术,图像、视频传播技术的产生又促使艺术回归生活。技术的介入打破了艺术和大众生活之间的鸿沟。以数字油画为代表的这种平台艺术就是在大众需求催生下的一种艺术形式。① 大众从"欣赏者"变成了"创作者"。这种艺术的形式

---

① 平台艺术:艺术家提供一个艺术载体,让使用者自由发挥创作,而形成最终的作品。

使得艺术的大众化有了质的飞跃,大众真正成了艺术的参与者,而不再只是旁观者。从这一意义而言,平台本身就是意义的一种。大众需求始终是制约文化产业发展的重要因素,提供这种平台的文化小微企业才是能满足这种需求的一员,成为艺术产业化潮流的引领者之一。而这也切合了文化产业发展的社会效益。魔镜工作室虽然没有创造出这一潮流,但显然抓住了文化市场的这一发展趋势。

文化小微企业在文化产业的发展中起到了不可忽视的重要作用。它对于公共生活的高密度介入,有着大型企业不可替代的优势。正因为它的高密度、高融入性,使得其成为大众生活与艺术需求的沟通桥梁,对艺术的生活化起到了推动作用。因此,深入探究小微文化企业的发展状况,对于理解文化产业发展有着深远意义。魔镜工作室作为众多小微文化企业之一,它所具有的发展特征和遇到的挑战都有着一定的产业共性。通过对这一个案的理解剖析,可以对其他企业有一定的借鉴意义。

新车间印象记

倪小芸

新车间是中国的第一家创客空间,其运营模式有着自己的创新之处。在这里,人们可以大胆地去创造,通过实践,把想法变为现实。它在引进国外创新模式的同时,又结合了中国的实际情况,较好地运用了社区化的经营管理方式。另外,新车间的活动还秉承了开源理念,能够促进全球化的交流合作。因此,新车间值得人们关注。

一、新车间的创立

新车间,从字面上来看是一个有关机械制造的空间,而且有别于传统的车间。确实,新车间是一个有关物理计算、开源硬件和物联网的创客空间,新车间提供给人们一个场所和必要的机械设备、制作工具,在这样一个空间里人们可以把创造发明的构想制作出来。

新车间在2010年年底由谢旻琳、伍思力夫妇和李大维发起,于2011年3月25日正式成立,是全中国第一个创客空间。周末和每个工作日的晚间,空间会对会员开放,让爱好者们在创作中寻找快乐。除了谢旻琳、伍思力夫妇和李大维,还有一些核心会员一同进行新车间的管理和维护。新车间积极举办讲座、研讨、项目、初创推广、工坊和竞赛。

新车间位于上海市静安区长乐路1035号2楼。坐落的大楼内装饰着当代风格的艺术作品,新车间与Resonance China(社交媒体品牌公司)、Good to China(环保组织)、Transit(社会企业孵化器)三家公司共用二层,三层至五层是知名的创意广告公司W+K。

新车间大概是两百平方米的空间。这个空间的内部结构为会议室、两间小工作室、茶水间、两排齐整的格子柜,格子柜用来放置会员的各种材料、工具和半成品。这个空间里还放置着基本的工具设备,比如车床、切割、钻洞的机器,Arduino开发板,大台面的桌子。茶水间边上配备了一部电梯,直接通到1楼出口,便于运输材料机器。

新车间的活动主要分为两类:一类面向会员,也就是新车间平时对会员开放,让会员能够在这个空间里自由地创作,动手实践。入会门槛不高,只要交纳会员费即可。会员费100元一个月,一次性包半年会员的话,享有450元的优惠价。这些会费会锁在大厅的透明箱子里,用来表示公正公开非营利性。会员每天下班后会来到这里,研制自己的小发明。他们的爱好是他们能够坚持的动力。在这个创客空间里,创客们能够自由地实现自己的创意,还能相互交流创意思路。另一类面向大众,每周三晚上是新车间的开放夜,任何人都可以进入参加开放夜活动。创客们在开放夜分享自己的一些成果,分享者不一定是会员,也有来自各地的创客。周末还有面对公众的收费教学的工作坊活动,比如鱼菜共生系统、学习种子培养、植物活体克隆和窗台水耕种植系统的建立,用LED做一颗最真诚的"心"等。新车间是创新和交友相结合的社区平台。

二、新车间的创客精神

新车间是一个非营利的组织，它有着自己独特的精神：实践、创新、分享。这种创客精神是这个组织的指导思想。

新车间现在已经走上了轨道，有着稳定的会员，收支平衡，还在不断地与外界交流合作，发展空间较大。新车间最初在安化路上，当时由于会员人数少，每个会员要支付500元会费，才能让新车间运转。创始者也拿出了几万元的赞助。有今天的新车间，主要是当时创始团队成员对创造机器人充满热情，即使最初遇到很多困难也没有放弃，因为有梦想，能坚持，才有今天这样一个具有稳定规模的新车间。

新车间是一个充满创意的地方，让每一个会员敢于创新。其实，大多数人多多少少会有些想法，但是，常常会受到一些比如社会舆论、风俗习惯、规章制度的约束，选择随大溜，不去多想，时间久了，就不会创新了。那些看似异想天开的想法，很有可能是极具创新价值，能推动社会进步的。敢于创新很重要，敢于去创新，把想到的动手去制作出来，让创意变为现实。新车间正是提供给了会员这样一个良好的氛围，鼓励他们去创新。除了会员在自己制作过程中敢于创新外，新车间本身就是一个创新的产物。会员自主管理的社区化管理模式，节省人力物力，还能增加团队凝聚力。创客空间的诞生，让许多人能动手实现自己的想法。

在新车间里，拥有完全自由的环境。这是其他类型的组织做不到的。在新车间里，即使你想制作的东西并不尽如人意，也不会有人嘲笑你的失败。在新车间里的都是一样喜欢动手制作去实现梦想的人。这样完全自由的环境，有助于发散性思考，有利于创新。对于一些创意公司而言，新车间的这种管理模式非常值得学习。毕竟，艺术创意不是机械生产，每个零件耗时多少能精确设计出最优化流程。而创意靠的是灵感，靠的是员工对自己工作的热情。所以，在一些创意公司中，管理者不应把职员逼得太紧，而应给他们创作空间，让他们有足够的时间和自由去创造。

三、新车间的运营模式

它的受众是对理工科方面有着强烈兴趣的人。会员不具备专业的知识背景也没关系，只要有心学习、喜欢摸索，不论年龄都欢迎加入。这里像一个社团，在空余时间大家一起参加这种兴趣活动。由于创客最先在国外发展地非常红火，后来才从国外传入中国，新车间里的外国会员比例非常高，而且是来自世界各地的外国会员，在周三分享夜常常能听到说着不同国家语言的会员在热烈讨论。受众偏年轻化，以二三十岁的人居多，而且修养和素质相对较高。当然也有个别年龄较大的教授、教师来参加。周末举行的收费工作坊活动，受众是根据具体制作的物品来定的，有专门针对学生族的，也有专门针对上班族的。

运营的资金来源基本上是会员费、工作坊收入和私人的赞助。会员费每人每月交纳一百元，一次性办理半年会员有折扣优惠。新车间的房租一个月近万元，会员费能支付房租的大部分，但是光靠会员费是不够的。而且除了房租，新车间还需要资金添置新的设备。因此，每个周末会最少举办2～3次的工作坊活动，这些活动的价格大约几百元，一次活动大约半天。通过收费制作教学，来平衡车间的日常开销。

新车间是非营利组织，所以它在宣传推广上并不像传统产品那样，通过各渠道大力宣传自己的优势，经常搞促销活动，让消费者觉得只花了一点点钱得到了大大的实惠，立刻掏钱。新车间秉承着创客精神，重视的是活动的内容，而不是宣传拉会员。在新车间周三的开发夜，普通单位应该会先介绍一下新车间的优点，再鼓动消费者入会。但事实上，那只是单纯的创客分享会，结束时只带了一句，有疑问可以咨询工作人员。新车间真正做到了为创客提供了一个良好的平台，而不是一个为了谋利的地方。

新车间除了通过开放活动提升自己的社会知名度和影响力外，还有着自己的官方网站。官网上的活动信息非常全面，还罗列了近期的活动，游览一下官网，看到有兴趣的活动，还能直接在网上报名预约参加，非常方便。

新车间的微博也会时时更新，但是和那些普通电商的推广微博相比显得明显较弱。新车间的微博主要目的是时时把新车间的动态告诉粉丝，或者更确切的是面对新车间这个圈子里的人。

新车间非常注重与外界的交流合作。与其他创客空间之间有着交流联系，国内外一些创客高手也会来新车间"玩"。新车间通过和外界的交流，会组织一些高水准的讲座。现在新车间还开始培养中国市场，新车间与上海的一些学校联系，在周三开放夜，看到了由老师带来参加开放夜的某高中电脑社团。新车间还与 NYU Shanghai Interactive Media arts 联合举办了创客空间和教育工坊活动。最近，新车间还与上海图书馆联合开展了教小朋友制作小型 PM2.5 空气净化器的活动。通过这些与外界的活动，提高新车间的社会影响力。

新车间的管理和普通的公司管理不一样，没有强制性的上下级关系，靠的是自主自愿的态度。新车间创始人谢旻琳、伍思力夫妇和李大维起着核心的作用，但是光靠这三个人是不能够完成每日维护管理的全部工作。他们发展了一些比较资深的会员，组织了核心团队，大概有十几个人，一起分担新车间的日常维护工作。每周二晚上会在一起开会讨论和分配具体工作，比如大型活动的支援，或者工作坊协助工作，还有最基本的新车间每天的开门、关门和值班工作。新车间的这些维护运营活动都由一些会员自愿承担，并且他们能够认真完成。可以说，核心会员既是顾客也是员工。这种社区化的管理方式非常特别，而大家都非常自觉的原因是出于对创新制作的热爱。

四、新车间的影响

新车间看上去只是一个有着几台机器设备的大房间。在国外有一种车库文化和新车间很类似，就是在车库里做一些东西，而多数中国人家里没有车库。新车间对于个人而言，提供了一个可以自己实践创造一些东西去满足自己小梦想的空间。很多人都有一些关于制作小发明的想法，比如看到电影里的一些特工用品，很想自己也拥有一个，但是现实生活中买不到，只能自己做。可惜，家里没有工具，而且会被家里人抱怨在浪费时间异想天开。而新车间提供了这样一个实现想法的地方，让人可以充分地动手制作，把想法通过实践转化为实物。具体制作的时候需要的工具、设备，只要是新车间里有的都能自己取用。而且，所有的会员都是抱着这样一份热情来到这里，没有人会嘲笑你的想法奇怪，也没有人会嘲笑你哪一次失败了，这样完全自由的空间有助于大胆去创新。创客空间讲究分享，任何成果都是开源的，会员之间还能相互讨论，相互学习，特别是周三的开放夜提供了一个很好的交流平台。

新车间对于这个行业而言具有开拓性的意义。创客空间起源于国外，FabLab及其触发的以创客为代表的创新2.0模式，正是基于对从个人通信到个人计算，再到个人制造的社会技术发展脉络，试图构建以用户为中心的，面向应用的融合从设计、制造，到调试、分析及文档管理各个环节的用户创新制造环境。但是在中国，社会背景、风俗习惯等方面与外国都是不一样的，创客空间能否在中国成立是个未知数。新车间是中国的第一个创客空间，起着先锋的作用，开创了一个全新的运营模式。新车间在中国成功运营了一段时间后,其他的创客空间纷纷效仿新车间,边借鉴国外的经验,边结合中国的国情,创客空间在中国各地都慢慢发展起来了。

新车间与中国的其他创客空间有着直接的交流合作。新车间相对来说处于"老大"地位,自然会去帮助一些新的创客空间,在帮助新的创客空间的同时,又可以建立良好的交流合作关系,不仅有助于会员分享时擦出更多火花,还有助于创造出有利于社会的发明。

新车间不仅帮助国内的创客空间,还主动引入国外的创客空间。FabLab在上海已经成立,新车间还帮FabLab招募志愿者。作为创客空间创始者的FabLab来中国开分支的创客空间,相信对整个中国创客空间行业来说具有重大意义,国外先进创客空间进入中国市场说明中国是有创客空间这个需求的,而且中国已经具有成立创客空间的成熟条件。有利于中国创客更好地与外国创客交流探讨,国外的先进经验能更具体地引入中国,创客空间之间能相互学习、借鉴,对中国创客空间行业有很大的积极作用。

新车间对社会的发展和革新起着积极的作用。新车间提供了一个创新实践的地方,在这里创造出来的东西,可以启发会员去创业。创客空间培育了一种创业精神。乔布斯在自己的车库里有了"苹果"的构思,作出了最早的试验品,然后再从初步的创意样品转变为商业化的大规模生产。如今,苹果已经突破了传统手机的概念,改变了全世界手机的使用方式。创客空间鼓励人们开源,能促进技术的交流和发展,所以创客空间的优势更加明显。在中国,创新力不足是一个大问题。可能是受到中国传统文化的影响,中国人向来喜欢保守和安分守己的生活。如今,虽然我们处于全球化、信息化的时代中,但创新力依旧不足,很多人或是安于现状,或是不敢创新。这样,中国就很难加快发展起来,只能跟在那些科技发达的国家之后,就像中国只能为美国苹果公司制造电子零件赚取微薄的利润。然而苹果公司恰是凭借自己的专利技术占领了巨大市场和获得了丰厚收益。新车间这个创客空间给中国人提供了一个创造的空间,一个技术交流的平台,一个创造改革世界的机会。

新车间非常特别，是一家社会企业，它不是把追求利润放在首位，而是把自己的兴趣爱好放在第一位，这更像是一种信仰。 为了自己的爱好，非常努力地去把新车间做好。 会员们有着共同的爱好支持着他们一起努力，不怕困难，自己掏钱出力也要把新车间运行起来。 新车间收会员费和办工作坊的目的只是为了有能让新车间正常运转的资金，能付得起房租，能买得起必要的工具和设备。 新车间最初成立的时候，会员费是500元一个人/月，现在是100元一个人/月。 在通货膨胀的今天，会员费大跌，原因很简单，就是当时会员人数很少，但房租总是要付的，平摊到每个会员身上就是500元一个人/月，现在新车间知名度越来越高，会员人数增长了，平摊房租和工具费只要100元一个人/月就够了。 看看身边的美容美发的会员卡都是几千上万元，健身房年卡也是几千元，心里觉得新车间的定价很实在。 新车间的核心管理者心里只是想把新车间打造成一个能够自己动手制作，实现自己想法的地方。 有着这样一群人，为自己的爱好着手实践。 不需要把新车间打造成一个能赚很多钱的地方，因为在这里的每一个会员不是为了钱来的，只是为了自己的理想和爱好。

　　新车间提供给其他组织一个白手起家、坚定理想、自立自强的范例。 其实在现实生活中，除了创客空间可以向新车间学习经验外，很多兴趣社团和新车间的道理是一样的。 但是，大多数的社团组织都因为缺少资金或者其他原因，最后都无法支持下去解散了。 最普遍的例子就是大学里的那些社团，除了学校团委直接管理的社团外，那些完全由学生组织的社团，必须很辛苦地自己去拉赞助，或者叫社员付学费，多数此类社团最后就只是个空壳社团，坚持不了几年。 在社会上，一个纯爱好聚集起来的组织，没有稳定的资金来源，很难持续运营下去。 新车间依靠自己的力量，面对运营过程中的困难没有放弃，走到了今天，告诉我们，有理想，并着手去做，面对具体困难尽力处理，一切都会好起来。 新车间除坚定理想的精神值得学习外，它的独立自主对于那些文化产业小微企业来说更加值得学习。在这个新车间空间里的人,只专注自己的兴趣爱好。他们不会去理会最近政府有哪些政策,其中有没有能帮到新车间的,他们喜欢自主独立,享受充分自由的空间。现在很多文化创意企业经营不善,就想靠国家政策扶持,甚至还有一些动漫制作公司完全依靠国家给予的经济资助。但是新车间是崇尚独立自主的组织,国家政策愿意支持固然好,但是没有扶持,一样靠自己存活下去。对于文化企业而言,很多文化企业都像新车间一样规模较小,也没有强大的支持和雄厚的资金。确实,在如今这个竞争异常激烈的市场上,维持运作不是一件容易的事。近几年来,政府非常重视文化产业的发展,加大了扶持力度。但是,一个文化企业关键还是要靠自己自主创新,提高自身的市场竞争能力,好好运作下去,那些政策上的扶持很多是暂时的,不能完全依靠在上面。

五、新车间的限制因素

新车间目前的发展趋势越来越好,但是依旧存在一些限制发展的因素。新车间作为一个创客空间,对于受众来说存在一些隐性的门槛。

新车间提供的是一个空间还有一些工具,具体在这个空间里该做什么该怎么做主要靠自己,这里没有专门的人员教你怎么制作。虽然官方宣传没有任何知识基础,什么都不懂也能来这里玩,非常欢迎。但对一个人而言,物联网、开源硬件、机器人等专业词汇,听着就觉得很深奥,不敢靠近。如果一个人真的完全不懂,需要全靠其他会员义务的帮助指导,很可能不敢来新车间,一是觉得自卑,二是觉得老是麻烦别人不好意思。对该方面没有基础知识,一片空白的人往往不敢去尝试。所以,新车间其实是有一种隐性的限制条件存在的。新车间里的会员主要研究制作关于物理计算、开源硬件和物联网的实验品，会员虽然不需要是物理计算、开源硬件和物联网专业毕业的，也不需要是专门从事这方面工作的，但应该是对这些方面有着强烈兴趣，业余时间学过一些该方面知识，甚至是自学之后比较精通的人。具有一定的相关知识的会员，在新车间这个空间里才能充分利用硬件条件，发挥出相应的效果。

新车间面对的会员是所有人，但事实上，大多数人依旧觉得不敢去这个地方，觉得这里脱离了自己的生活。即使有其他会员愿意帮你，或者自学其实不难，但是确实给人一直特别深奥特别遥远的距离感。除了那些外国爱好者和少数懂行的人外，不是这个群体里的人确实不明白新车间是什么，即使自己去新车间里面逛逛，在社区化经营模式下，那里没有专门负责接待和推广的工作人员，在志愿者的介绍下，确实不太容易明白里面到底是干什么的，很难参与其中。

新车间的受众需要有一定的经济基础。对于新车间的会员来说，支出包括会员费和自己制作物品的材料费。会员费一个月100元，材料是会员根据自己想做的实验品自己去买的。有的会员制作的实验品所用的材料很便宜，甚至是来自于生活的物品，等于是免费的。但是大多数会员偏向于制作一些高科技实验品，材料费用相对较高。比如制作一台PM2.5空气净化器，根据创造者所说，他花了3个月的时间，制作了3个净化器，每个净化器都是在之前基础上重新再做，第三个成品的材料费在千元以上。他还认为中国非常适合创客，因为有万能的淘宝，比在国外买材料价格低很多，省了很多钱。可见，平均的材料费不能忽视。

新车间面对公众开放了许多授课制作的活动，特别是最近又和上海图书馆合作，举办了不少让孩子动手实践制作的工作坊活动。小朋友的活动，如导电面团点亮LED费用150元，虫虫机器人315元，鱼菜共生275元等，半天不到的制作时间，就花了几百元。而且小朋友其实主要是来玩的，并不是要学什么很深的知识。这个定价就意味着它的受众不是大范围的，而是有一定经济条件的人。

新车间需要受众有较高的个人素养。新车间是一个公共场所，会员的格子柜都是开放式的，不需要上锁，也没有专人保管。堆放在这个空间里的一些材料和工具，也没有专人管理。这里的会员素质相对较高，不会有人故意去损害公共物品，也不会随意动别人的私人物品。新车间都是靠会员自己管理这个空间，不像一般的企业，有专门的行政部门、人事部门、市场部、客服部。但是这些工作，新车间也需要派人去做，所以，那些核心成员自主自愿去承担工作，一边专注于制作自己的创意作品，一边要兼顾新车间的一些工作。在新车间里，全靠个人自觉遵守车间的规则，自愿互助，自愿无偿服务。可见，这个群体的素质相对较高。

就现在的趋势而言，新车间发起之后，中国各地都开始发展创客空间。虽然目前中国的创客空间还处于初级阶段，但根据新车间目前的发展来看，中国创客的人数在不断增加，相信中国未来的创客空间应该会逐渐发展并走向成熟，走向成功。

主题餐厅:将文化注入餐饮

熊颖杰

近年来,主题餐厅因满足了消费个体差异化和个性化的需求而变得逐渐走俏。有别于普通餐馆,主题餐厅将文化渗入餐厅的各个环节,文化在餐厅的主题定位、设计装饰、菜品服务、经营理念等层面都发挥着不可小觑的作用,而顾客在主题餐厅消费的不是简单的食品和服务,更是一种文化、一种精神享受。不过主题餐厅面临着产权保护有限、持久性不长等问题。因此如何延长主题餐厅的生命周期、进一步拓展潜在市场等诸多问题值得深思。

一、什么是主题餐厅

早在 1970 年,阿尔文·托夫勒就曾预言体验经济即将到来,他在《未来的冲击》一书中指出,人类经济发展将经历三个阶段:产品经济时代、服务经济时代、体验经济时代,表明服务经济的下一步即是体验经济。① 主题餐厅的兴起属于体验式经济的产物,相较于普

---

① [美]阿尔文·托夫勒:《未来的冲击》,贵州人民出版社 1985 年版,第 17~18 页。

通的餐饮场所,主题餐厅提供给消费者的是一种独特的文化体验,通过餐厅整体包装、设计主题菜色、提供主题服务、营造主题就餐氛围以吸引不仅仅希望在餐厅简单饮食的顾客。而主题餐厅中所包含的从吃什么、怎么吃,到吃的文化、吃的享受等都属于体验消费的范畴,反映了现代社会人群别样的消费行为。作为主题餐厅的标志象征——文化,便成为主题餐厅的魅力所在。

不过,如今对于主题餐厅的概念仍没有明确的界定。目前,国内学者对于主题餐厅的定义大致有三种观点:一是主题载体论,即将主题作为餐厅经营的一种载体,仅仅用餐厅主题来吸引顾客的注意力,但主要起作用的还是提供餐饮服务的一般功能;二是主题核心论,即将主题作为餐厅的核心,主题餐厅内所有的产品、服务、色彩、造型以及活动都为主题服务;三是体验论,即强调主题和围绕主题进行的餐饮服务带给顾客的体验。[1] 无论如何,从上述三种概念的叙述中都可以看到:独特的文化主题定位是主题餐厅的内在灵魂,其目的是创造差异性、特色化的文化标志,而主题餐厅的主题体验使食客在就餐的同时,也享受着文化消费的快感,赋予了"吃"这项原本单纯的行为以不同层面的精神娱乐和文化意义,满足了不同层次消费者的内在文化心理诉求。

主题餐厅盛行于欧美,而我国主题餐厅真正兴盛起来是在2000年以后,主要集中在一线城市,[2]经过近10年的发展,在构成上大致可以划分为"民族文化"、"年代特点"、"创意主题"三大类。[3] 作为一种个性化的文化消费场所,主题餐厅逐渐获得市场的接受和认可大致有以下几点原因。

---

[1] 参见李凡:《主题餐厅的顾客体验价值研究》,浙江大学2006年硕士学位论文,第19页。

[2] 张秀红:《基于体验的主题餐厅产品研究》,天津商业大学2011年硕士学位论文,第2页。

[3] 单哲峰、韩洁玲、骆鑫梅、郑娟、张倩文:"基于主题餐厅的概念消费可持续性研究",载《商情》2013年第27期,第33页。

首先，随着社会经济的不断发展，人民的生活水平不断提高，顾客的消费观念和消费行为都发生了巨大的变化，推动了体验式经济的迅猛发展。就饮食而言，人们对于餐饮的消费理念逐渐从满足生理果腹的客观物质需求转变成了更高层次的精神享受，消费者希望得到的不仅仅是单纯的味觉体验，更进一步扩充为味觉、嗅觉、视觉、触觉，甚至是心理等多方面融合的感官体验，致使以往仅提供餐饮服务的餐厅也变成了创造休闲娱乐、提供个性化服务的重要场所之一。顾客寻求的是精神和情感上的共鸣，是对于餐厅提供的文化内在的认同，主题餐厅的诞生恰恰迎合了此番需求，它以鲜明的主题特色吸引了相对稳定的客流，这种新型的经营模式为整个餐厅行业注入了新的活力，而且它的蓬勃发展同时显现出当下追求个性化体验风尚的消费市场的强大生命力。

其次，主题餐厅的兴起源于社会对于个性化和特色化自我个体的包容，以及对于不同文化趋势差异性的默许。随着社会的不断开放，大众对于相较于社会主流文化而言与众不同的文化的接受程度慢慢变高，代表着前卫或者非主流的动漫 cosplay 爱好者、"80后"、"90后"、素食主义者等群体的出现催生出一个个全新的文化概念，具有鲜明独特的形象特征。出于相同的兴趣爱好，这些志同道合的个性化群体往往具有自己的文化交友圈，他们急需寻找一个公共空间予以表达和释放，客观上形成了潜在的市场。凭借着部分人对于某种文化的特殊喜爱、满足此类小众群体的爱好、提供给他们寻找内心情感共鸣和归属感的场所，餐厅进行了文化包装，主题餐厅应运而生。主题餐厅借助各类型文化特征的突破和重组，满足偏爱特色产品和服务的消费人群，成功将文化作为商业卖点，同时也赋予原本无形的文化以有形产物。

二、主题餐厅经营模式

(一)餐饮与主题文化的嫁接

主题餐厅将餐饮与文化相结合从而创造出全新的商业机会,进行的是文化营销经营模式。塑造某种特定的文化或者选定借助于某种文化内涵对于运营一家主题餐厅来说最为重要,这其中强调的是餐厅文化含义的凸显,当顾客一想到某个主题餐厅,便会产生某种认识,自然而然地与餐厅的文化品牌联系到一起。因此,对于餐厅所涵盖的文化含量和所代表的文化价值的挖掘深度决定了主题餐厅文化表现力的强弱,同时也决定了对消费者的吸引力大小。其实,主题餐厅"玩"的就是文化,是将文化概念嫁接到现实餐饮过程中的各类实物上,让顾客在虚、实的不同情境中享受美食以及快乐。主题餐厅的所有构想、布置和设计都是围绕着"文化"二字进行的,主题餐厅以文化为依托,将餐饮与文化结合起来,进行文化营销,餐厅的各类产品因文化而使消费者品味到主题深处的精髓所在,文化也因主题餐厅的主题创建得到延伸和拓展而更显灵动。

金(Kim)和穆恩(Moon)曾指出,顾客对愉快情感的向往是其消费主题餐厅的主要原因,而主题餐厅的情境因素即主题餐厅的类型影响着顾客对服务质量的感知、愉快的情感和再次消费的意愿。[1] 所以,明确的主题定位和文化元素引领着餐厅的走向,像便所主题餐厅就将怪异另类作为主题卖点,颠覆传统地将厕所和餐饮结合在

---

[1] See Kim WG and Moon YJ, "Customers' cognitive, emotional and actionable response to the servicescape: A test of the moderating effect of the restaurant type", *International Journal of Hospitality Management*, Vol. 28, No. 1, March 2009, pp. 144 – 156.

一起，试图凸显新潮的风格，用以满足非传统消费者求新、求怪的猎奇心理；而主打怀旧牌的"希望小学堂"主题餐厅则是将"80 后"、"90 后"过去年代的童年回忆作为餐厅主题，应景了当下社会转型期，人们对于过去美好时光安全感和温暖感的怀念，触动了不少"80 后"、"90 后"对于学生时代的美好追忆，因为过去怀旧意义的物品总能增加人们的亲切感，所以成功吸引了不少已经离开学校的消费者前来就餐。

餐厅选取的文化主题风格试图彰显出其代表的文化品位和餐厅个性，消费者对于文化内涵的感悟也均来自于主题餐厅的文化承载力大小，因此确定主题文化是主题餐厅的首要环节，而主题餐厅的竞争最终可以转化为文化层面的竞争。

（二）主题餐厅的全方位文化体验——产品、环境、服务

选定了明确的文化主题后，主题餐厅便围绕这个文化主题，将其注入餐厅的菜肴、环境、服务等各类元素中，进而塑造文化氛围以获得消费者认可。换言之，消费者在主题餐厅中进行的不再是单一的物质消费行为，而是现代社会流行的文化消费行为，在某类情境中感受餐厅的文化内涵、体验餐厅的主题特征。

首先，就菜品而言，主题餐厅提供的食品超出了单一的饮食需求，还要融入文化意义。比如，以"80 后"、"90 后"小时候怀旧概念为主题的"希望小学堂"餐厅的菜肴主打过去的怀旧味道：咸肉菜饭、炸猪排、罗宋汤、虎皮蛋等菜品，虽然看似寻常普通，但作为过去的代表性食物配以铝饭盒作为器皿呈上饭桌时仍旧散发着那个年代的独特魔力，倒在搪瓷杯里的麦乳精和乐口福更是成功将"身临其境"的穿越感转换成餐厅最成功的卖点。同样，以厕所为主题的"便所餐厅"则是将食物做成排泄物的形状样式并配以马桶、浴缸等器皿，像餐厅的冰激凌和各类甜品就做成了"便便"的形状并标以"马桶一号"为名称、炸香蕉配以"黄金便便条"等名字，虽然挑战

着顾客的接受程度,却十分贴合餐厅主题。

其次,主题餐厅的就餐环境也被融入了相应的主题文化内涵,以符合最初的创办意图。因为主题餐厅提供的不仅仅是一个进餐的空间,更像是一个特定的文化体验场所。从主题餐厅的硬件装潢来看,对应的设施有助于帮助消费者迅速了解餐厅所提供的文化特征,当顾客进入主题餐厅之时,首先进入感官体验的便是餐厅的外观环境和室内设计,所以从餐厅的造型形态、墙壁色调、整体布局到桌椅摆放、挂灯饰品等各项布置都应注入文化元素。比如,进入"希望小学堂"餐厅时,映入眼帘的是一块用粉笔字写着"做有个性的80后"的小黑板,餐厅门口摆放的是"80后"小时候的零食和玩耍的各种玩具,而餐厅的整体布局设计成教室的模样,饭桌和椅凳成了学生时代的课桌椅、刻着"好好学习、天天向上"的青白墙面让顾客仿佛立刻回到了学生时代,餐厅玄关处摆放着的小霸王游戏机更是受到了不少追捧;便所餐厅的整体装潢全部按照厕所样式进行:门口的招牌依照公共厕所的标牌设计,餐厅的大门口摆放着厕所的洗手盆,袅袅升起的烟雾让人仿佛真实地置身于厕所中,进入餐厅内部后便会发现餐厅的座椅几乎全部按照马桶的样式设计,让顾客对于所提供的主题内容一目了然。

最后,主题餐厅的软件设计和无形服务也不容忽视。从菜单到餐厅服务员的着装、服务再到餐厅背景音乐的设置等若都能配合主题餐厅的文化内涵,不仅进一步增强了餐厅的文化主题表现力,而且更深层次地迎合了消费者前来的心理需求,体验到餐厅独具匠心的寓意。比如,"希望小学堂"没有真正意义上的菜单,而是将菜单改装成试卷的模样,让消费者自主填空和选择。菜单共分为3个部分:第一部分是趣味问答,包括两部分内容:填字游戏和排序游戏,它们都按照餐厅的怀旧特色设计,问题诸如:"小霸王游戏机里的经典开场白是什么?"、"《登黄鹤楼》里的诗词背诵"等;第二部分是填空题,即给出菜名的拼音让消费者自己完成汉字填写;第三部分是选择题,即在要点菜的菜名后打钩。而以武侠为主题的

"风波庄"主题餐厅也并没有传统意义上的菜单,顾客点餐时必须在挂着写有菜品名称的一块块牌匾区域进行,牌匾上刻着菜名,如"九阳神功"(木桶羊肉)、"化骨绵掌"(银耳烧南瓜)、"北斗七星阵"(玉米烙)等菜名都独具特色,当然在点单时,服务员会告知顾客这些主题菜名所代表的真正菜肴是什么。而且两家店服务员的穿着和服务也十分应景,"希望小学堂"的服务员身穿过去小时候经典的蓝白条纹海魂衫,肩膀别上大队长三条杠的标志,点单时问一句"同学,你是要交卷了吗?",临走时向顾客深鞠躬道上一句"同学,下课了。下次上课请准时!";风波庄的服务员全部穿着古代店小二的服装,上菜时会用江湖用语呼喊:"客官,您的菜上齐了"。而背景音乐方面,"希望小学堂"选取的是小时候《圣斗士星矢》、《黑猫警长》等动画片的片头、片尾曲;风波庄选取的则是金庸、古龙的经典武侠电视电影中的插曲。

身临其境的体验是主题餐厅设计的最高目标,文化渗入菜品、环境的设计使餐厅承载了更多的文化信息,恰时宜的音乐播放和贴心的服务提供作为提升餐厅附加值的软件设计,无形中增加了顾客的亲切感和文化体验性。

三、未来发展趋势和前景

(一)目前主题餐厅发展遭遇的"瓶颈"

首先,主题餐厅的生命周期往往十分短暂,大部分顾客进行的是一次性消费,主题餐厅针对的是相对群体,很大程度上停留在顾客对于餐厅的浅层次猎奇心理上进行营销,当消费者的好奇心被满足之后,很少会选择再次前来消费,吸引力的消失致使许多主题餐厅成为昙花一现的虚景。此外，主题餐厅往往过多着眼于另类的主题设计，而忽视了菜品本身的烹制，这无疑成为主题餐厅的致命硬伤。实际上一家餐厅最为重要的就是菜品口味本身，如果出现虚高的价格，并同时出现消费者作出对食物口感较低的评价，那么必然会影响餐厅的口碑，导致其信誉降低，很难保持持久度。主题餐厅应该传递给消费者一种独特的品牌理念，而且应该保证消费者前来体验的不仅是特殊的文化主题，也是美食本身带来的满足感，如果不保证食品本身的口感，而是一味追求新、怪、奇的花哨噱头，必将被市场淘汰。

其次，主题餐厅存在经营和投资上的高风险性。从中国目前的法律来看，对于知识产权的保护还相对薄弱。由于餐饮产品具有非专利性的特点，一旦经过辛苦摸索的经营之道得到市场的认可，受高额利润的诱惑，竞争对手往往会蜂拥而至，造成主题的快速趋同而流于平庸。[①] 比如便所主题餐厅盛放菜品的餐具和器皿因完全按照浴缸、马桶的形状而独具特色，成为表达餐厅主题色彩的重要载体。根据笔者采访餐厅经理后得知，这些马桶形的器具都申请了国家专利，即使服务员不小心致使其破损，餐厅也会立即采取措施进行销毁，不让它们流向外部市场。不过，根据笔者观察，这些产品在小商品市场上随处可见，可复制性极强。由此可见，主题餐厅在有形产品和无形服务等多方面存在较大的管理和规范困难。

（二）主题餐厅亟待解决的问题

在餐饮行业竞争如此激烈的年代，主题餐厅若不适当改进和推陈出新，很快将被排挤出市场。所以，主题餐厅在开发和发展中应注重延长生命周期，解决以下几个问题：

其一，主题餐厅选取的主题文化需要具备可持续发展性和创造

---

① 史俊："主题餐厅的主题营销"，载《营销与管理·管理版》2012年12月，第90页。

性。目前,有许多主题餐厅盲目寻求强烈的主题感,而没有细细研究它所选取的文化里蕴含的深层次内涵,以致文化营销仅停留在肤浅的表面形式,极容易造成顾客的一次性消费。文化的意义是满足消费者从价值和情感上的体验需求,所以餐厅定位的文化主题要有可持续性,这个主题必须具备一定的积淀和可挖掘内容。餐厅的文化特点不仅是主题的表现,更是顾客选择的最重要标准之一,若能深入挖掘餐厅所想推崇的某种文化的内涵、将文化融入餐厅的各个层面、使得文化内在的遣怀和精神消遣特性得到释放、培养消费者对于此种文化内涵的认识,那么一家主题餐厅才能经得起时间的考验,才能得到市场的认可。而差异化的文化资源选择是主题餐厅的核心竞争力,所以除了选取创新特色的文化之外,还要确保目标市场的定位细小,使其代表的文化独树一帜。

其二,主题餐厅要想避免消费者新鲜感过去后的一次性轰动效应,还需注重后续的宣传和营销,注重延长生命周期。情感是人的需要得到满足时所产生的一种对客观事物的内心体验。[①] 主题餐厅若能很好地把握住顾客的情感需求,进一步激发顾客产生于消费活动过程中的精神体验快感,和顾客之间建立一种朋友关系而非简单的消费关系,便能经营得更长久。例如,"希望小学堂"在微博上注册了官方微博并进行网络宣传,依托主题文化进行与消费者的线下交流,从微博上可以看到它联合了多家密室游戏场馆延伸其线下活动,凡到餐厅消费满 200 元的顾客便能得到密室游戏场馆的兑换券一张;而便所主题餐厅也提供消费满额即送券的活动,激发消费者的二次消费欲望。

此外,主题餐厅可以积极开发周边产品和进行相关活动以求寻找到主题餐厅的另一重要出路和卖点。比如,主题餐厅可以自制主题产品,这些产品的不断创新可以满足消费者个性化的需求,主题

---

① 郑卫星:"浅论体验营销的模式选择",载《现代营销》2003 年第 2 期,第 42 页。

产品的出售不仅增加了可观的现实收入，而且纪念品的成功设计能够树立品牌效应，可以起到有效传播餐厅主题文化的作用，进一步吸引消费者，增加对主题餐厅的记忆度。不少主题餐厅都有主体产品售卖，如便所主题餐厅门口出售相关"便便"和马桶形状的产品，从钥匙扣、茶杯到主题公仔玩偶，价格从 19 元到 199 元不等。上海巴迪熊儿童主题餐厅开辟了专门区域教小朋友们 DIY 手链、手工小熊饼干等产品并出售，增加孩子们参与的乐趣，确保了餐厅的吸引力，定期举办的创意活动也增加了餐厅的可持续体验性。

　　主题餐厅适当选择与餐厅原有主题相关的素材和内容研发相关产品、举办相关活动、进行填充策略，多形态的叠加效果便能不断发掘新兴市场、培养顾客忠诚度。

　　主体餐厅的出现渐渐表明现代人文化需求的逐渐提高，文化在主题餐厅中的应用也预示着作为一种新兴的创意文化产业的兴起。而顾客在主题餐厅消费的实际是一种主题文化，若主题餐厅能将文化策略合理应用在营销、运营等层面，便能在市场中扎稳脚跟，不断延伸生命周期，推动餐饮业进一步健康良性的发展。

文化產業觀察
Cultural Industries Observation Vol.1 (第一辑)

传统·变革
······

从"猫的天空之城"看实体书店的生存之道

廉慧慧

"猫的天空之城"(以下简称"猫空")是一家概念实体书店,更是一家明信片主题店。它于2009年7月诞生在江南古城苏州,截至2013年,凭着自己的独特经营,仅五年的时间就已经在苏州、上海、大连、天津、无锡、常州、西塘、周庄、同里开设了门店。2014年,武汉、烟台、青岛、成都、南京也将会有猫空存在。起先它只是一家小小的书店,里面只有四张桌子,以及经过店主精心细选的500本书,意在为爱好读书者在喧嚣的都市里提供一个幽静的环境,来慢慢品味书中的精华。由于店主对原创的执着,对插画的热爱,又加上他们的设计出身,因此他们就开始把自己设计的产品放在店里卖,于是"猫空"又朝着手绘主题店的方向发张,最先设计的就是关于苏州的手绘地图,得到了大家的认可,随着店面的不断扩大,很多设计师加盟了"猫空"。到现在为止,"猫空"里所贩卖的杂物大多都出自加盟设计师之手,而所有的创作中最引人关注的便是它的明信片以及申请了专利的"寄给未来的墙"。本着为读者提供一个优美的环境的理念,他们不断地探索创新,所以就有了现在的模式——集休闲、参观、读书、消费于一体的概念空间,深得广大文艺青年的热爱。与正在"批量死亡"、"集体衰落"的实体书店相比,"猫空"的蒸蒸日上显得格外引人注目。本文通过笔者的切身体验、实际观察和采访,从经营方式、面临的困境以及对社会的影响三个方面对"猫的天空之城"做一个比较全面的介绍和分析。

一、"猫空"的经营方式

（一）综合式的营销方式

在新华书店以及网络书店、电子书等的多重夹击下，民营实体书店的生存条件不容乐观。在网络点的遍及程度、价格的优惠以及购买的便捷程度等方面，它都不具有优势。因此，民营实体书店想生存下去并盈利，必须避实就虚，避开自己的短处，选择适合自己的方式。在消费者需求多元化和多层次化的情景下，多种模式混合经营，采取综合式的营销方式摆脱传统书店的单一化经营是它们得以生存的良方之一。诚品文化艺术基金会执行长曾干瑜指出，随着阅读环境的改变，书店不能纯卖书，往复合型商场、创意文化空间的方向调整，成效不错①。从营销策略上讲，这种方式也是行得通的，因为经济学认为，两种不同的商品和服务，一旦产生了相互关联，特别是这种关联是市场的某种需要所决定的，则可以进行组合营销，产生附加利益。这样通过销售其他服务或产品所得的利益来弥补本产品的亏损。正如"猫空"官网上所讲的："猫空"是一个书店，也是一个明信片主题店。在这里所经营的东西都是他们喜欢的东西。名字叫做"猫的天空之城概念书店"，当然卖书。这里的书都是经过他们精心挑选的，仔细研读后才摆在书店里开始卖的。书本主要是关于旅行、艺术、绘本、文学这四大类的。也卖杂志，杂志都是小众化的，如《氧气生活》、《恋物志》、《明日时尚》。除了

---

① "诚品，金玉堂不能只卖书"，载《港澳台之窗》2011年3月上旬刊。

书本和杂志，"猫空"还主要卖明信片，手绘地图，一些有创意的小杂物，如书签、日历、杯子以及饮料花茶。综合式的营销方式使得他们的整体利润得以维持和盈利。这些所谓的"副产品"为"猫空"的发展壮大贡献了不少，使其可以朝着自己的目标方向继续前进。

（二）精确的定位

在现在这个求新求异，不断推陈出新的快速社会，消费者的个性需求越来越强烈。因此，如果民营实体书店发挥其船小好调头的优势，采取灵活的经营方式，准确有力地找到自己的市场定位，打造自己独特的形象，以个性化、独特化培养一批自己的忠诚者，就会有很好的发展前途。"猫空"的创始人徐涛讲过，自己开这个书店就是为了在如今这个快节奏的社会为大家营造一个自由的空间，所经营的是一种生活态度。由于各方面因素的综合考虑，"猫空"的定位是很明确的。"猫空"的主要受众被定位为15~35岁的年轻人，这个年龄段的人从高中生开始一直持续到白领人群，这群人往往有这样的共同点：有文化、有思想、有个性，他们希望自己与其他人区分开来。有了这个定位，"猫空"的空间布置、所有的产品，以及所有的产品的推广活动都是针对着这一群人来做的，"猫空"从各个方面都传递着文艺、小资的情调，来满足自己的受众的心理需求，使自己拥有一大批忠实的粉丝。虽然在这部分受众中，学生没有什么购买力，但是从学生时代就开始培养他们的这种价值观念，当这批学生成熟并逐渐走向社会时，以往的那种美好的体验就会使其成为一大批拥有强大购买力的忠实消费者。

（三）独特的产品

它不仅是一个书店，更是一个明信片主题店。去过"猫空"的人应该都会被那品种多得让你目瞪口呆的明信片所震撼。明信片不仅多，而且质量精美，让你忍不住挑来挑去，恨不得将整个店都搬回去。 明信片有不同系列的，有不同价格的，便宜的有两元一张的，贵的有十几元一张的；有纸张做的，也有木头做的；有单张的，也有折叠的，只有你想不到的，没有你买不到的，这里简直就是明信片的天堂。 最为关键的是这些明信片都是"猫空"自己的设计，版权属于"猫空"。 除此之外，"猫空"还有一个区别于别人的显著特点——寄给未来的墙，并申请了专利，所以只有"猫空"一家才有。 关于未来的墙，是"猫空"的创始人徐涛根据一年的365天做了365个格子，每个格子代表一天，只要顾客将写好的明信片放在相应的格子里，"猫空"就会在那一天准确地寄出去，帮人实现把明信片寄给未来的梦想。

除此之外，"猫空"家其他的一些小杂物，如书签、杯子、信封以及各种物品的包装也都是经过自己精心的设计而做出来的，很符合文艺青年的腔调。 "猫空"的这些专属于自己的创意产品为它自己的迅速发展奠定了基础。

(四)经营的品牌化

一般书店的品牌化经营都经过这三个阶段，包括产品推广—书店形象—书店价值观。 但是"猫空"的推广并没有严格按照这个一般的步骤来做，可以说完全打破了这个顺序。 "猫空"刚开始做的时候，并没有刻意地去创造经营自己的品牌，只是觉得宫崎骏的天空之城给人一种很温暖、很宁静的感觉，就将自己的店定名为"猫的天空之城"，想为大家营造一个安静的、温暖的阅读空间。 于是，就一直致力于营造一个这样的空间，为喜欢的人提供一个便利。 在这个空间里，"猫空"一直强调宣传着"美，有爱，乐于分享"这样的价值观，"猫空"致力于推广这样一个空间，让大家觉得无论从里面买什么产品都不觉得奇怪。 因此，直到这个空间开始被大家熟知、喜欢并接受，才开始推广属于自己的产品。 最开始是在自己的明信片上打印上了"猫空"这个 logo，紧接着在本子、书签、杯子、饮料花茶上打上自己特定的标志，现在从"猫空"出来的产品都打印着它那特殊的、独有的标志，能被人们一眼识别，并成为一种文艺、小资的身份标志。经过几年的悉心经营，这个品牌逐渐成了气候，"猫空"便开始了自己的连锁经营，截止到现在，已在全国开设了13家连锁店，2014年仍在继续飞速发展。"猫空"进行统一经营方式，实时销售，及时统一配货，严格控制产品的供应链，保证在全国各地所享受的产品的品质。

（五）独具创新的活动

"猫空"以文化创意为本，配合目标市场的需求不同，举办不同主题、不同形态的营销活动，以提高品牌的知名度，吸引顾客，宣传自己的理念，使之与人们的观点相符合。所有的活动皆以人文、艺术、文化、创意为本。并且每一次的文化推广活动都会反复推敲，分析受众群，然后争取做到每一个活动都是为品牌加分。从"猫空"举办过的活动中可窥一二，如时不时进行的新书推广活动，做一天小店员活动，保护动物活动，自己做明信片以及现场体验咖啡磨制活动等，所有的这些活动都强调顾客的切身体验，拉近顾客与"猫空"的距离。有实验表明，人们更倾向于出更高的价钱买自己动手做的东西。因此，"猫空"通过这样创意的活动来维持顾客。除此之外，"猫空"还充分利用网络平台，如微博、微信、豆瓣、天猫推广宣传自己。

二、面临的困境

每一个事物的发展都不可能是一帆风顺的，"猫空"亦如此。

在其光亮的外表下,也有它所面临的困境。

(一)知名度问题

作为一个品牌,人们最关心的莫过于它的知名度,越高的知名度意味着越高的利润收益。但是"猫空"的问题就出现在这里。"猫空"的受众定位为15~35岁的有着文艺、小资情调的年轻人。因此,学生肯定是其中的一个主要潜在顾客。然而,据笔者前段时间的调查,交谈的100名学生中,仅有19个学生知道有"猫空"这个店,而进店消费的人更是少之又少,其他人的第一反应都是:"什么?这是什么东西?没听说过。不知道。"这种回答说明他们高中的时候没有听过关于"猫空"的任何信息。因此,"猫空"以后若想良性有序的发展,就必须加大对知名度的推广,加大对潜在消费者的培养。

(二)迅速扩张与品质保证

由于"猫空"的迅速发展,店面的迅速开张,很多问题也会伴随而来。翻开"大众点评"上关于"猫空"的点评,会发现很多人对其的批评。总结起来大概有以下几点:(1)服务人员的态度差;(2)食物难吃,价格又贵;(3)环境嘈杂。个人觉得所有的这些问题都与店面追求利益息息相关。刚开始,"猫空"是因为个人的爱好在一个偏僻幽静的地方为大家提供一个可以安静悠闲的看书的地方,因此得到了大家的认可,而现在为了生存,为了效益,很多连锁店的地址都选在了旅游胜地,在这种地段的店铺面积都不会太大,加上为了适应游客的需要,店面往往把书的比例几乎压缩为零,店铺几乎都是明信片以及其他一些杂物的天地,势必造成看书的环境被破坏。人过多,服务人员忙不过来,势必造成服务态度差。所以,只要追求高额利益的观念存在,这种情况就难以从根源上解决,只能从管理手段上改善,减轻人们的抱怨。

(三)单一营销和综合式营销

在现在激烈的竞争环境中,书店的生存之道大概有两类:第一,转向卖教辅书与畅销书的行列(学校周围如火如荼的学生书屋就说明了这一点)。第二,转单一的营销方式为综合的营销方式(如"猫空")。虽然这一途径解决了生存危机,但是却遭受了来自四面八方的质疑:这种经营方式使图书的比例大大下降,书店的主要的经济来源并不来自于图书销售,这样做等于是抛弃了书店的本质。不管人们怎么想怎么做,在笔者的观念中:"存在即是合理的"。就像我们不会因为电影院卖爆米花的利润大于电影票房的利润,就否认其作为电影院存在的事实一样,我们也不能因为书店兼顾经营其他活动而否认其书店的角色。退一万步讲,这样的书店是不是书店并不重要,因为从来没有人规定书店必须是什么样子的。我们需要记住的就是读者是书店服务目标的客户群,是书店生存的真正动力。所以通过什么样的经营方式服务读者、留住读者,那都是手段的问题,无关本质问题。书店的本质就是解决顾客的购书需要,如果在解决了读者购书需要的基础上,通过各种延伸的活动增加了读者的阅读体验,参与互动的需要,这并不是什么坏事,而恰恰是服务方式与服务理念的转变。正如美国巴诺书店的首席执行官里吉奥曾说过:"书店是个舞台,而卖书好比剧院,人们到书店是为了挑选自己喜欢的作品,也是为了娱乐。"因此,在书店允许的条件下,不断地精耕细作,了解并发掘读者的潜在需求,创新经营模式,实现读者服务满意度的最大化,不失为书店自身生存发展的一种有效策略。

(四)现实的制约

社会是一个整体,每个行业的发展都离不开周围环境对它的支持,作为这个大环境里的一员,现实的不尽如人意都会对它产生影响,比如消费者的购买能力,租金问题,政策是否支持,等等。这一部分以松江猫空店(坐落于上海市松江老城区松江一中的对面)的关门事件为切入点来进行探讨。

松江猫空店(这部分的猫空店均默认为松江猫空店),在开业还不到半年的时间,就于 2013 年 5 月 31 日停止了营业。这是"猫空"第一个关门的门店。很多人都不甚明白,松江猫空店的人气还是挺旺的,每逢周末,里面都是座无虚席的,怎么会这么快就关门了。但是,如果认真分析,就不难揭开其中的疑团。

首先,人气旺并不代表有收益。据了解,松江店非周末的营业额无论怎样努力,始终徘徊在几百元左右,周末人气旺的主要原因就是高中生多,他们大都选择在这里做作业,三三两两的聚集在一起,一坐就是一天,而往往不消费任何东西。消费者的购买能力直接影响着营业额,没有购买力怎么可能促进产业的发展。尤其是文化产业,它的发展就是建立在经济高度发展,人们的基本生活需求满足的基础上的。只有解决了温饱问题,人们才会去想着满足自己的精神需求。当代中国,处于贫富差距过大,中产阶级比例偏小,文化消费动力还不是很足的大环境下,文化小微企业的可持续发展面临着不可逾越的障碍。

其次,则是房租的问题。据"猫空"负责人介绍,门店一个月的营业额大概3.5万元,而房租和工作人员的工资费用也在3.5万元左右,勉强可以支撑下去。但是按照签订的合约,如果"猫空"想继续开下去,租金就还得上涨,这样就会入不敷出,于是就有了松江店的关门事件。[①] 确实,租金的问题是实体书店不得不面临的一个巨大问题。上海季风的迁址也是因为合同到期,续租合约付不起高昂的租金而引起的。

再次,市场不规范导致的同行业无序竞争也给其带来沉重的影响。关于实体书店该如何发展,现在还处于无绪的摸索阶段。"猫空"这样做,取得了成功,马上就有一大批人紧跟其后,复制其成功

---

① 根据笔者对"猫空"营业员采访资料整理所得。

模式。越来越多的同质店面势必对其客源造成分流。如何在这种无序的、激烈的竞争环境中保持自己的优势，是"猫空"现在面临的主要问题之一。

最后，也是最关键的——国家的政策对其发展的制约。文化企业经营的前期需要大量的资金投入，由于文化企业本身的特点：周期长、风险大、无固定资产，如果没有国家政策，如税收优惠政策、金融政策的支持，在激烈的竞争环境中，文化企业尤其是文化小微企业的持续发展是非常困难的。现在我国文化产业还同其他企业一样，税收也还在30%左右。对于这种刚起步的文化小微企业来说，压力无疑是很大的。虽然现在国家正在努力为文化小企业的发展创造一个良好的环境。比如2013年6月，国务院促进中小企业发展工作领导小组已经把文化部增补为成员单位；十八届三中全会明确提出鼓励各种形式的小微文化企业的发展，支持小微文化企业发展的专项政策也正在起草中，以及现在正在进行的税制改革以期照顾到文化企业，作出适合文化企业自身特点的制度安排以及2014年有望开始的关于对小微企业的融资问题的探讨。然而，这些政策还远远落后于实践，等到国家探讨出一套方案，再到出台、实施，这将是一个漫长的过程，在这个漫长的过程中，文化小微企业的发展还不知会如何。

三、对社会的影响

每个行业都有其存在的价值，都对社会的发展起着重要的推动作用，"猫的天空之城概念书店"属于文化产业的一部分，它的发展壮大对于我国文化产业的发展也起着不可小觑的作用，同时对社会结构的重组、人们的就业以及文化素养的培养等都产生着潜移默化的影响。

首先，作为创意产业，"猫空"在一定程度上重构了都市产业空间与文化社会空间，在一定程度上可以促成城市功能提升与结构优化。因为，文化产业在发展的过程中，常在空间上集聚并发育成创意产业集群，这种创意产业集群与大都市就重构了都市原有空间。"猫空"在发展的过程中，注重艺术对人们的影响，试图培养出一个充满艺术氛围的地方。它举办各种新锐艺术展览，希望通过这种方式将艺术带到人们的身边，从而影响人们的价值观，改变人们的生活习惯。同类事物都有相互吸引、互相集聚的功能，因此当"猫空"的社会影响力足够大时，就会吸引同质的店面聚集在这里，形成一个产业群，当这样一个产业群集聚起来的时候，必然重构都市的产业空间与文化社会空间。虽然现在还没有实现，"猫空"在选址时还得考虑周围环境是否与自己的氛围相适应，但是当"猫空"落脚到这一地点时，它必然成为以后有艺术气息的店面选址的重要参考信息，对这一地区的文化氛围的影响起着重要的作用。

其次，"猫空"的发展也可以说是一个平台的发展，可以为需要与"猫空"合作的人或者有创意才华的人提供一个平台。在这个社会中，无论什么时候，都会有一些刚起步的或者说需要帮助的人，这些人没有很好的公司或者机构支持他们做自己想做的事，"猫空"这个品牌的书店，就在致力于提供这样一个条件，且所要求的条件也不是很苛刻。在这里，只要有才华，每一个人都可以展示自己。比如，"猫空"每年举行的插画比赛和摄影比赛，它从中选取出优秀作品，买断其著作权，既让参与者得到了一定的经济实惠，又可以让参与者得到精神上的支持，为这种有实力的选手提供一个平台，让其有一个可以自由发展的平台。把这个空间变成平台化，就可以提供很好的服务给更多人，他们也可以成为中间的一分子。

最后，"猫空"致力于传达一种生活态度，向人们灌输美好，有爱，乐于分享的价值观。除了在自己特定的空间里通过室内的设计、所卖的产品、服务人员的行动来传递这一美好的价值观外，它还试图通过举办各种线上线下活动来分享自己的这种生活态度，从而影响、感染身边的每一个人。比如，举办新书发布会，分享好书的精华，影响人们的精神追求。又如，做一天小店员等活动。"猫空"通过在网络上发布信息，吸引一些志愿者参加这一活动。"猫空"的负责人介绍，这一活动的主要目的就是增加人们对"猫空"的认同感，培养其有爱、乐于分享的精神。据店员透露，这一活动特别受人欢迎，很多热心的人都会跑到店里咨询需不需要招募店员，而且二次参加率也很高。还有，保护动物活动，现场体验咖啡磨制活动等，都不仅是一个简单的活动，都传递着"猫空"的价值理念，试图创造一种美好的生活氛围。虽然没有足够的时间去调查这些活动对参加的人的生活、精神状态产生了多大的影响，但是我们从豆瓣上的心情，以及活动高参与率的现状，不难得出这种活动确实得到了人们的认同，或大或小地影响着人们的精神状态。

作为文化小微企业中的一员，"猫空"的发展对社会的完善、发展有着重要的作用，它提供了一个好的文化氛围，提升着人们的文化素养，一定程度上重构了都市产业空间与文化社会空间。但是，我们也要清楚地认识到它所面临的困境。虽然它所反映出来的问题也许不都具有普遍性，但我国现在国民的文化消费潜力没有很好的激发出来，国家对文化小微企业发展政策支持的滞后性确实是所有的文化小微企业共同面临的实实在在的问题。提升自己固然重要，然而没有一个良好的外部环境，文化小微企业由于自身的特殊性想要实现自己的健康可持续发展却是难上加难。所以，迫切需要国家制定一个良好的政策为其发展扫清外部障碍。

老约翰绘本馆发展的机遇和挑战

刘凯丽

传统绘本馆是近几年随着绘本的普及,在一些大中城市兴起的一种以绘本为主要收藏对象及运营载体的主题场馆。随着绘本阅读的日益推广,绘本馆受到年轻父母,特别是城市白领阶层年轻父母的关注。绘本馆多以 0~12 岁儿童为主要阅读对象,以收藏国内外经典绘本为主,同时配备一些儿童早期教育书籍,因此藏书丰富,品种多而齐全,俨然一座小型的主题图书馆。但因绘本馆针对性更强、绘本藏书更丰富、服务方式灵活多样等特点,在绘本阅读推广上有着传统图书馆难以比拟的优越性。为适应特定目标人群的需要,绘本馆多选址在比邻幼儿园的社区或者幼儿早教培训集中的场所附近,场馆面积不大,但大多装修温馨活泼,契合幼儿的审美及生理发展特点,能比较有效地吸引儿童,让他们置身于绘本的海洋,激发其对阅读的喜爱,养成良好的阅读习惯。

绘本馆的常见基本运营模式是利用自身的资源优势,为儿童提供绘本出售、借阅、现场阅读及租赁等服务;同时配合开展以绘本为主题的亲子故事会、创意美工、小剧场等儿童早期教育活动。如国内首家专业绘本馆——蒲蒲兰,以给更多的中国小读者和家庭提供世界最优秀的儿童读物及轻松舒畅的阅读环境为主旨,除汇集国内外精选的儿童读物以外,还开设了世界优秀绘本资料室、绘本延伸活动课堂。其他运作得比较成功的实体绘本馆也以提供儿童绘本阅读、借阅、家庭教育类图书借阅、组织各种亲子活动、父母培训和交流活动等富有特色的活动，赢得了小朋友和家长们的喜爱。

传统绘本馆也存在一些难以避免的问题，比如部分家庭距离绘本馆实体店的距离过远，绘本馆面积有限，周末及节假日易出现拥堵，孩子过多造成馆内环境过于嘈杂等，为解决这一系列的现实性问题，一种新形式的绘本馆应运而生——以老约翰绘本馆为首的新型网络绘本馆。

一、老约翰绘本馆概况

老约翰绘本馆由宁波老约翰文化传播有限公司于2011年5月9日投资创立，以互联网为平台，目前已在北京、上海、天津、广东、湖北、湖南、山东等27个省、直辖市、县区等开设网店，门店总数已多达110家，遍及全国近百个市，进一步的招商加盟还在进行中。馆内收藏有8000余册各种精品和国际大奖绘本供会员借阅，内容涵盖面广，包括适合学龄前儿童学习的简单有声书，适合4~7岁儿童的操作性较强的3D绘本互动书，也包括7~12岁儿童喜爱的科技探索、生活常识普及等文学绘本。只要用户注册为所属站点的会员，即可足不出户、点点鼠标就能轻松享受到世界经典绘本的阅读，符合了现在年轻父母的生活节奏，既开创了一种全新的绘本借阅模式，也为绘本馆未来的发展开辟了一片广阔的新天地。借助互联网平台，老约翰还提供加盟和绘本售卖服务，有效实现多城市资源和信息共享，使小小的绘本馆成为有发展规模市场潜力的连锁经营机构。为保证图书的流动周转不受限制，绘本馆规定每位会员每周只能网上预订四本，读者年龄层从0岁到12岁，很多绘本需要孩子动手制作、亲身参与，趣味性很强。另外，为保证卫生，老约翰绘本馆严格把控消毒关，以专业臭氧图书消毒机执行图书消毒程序，把每本书进行消毒后再次出借。

绘本馆成立之初就以开创绘本租赁行业新革命，真正实现绘本网上租赁，足不出户享受世界经典绘本借阅为宗旨。老约翰绘本馆采用会员网上注册制，一次借阅要经历的服务流程尽可能简化：注册/登录→网上选书→服务员送书→享受阅读→服务员取书→图书入仓，注册成为老约翰绘本馆的会员后，会员可以自己建立两个送书地址，选择付款方式时，可以选择使用支付宝在网上支付会员费和押金，也可以选择快递上门收取现金。如果选择快递上门收取现金，第一次送书时，老约翰绘本馆的快递人员会收取会员费和押金。老约翰绘本馆的快递服务目标是会员在下午3点以前的订单将在第二天送达，3点以后的隔一天送达。将借阅的图书送到会员指定的地址。老约翰绘本馆快递的投送时间是从9：00到17：00，免配送费。当阅读计划时间到期或者借阅次数为0时（两者中满足任一条件），表示本次阅读计划已结束，系统会自动提示会员续订计划或者还书退押金。① 会员计划到期后或借阅次数用完后，要提前或及时续费；如果到期后3天内未申请还书的，按照每天2元收取管理费，管理费从押金中扣除（逾期管理费从逾期第1天开始计算）。当会员想停止服务三个月及以上（含三个月）可申请休眠，每次休眠将收取5元账号休眠费，在激活休眠后下还书订单时由快递收取。最长可休眠一年。在计划期限内休眠次数不限，超过休眠时间后，时间将会累计。阅读计划开始后不予以中途退出会员计划。

二、网上绘本馆经营特点

以前的绘本馆也倡导用户至上、产品为王，但这种口号要么是

---

① 老约翰绘本馆官网 www.hui-ben.com，访问时间：2014年3月10日。

自我标榜，要么是出于企业主的道德自律。但是，在现在这个消费者主权的数字时代，用户至上是经营者必然选择的行为，企业要学会真心讨好用户。淘宝卖家"见面就是亲，有心就有爱"就是真实的情绪，因为好评变成了有价值的资产才得以成为中国网购的翘楚，小米手机每周迭代一次，微信第一年迭代开发了 44 次，也是这个道理。在功能都能被满足的情况下，消费者的需求是分散的、个性化的，购买行为的背后除了对功能的追求之外，产品变成了他们展示品味的方式。这样，消费者的需求就不像单纯的功能需求那样简单和直接，所以，对消费者需求的把握就是一个测试的过程，要求你的产品是一个精益和迭代的过程，根据需求反馈成长。而老约翰绘本馆就牢牢抓住了互联网精神的核心理念，即展现迎合个人需求，培养用户黏性，这主要表现在以下三个方面：

（一）精准的用户定位,提高早教质量

一般而言，在任何群体下，如果想牢牢地吸引住这个群体，典型的一招就是抓住金牌用户，老约翰绘本馆有着精准的用户定位，他们以儿童为主要消费对象，现在有适龄孩子的家长以"80 后"居多，这群人正是互联网的主力军，他们生长在这个信息爆炸的社会，深知对信息的提取和甄别的重要性，而早教是让孩子赢在起跑线、提高智力发展水平的有力措施，选择网上绘本馆成为家长给孩子进行早教的首选。另外，他们每天刷微博发朋友圈，每天花在互联网上的时间平均不少于五小时，他们获取信息的迅速以及对互联网的依赖都是老约翰绘本馆获取用户黏性的有力保障。

（二）为用户带来极大的价值和极佳的使用体验

老约翰绘本馆的快递服务目标是会员在下午 3 点以前的订单将在第二天送达，3 点以后的隔一天送达，这种送货上门的物流服务给用户带来了极大的方便，解决了部分用户因交通问题而放弃周末出行的担忧。绘本馆采用会员注册制，简化注册流程，用户两分钟即可注册成功，网上借阅真正实现了省钱、省时间（去实体图书馆借书来回交通至少要三小时）、省麻烦（不用担心买错，不用先去书市翻查，在网上下单，不用担心图书摆放问题，不用担心借书还晚罚钱等）。所有程序都可以在网上完成，足不出户，点点鼠标便可轻松享受每周四本的世界经典绘本阅读。另外，网上绘本借阅馆由于充分利用网络平台，绘本齐全，家长可以根据自己孩子的阅读年龄和阅读口味，自由选择，实现了私人定制。若会员想借阅的绘本，现有的库里没有，绘本馆将为其量身订购。用户的消费行为是端到端的整体过程，网上绘本馆为用户提供了一体化的、完整的交互体验过程。老约翰绘本馆在其他众多的平台上导入自己的流量入口，包括淘宝网和1号店，用户在淘宝上看到绘本馆内作品的图片，如果感兴趣，点击图片即可进入老约翰绘本馆的网站首页进行选购，这种多平台的联合促销对保证用户流量有至关重要的作用。

（三）为用户建档并保持对核心用户的持续吸引力

通过长期的数据积累，老约翰绘本馆总结出了江浙沪京津等地区对绘本馆的需求量大，在这些地方开设了多于其他地方的网店；所有租赁图书的用户必须注册，注册需录入真实有效的个人信息，绘本馆通过对会员信息的分析，总结出各个年龄段用户的需求，每月月初有针对性地向会员推荐新品；设置会员计划费用，打包团购式推出产品，培养用户长期使用的需求。

三、老约翰绘本馆面临的压力和挑战

随着中国经济的高速发展，各种类型的休闲娱乐产品涌到家长和儿童面前，既包括各具特色的图书馆、绘本馆，也包括各类游乐园、科技馆、儿童博物馆等，后者内容丰富，不仅包括游玩，也包括以讲解知识、科学游戏为主旨的教学内容，现代化的科技馆内除了藏书，还有寓教于乐、动手性强的发明创造，且馆内宽敞，可同时容纳几百个儿童，这样的场所有利于发挥孩子爱动脑的天性，可以锻炼他们与同龄朋友交流的能力。

科技的发展让很多人足不出户，在方便用户的同时也加深了人与人交流的鸿沟，很多家长抱怨孩子从小不愿与人交往，对电脑、手机等电子产品的依赖已经超过了对玩伴甚至对家长的依赖，很多孩子患上交流恐惧症、自闭症、电子痴迷症。实体店可以给孩子提供一个与他们交流的平台，蒲蒲兰绘本馆定期开展的"我和你有个约定"的活动，就可以把城市里有相同兴趣爱好的孩子聚集到一起，讨论读书心得，交流读书困惑，受过专门训练的门店工作人员每周都有2~3天的时间在实体店二楼给孩子们讲故事，与他们一起做游戏，但这些都是老约翰欠缺的。家长在网上借到书后，很难有专业的素养与孩子就绘本内容进行互动，孩子宅在家里的时间更长了，一个星期四本书也很难培养孩子长期阅读的好习惯，往往几分钟翻看完一本书后就失去了再次翻阅的兴趣。

老约翰绘本馆采用的会员计划，虽然牢牢锁住了用户，但也有强迫消费之嫌，即用户一旦选择按年消费，如果中间有变不能按照计划完成借阅，绘本馆是不退还计划会员费的，这就意味着有些预订一年计划的家长可能要因此损失最多高达780元。① 详见表1 老约翰绘本馆读书计划及价格表：

表1 老约翰绘本馆读书计划及价格表

计划	会员费(元)	押金(元)	借阅次数	本数/次
体验用户	20	100	1	4

---

① 老约翰绘本馆官网 www.hui-ben.com，访问时间：2014年3月10日。

续表

计划	会员费(元)	押金(元)	借阅次数	本数/次
半年	420	100	24	4
一年	780	100	48	4
以上计划适合能长期坚持亲子阅读，每周固定时间配送				
一年	550	100	25	4
以上计划适合年龄较小还没有养成固定实际阅读，习惯按次收费的用户				

*押金：将在会员计划期满，收回完好图书后退还给会员

另外，为节约成本，绘本馆更新图书的频率并不高，很多图书在被读者损坏后依然在循环使用，孩子如果喜欢这本书，只能购买别人用过的二手书。孩子不小心撕毁或破坏了图书，家长都要全额赔付，这些二手书本来已经不值原来的定价，按原价赔付稍显不合理，而实体店的绘本则是专门供孩子把玩，即使有损坏也不需赔付，家长购买到的也全是新品。

互联网思维给企业的发展提供了一个很好的思路，却也因此成为商家控制消费者的有力武器，仅仅只依靠互联网思维来绑定用户已经不适应现代社会的发展需求，老约翰绘本馆专注线上经营，忽略线下发展，必然会带来一系列的问题，利用互联网却不被困于互联网才是真正的互联网精神。

四、对网络绘本馆的后续思考

（一）网络绘本馆对同行实体店的冲击力极大

老约翰绘本馆正在对同行业的实体店造成强大的冲击，目前在

上海发展最好的绘本馆实体店——蒲蒲兰绘本馆因此受到多方面的影响。2004年7月,第一家蒲蒲兰绘本馆在北京开店,店铺设计风格独特,多以红粉黄绿等鲜艳色彩为主,馆内藏书丰富,成为很多儿童周末娱乐的聚集地。老约翰绘本馆出现后,蒲蒲兰客源受到很大的影响,很多老顾客因为倾向于足不出户的网上购物体验而放弃了蒲蒲兰,客源损失率高达30%以上。[1] 老约翰绘本馆是上海第一家网络直营绘本馆,其给同行业带来了一种全新的思路,在很大程度上变革了绘本馆的经营方式,促进了整个行业的发展。

(二)网上绘本馆市场发展稳定、潜力巨大

绘本馆从建立之初就以其人性化的服务、高效率的配送受到用户的一致追捧,表现出了强劲的市场竞争力和市场发展潜力。绘本阅读对孩子的诸多益处已经在国际上普遍得到认可,国内绘本市场还处于起步阶段,需要经营者进行市场培育工作。实践证明,现在的年轻父母对绘本普遍持欢迎和认可态度。中国每年新出生人口2000多万人,其中城市人口600多万人,庞大的基数、稳定的增长和更新,奠定了儿童市场坚实的客户基础。迅猛发展的电子商务正在改变中国人,特别是中国年轻人的生活方式。中国有世界上最大的网民群体,"80后"年轻父母是伴随着互联网成长起来的一代,对互联网有相当大的依赖性。总体来说,绘本市场潜力巨大,具有稳定的发展空间。[2]

(三)网络绘本馆可促进少儿启蒙教育

网络绘本馆成为社会少儿网络文化启蒙的先行者。众所周知,

---

[1] 笔者对蒲蒲兰上海实体店负责人的采访,2014年2月20日。
[2] 于世刚:《实体书店转型中电子商务应用研究》,北京邮电大学2011年硕士学位论文。

让孩子阅读大量的书籍是有益的，亦是父母们所希望的，绘本书籍的阅读，既是家庭的经济负担，又是日后处理工作的负担，老约翰绘本馆针对孩子的实际年龄和阅读年龄，提供适合阅读的网上绘本租借。基于独立开发的国内首个网上绘本租赁系统，实行无店铺仓储式经营，无须好地段好门面，更无须大空间，只要一台能上网的电脑，真正做到少投资易管理，使小资本得到稳定持续的收益。少儿教育不仅仅局限在父母讲故事，老师做游戏，绘本馆做到了图书与儿童的教育性互动，而老约翰则通过互联网实现了这个过程的优化，使更多的孩子接触到这些声形并茂、好看好玩的图书，鼓励更多的孩子多读书，读好书，对于促进整个社会的儿童教育都起到了重要的作用。

互联网思维改变了太多的个人和企业，现在正在改变整个社会，老约翰绘本馆只是众多文化小微企业中的一个，却成功运用互联网思维实现了逆袭，给其他众多文化小微企业的发展提供了很好的范本。在这个科技日新月异，网络充斥生活每一个角落的时代里，不创新发展模式和经营方式，就等同于缴械投降，坐等时代的大潮把自己卷进历史的车轮。作为一个发展中国家，我国在文化产业方面起步晚，但发展速度却是惊人的。但同时也不难发现，仅仅只利用线上的营销很容易陷入被动，发展风险增大，受制因素也更多，绘本馆只有实现线上线下互动，打通流量入口，线上为线下引流，打造交易闭环，加强用户互动，才能牢牢绑定老顾客，不断发展新顾客，这不仅仅是老约翰绘本馆发展的当务之急，也是蒲蒲兰绘本馆这样的纯实体店、其他文化小微企业发展过程中亟须解决的重要问题。国家近期作出一系列重要的文件指示，要求大力发展文化产业，文化小微企业要紧紧抓住这个发展契机，利用互联网思维，线上线下联动实现整个社会文化产业的大发展、大飞跃。

参考文献

1. 李东升，周恩浩，鹿海涛. 论互联网商业化趋势与互联网精神

[J].科技风,2008(6):101.

  2.胡启恒.互联网精神[J].科学与社会,2013(4).

  3.方兴东.以互联网精神为本![J].中国传媒科技,2013(3).

  4.杜骏飞,刘慧芬.网络传播:何以可能与何以可为?[J].广播电视大学学报(哲学社会科学版),2003(3).

从"青番茄文化传媒"看文化小微企业的发展

秦 礼

一、诞生与发展

2010年年初的某一天,原在深圳一家IT公司担任部门经理的张丽娟女士和朋友谈到了一组关于各国每年人均阅读图书数量的数据,数据显示,韩国每年人均阅读11本书,法国20本,日本40本,而中国每人年均却只读4.5本书。这种巨大的反差引起了张丽娟和她朋友的注意。于是,张丽娟决定为社会做点什么以提高国民阅读量,让更多的中国人爱上看书。

根据当时对中国的阅读市场的调查分析可知:中国户均年消费图书1.75本;有49.3%的人读纸质图书;通过数字化阅读方式的国民比例为24.6%;网友网读收费上限3.45元,能接受的纸质图书平均价格为11.17元[①]。从这些数据中可以看出:第一,实体书在中国的购买量并不高,且国内纸质图书的价格对于大量消费者的心理预期价格来说普遍偏高。这意味着如果要做与图书有关的生意,就

---

① 齐洁:"青番茄:电子阅读'舒适生活'",载《中国经营报》2011年2月28日,第C14版。

必须保证其提供的服务价格低廉。第二，我国具有十分庞大的图书阅读群体。这在创业者看来便是一个可以开发的广袤市场。第三，国民对数字化阅读的接受程度仍处于较低阶段，社会还处在由传统阅读到电子阅读的适应转型期。基于上述考虑，张丽娟想到了要创立一个"中文网上实体书图书馆"的公司。

2010年5月，张丽娟开始实践自己的想法，同年8月，青番茄文化传播有限公司（以下简称"青番茄"）便诞生了。"青番茄"的定位是"网上图书馆"，其"根"仍扎在传统图书馆上，只是在实体模式之上进行了创新。它以互联网为平台，为用户提供了一种"网络＋实体书"的新型借书方式：个人用户在"青番茄"官网上进行注册，缴纳足够的押金之后成为"青番茄"会员，此后在网上下单，公司便会派快递送书上门，在规定借阅期限内，会员将图书阅读完毕后，只需在官网的个人借阅履历上点击"我要还书"，公司又将派出快递上门取书，并且所有的借阅服务都是免费的。"青番茄"这种为个人用户提供免费借阅服务的举动曾被喻为"开创了Web2.0时代免费实体图书馆的先河"[①]。

在公司成立之后的三年时间里，"青番茄"一直为个人用户提供免费借阅服务，不仅如此，"青番茄"还瞄准了与企业合作，帮其成立外包网上图书馆。公司逐渐形成了日渐清晰的盈利模式：

借书押金带来的投资收益能为公司带来一定的现金流。"青番茄"还能向企业收取一万元至六万元不等的年费，在吸引大量粉丝后，"青番茄"也获得了风投支持。除此之外，"青番茄"掌握着大量的个人用户资料，这种数据库也为"青番茄"提供着间接或直接的利润。

很快，"青番茄"的粉丝数以万计地增长，青番茄开始扩大规模。一年后，"青番茄"以深圳为圆心，在全国27个城市开通服

---

① 黄悦深："公益文化服务新模式：青番茄网络图书馆实践研究"，载《公共图书馆》2013年第2期。

务。"青番茄"在急速扩张的同时,面临着多个行业服务领域的挑战。例如,循环取书时遇到的快递服务行业"逆向物流管理"问题;读者押金退还时遇到的银行系统退款失败问题;公民对免费公益服务的承受力及配合度问题;等等。

二、危机与妥协

早在2012年,"青番茄"经营者陈刚等人意识到企业经营将遇到极大的"瓶颈",如物流、资金流转问题,于是他们开始在全国各城市与不同咖啡馆洽谈,希望将咖啡馆作为线下流动图书站点,拓宽"青番茄"服务空间。

2013年8月,"青番茄"突然宣布,新注册会员不再享有送书上门服务,如要借书,"青番茄"会将图书运送到离会员最近的与"青番茄"合作的咖啡馆,会员在任一咖啡馆中都可以借还书籍。此外,每个咖啡馆将承担200~500本不等的书籍并定期更换。目前,在企业平台升级前注册的老会员依然可以实现网上借阅,但是陈刚告诉笔者,随着以后线下活动的展开,线上的借阅量会逐渐缩小。陈刚并不愿意用"失败"二字形容线上模式的运营。"我们在前进的路上遇到了些障碍,希望能够回避它们,而不是迎面撞上。青番茄目前还是保留了线上业务,会员借书必须在网上下单。"

"青番茄"表示自己将在全国范围内建设更多提供免费借阅的"便民图书馆",即分布在各城市的线下实体 In library 图书馆(咖啡图书馆)。目前,"青番茄"与全国各地咖啡馆共同合作建立的"咖啡图书馆"已超过500家;在不远的未来,"青番茄"预计将在全国建设超过3000个"便民图书馆"节点,以期大幅度提高图书的阅览率,并让阅读无处不在。

"青番茄"的转型战略在为读者提供了更多便利、建设更大的阅读及活动平台的同时,也相对降低了公司的运营成本。

但无论如何,"青番茄"已完全颠覆之前"网上图书馆"的构想。如今的"青番茄"从本质上似乎又重新回到了传统借阅的模式,"青番茄"究竟能否通过平台升级渡过此次的难关呢?那么,"青番茄"与咖啡馆的合作境况又是怎样的?这次的转型真的能够将"青番茄"从运营困境中拯救出来吗?

笔者随机走访了位于松江大学城的一家咖啡厅,负责人普遍对与"青番茄"的合作持谨慎和观望态度。该咖啡店在与"青番茄"合作后,将原有书籍空间增加至500本,内容以文艺居多。笔者看到,一个下午的时间,会有少数人来到这儿一边喝咖啡一边翻阅书籍。

据深圳新闻网报导,自2013年夏天合作以来,对于某些咖啡馆,"青番茄"还没来换过一次书,来借书的会员不多,倒是来还书的不少。设立图书角对客流的吸引力,观察下来效果还是不好。

甚至有些咖啡馆停止了与"青番茄"的合作。某咖啡馆负责人表示"之前在进门的位置摆了一排青番茄的书,但没有人来借,他们提供的书偏重畅销类型,有读者来到我们店里看到了亲子与经管类的书,觉得很突兀。我们也觉得风格不搭"。对于"青番茄"此次的转型,笔者并不看好。

"青番茄"从创立开始就是通过口碑营销来塑造企业形象的,这种口碑营销在一定程度上成就了"青番茄",但是却更多地为"青番茄"带来了负面影响。"青番茄"上线之初,曾获得无数媒体的溢美之词。"青番茄"总裁张丽娟也用"抱着浪漫的初衷"来形容创业团队,她希望能以民间推动阅读的方式,让大家都享受到阅读的快乐。但在2013年年初,许多会员因"青番茄"服务变差开始大规模选择退会,但相当多的人发现退款过程异常漫长,有些则根本退不了。当"青番茄"在微博上一次又一次地宣传"当咖啡遇上书香"的情调时,评论里则有不少来自各地读者的抗议。

然而,"青番茄"负责人在面对信任危机时,并没有第一时间为用户提供解决方案,而是希望重新打造企业品牌,塑造企业形象来掩盖之前运营出现的问题，以至于到最后通过企业转型来博取新用户的关注和信任。在线下，"青番茄"在多家报纸、杂志上做广告，各媒体对其进行了大量的宣传，但据笔者了解，就连居住在"青番茄"当地的居民对"青番茄"公司也有所不知。在线下，"青番茄"定期举办"青番茄"志愿者活动，以吸引大量青少年的参与。但显然，成果依旧很不理想，这种种做法都将为"青番茄"未来的运营带来不良的影响。

品牌塑造的缺失让"青番茄"在面对同质竞争者时表现出了更令人咋舌的态度。"青番茄"选择提供更加优惠的服务来与竞争者抗争。在公司资金流转出现故障的时候，不论是提供优惠服务还是重新塑造企业形象，都无疑会增大企业运营的成本，这种做法无异于拆东墙补西墙，在企业经营上是不可取的。

在"青番茄"之前，就有团队尝试网上借书、租书生意，但无一做得出彩。其中最有名的是书飞网。这个只做北京市场的租书网站与"青番茄"不同，除了收取押金外，每借一本书还收取一定的借阅费，按照会费充值金额比例缴纳。同样，书飞网也遭遇了巨大的物流压力，困难时工作人员曾全员出动，亲自给用户送书。在苦撑两年时间后，始终未能盈利的书飞网也基本进入长期迟滞的状态。

就"青番茄"4年的发展状况来看，公司一直处于业务的扩展期，之后可能还会有更大的发展。盲目的扩张对"青番茄"的运营也造成了极大的困扰，"青番茄"的目标市场并不明确，它指向的客户群体在区域上较为分散，因此对于企业的营销也将无从开展。虽然"青番茄"2012年网络数据宣称，公司个人会员数已达到了60万人次。但是，笔者询问了一些在深圳当地居住的市民，他们表示对"青番茄"不太了解。"青番茄"的官方新浪微博粉丝也只有2万多人。

"青番茄"虽很有热情，但一腔热情也许只会赢得尊重，却不见得能赢得市场。笔者认为，"青番茄"从一开始就没有完全做好准备，因此才在经营过程中"力不从心"。

"青番茄"打着"免费"的口号为客户提供服务,公司的资金来源主要有三大部分:

（1）个人用户的押金。自"青番茄"成立以来,会员人数不断激增,目前已突破了 60 万[①]。个人会员支付的押金,虽能随时申请退回,但"青番茄"不是金融机构,一部分会员手上也有借阅的书籍,统一办理退回押金的概率很小,所以基本上不会发生集中"挤兑"的风险。除了保留一定比例的资金作准备金,其余到账的押金某种意义上都能视为"收入"。而且,会员不断地增加,"收入"也不断增加。因而,扣除前期的投入,押金这一项让"青番茄"获得了运营的现金流。

（2）企事业单位在线网上实体图书馆的会费。"青番茄"为企业打造的"每企一馆"业务,将企业图书馆分为三个层次以面对不同的市场需求。企业图书馆为"青番茄"公司带来的经济效益十分可观。

（3）"书式"深度在线旅游等不同领域的增值服务子系统以及大量的个人用户和企业会员带来的广告和企业会员费等直接或间接的经济回报盈利。随着"青番茄"用户基数和借阅次数的增加,"青番茄"将掌握一个庞大的阅读趣味数据库,直接反映会员的爱好、个性、经济条件,且有详细而准确的线下地址,若针对不同用户推送不同网络广告和书签广告,也有可能成为增值服务之一。

实际上,"青番茄"在 2013 年年初面临了客户退款难的问题。对此,"青番茄"负责人陈刚的解释是,青番茄以银联为唯一付费通道,但因银联退款期限有限,超过半年以上的老会员在向银联提交退款时,需要人工核对,如果读者电子邮箱或账户与之前有异,有可能导致退款不成功,并保证公司尽管不成熟,但该退的钱我们承诺一定会退。同时,他也承认,眼下公司在转型,财务吃紧。据南山

[①] 黄俊铭:"青番茄免费模式的商业价值",载 http://finance.sina.com.cn/leadership/mroll/20111027/160210705166.shtml。

区文产办 2013 年 6 月底统计,"青番茄"已退还 8000 多名用户押金 170 余万元,尚有 500 多名正在处理①。 同样来自文产办的资料显示,青番茄目前缴纳押金借书会员仅剩 2.3 万人。 面对急剧下滑的颓势,陈刚仍不言败,"我们会重新规划,以持续和循环的方式来探索盈利模式。 我们一定会把免费阅读做下去,这是我们所承诺的公益性。"

物流成本高已是业内公开的秘密,这也成为整个电子商务企业所面临的最大"瓶颈"。 无论是京东商城、当当,还是卓越,这些需要自己承担物流成本的电子商务企业至今盈利之路不无艰辛。 对"青番茄"来说,这同样是一个致命难题。 "青番茄"为客户提供免费送取书服务,使得公司将在物流上花费大量的成本,"青番茄"不得不使用小众的物流公司来减缓送取书压力,这一做法又导致了送货过慢等问题。 对于客户来说,往往需要等上超过两周的时间才能拿到之前在网上订阅的图书。 物流费用过高,让我们现在看到的就是"青番茄"用押金来支撑,如果到了挤兑的时候,后果将不可想象。

"青番茄"团队在面临物流严重瘫痪的情况下,2013 年 8 月,不得不做出转型的无奈之举:对于在平台升级前的老读者,"青番茄"在提供网上下单、送取书上门服务的同时,还新增了以"咖啡图书馆"为借阅终端的便民图书借还服务;对于在平台升级后新加入"青番茄"的读者会员——"青番茄"则提供以"咖啡图书馆"等便民 In library 图书馆为方式的图书借阅服务,即支持网上下单,以咖啡图书馆作为书籍阅览、借阅和归还的节点。

通过线下咖啡馆的设立,"青番茄"又彻底回到了"阅读 1.0 时代"了。

---

① 来源:http://www.sznews.com/news/content/2013 - 12/04/content_8833808_4.htm。

三、启示与展望

"青番茄"的失败可以归结为外部因素和内部因素两大部分。

首先,我国物流业行业的不足为"青番茄"的运营带来了极大的困难,送货速度快且服务好的大型物流公司普遍收费过于昂贵,而小众的物流公司虽然价格便宜,却又不能在服务上有所保证。这种行业发展不平均的状况对于"青番茄"的发展产生了极大的负面影响。另外,从资金的流转上来说,我国网上银行交易系统的普及程度并不高,对于"青番茄"向用户承诺的"可随时退款"这项服务也不能提供任何保障,"青番茄"缺乏对于外部环境以及其他相关行业的细致考察,才会在运营过程中出现如此多的威胁与挑战。对于"青番茄"来说,物流行业与电子商务行业的发展至关重要。而对于整个文化服务业来说,唯有保证多个行业服务领域的共同发展才能营造出文化小微企业蓬勃发展的态势。

其次,在公司副总裁张丽娟看来,只要符合用户真正的需要,生意就具有可行性[1]。然而,用户需要是可以被创造出来的,所以它并不是维持企业发展的必要条件,企业及团队在置身于全新行业和环境中进行的自我管理才更应该加以重视。

虽然"青番茄"倡导的"书式生活"从侧面推动了某种社会塑造。它为人们提供了更加方便的阅读空间,让原本就有阅读习惯的人更加便利地享受阅读,让原先受限于不愿花钱买书或觉得借书麻烦的人们能够重新拾起阅读的兴趣。但是,这种侧面的推动作用是渺小的。未来民营图书馆的任务在于发挥读者的主动性,这是一个

---

[1] 齐洁:"青番茄:电子阅读'舒适生活'",载《中国经营报》2011年2月28日,第C14版。

相辅相成的循环过程,因为这种主动性也正是民营图书馆的生存根本。

作为企业,能够生存下去才是至关重要的。"青番茄"的盲目扩张("青番茄"在成立之后的4年时间里,业务遍布了中国22个省市)和过于理想的战略方针终究抵挡不住社会发展的浪潮。在美国或其他文化发达国家,社区图书馆极为发达,几乎每个社区都有自己的图书馆,面对各个年龄层的阅读区一应俱全,而且可提供免费的通借通还服务。德国各地以及美国纽约等城市还出现了"街头图书馆",人们可以随意拿取书籍。这种"街头图书馆"取书不用登记,也没有还书日期,读者可以再次拿走或带来任意数量的书本。相比之下,在目前中国的经济发展水平下,短期内建立起如上述国家般发达的图书馆并不现实。"青番茄"能够生根发芽,正是受益于中国社区图书馆系统的缺失。在全民阅读运动中,"青番茄"也不过扮演了一个补充和缓解的角色。

中国的民间阅读活动现状与人均年阅读量很低的情况,是长期以来存在的事实。2013年8月4日,全民阅读立法已列入2013年国家立法工作计划,全民阅读立法起草工作小组已草拟了《全民阅读促进条例》初稿。这种行为对于社会成员阅读素养的提高是有帮助的,但社会更应该注重的是自我的塑造,激起并发挥社会成员阅读的主动性才是解决当下现状的根本方向。以"青番茄"为例,乃至更多的文化小微企业,可以看出,它们需要的是更多的社会的良性推动力。

全人培养中的文化产业实践教学

卢 莹

    教育的发展必须与社会的发展相适应,这是教育发展的一条基本规律。任何新兴学科、边缘学科、交叉学科的兴起,都是应社会发展而生的。高校专业设置以当地国民经济发展需要为依托,以培养社会适用的专业人才为目标,开设的专业越来越具备跨学科、交叉性及复合型的特点。

    文化产业正是应国家经济发展需求衍生的一个新兴领域,其前沿发展趋势和知识结构都处于不断更新的状态。高校文化产业专业教学内容与课程结构也处于不断调整与适应之中。此外,文化产业相关专业本身也包括创意性产业,如何在繁重的理论教学中进行创意性实践,是高校面临的另外一个急需解决的实际问题。文化产业专业在开展实践教学时应贯彻"以生为本"的理念,并注重与专业教育、科研训练相结合,从实际出发,以提高学生能力与创新意识为目的,促进全人培养。

一、优化课程体系

（一）理论课程

在我国高校人才培养方案中，理论课程仍然占据着主导地位，理论教学是素质教育与创新人才培养的主阵地，因此如何在理论课程中促进理论教学与实践教学的融合成为当务之急。课堂教学和实践教学是两个不同的环节和方式，二者存在互相支撑和依存的关系，不能顾此失彼，更不能互相替代。[①] 课堂理论教学的主要目的是为了让学生掌握本学科的基本理论和基本方法，而理论课中的实践教学则是为了使学生将理论和方法运用于生产和实际生活中，通过实践教学不仅可以巩固、深化理论知识和专业知识，提高学生逻辑思维、形象思维等综合素质，更能锻炼学生实际工作的基本技能与能力。

（二）实践课程

目前大部分高校在制订教学计划时对高年级学生安排实践课程，从学校安排的初衷和目的来看，主要是为了帮助学生在有了一定专业知识基础的前提下，可以有效地进行实践，将前一阶段所学的理论知识在实践中加以运用和强化。[②] 但对低年级学生而言，亦应适当安排实践课程，通过分层次、分阶段的科学设置实践课程，坚

[①] 王德宜、朱庆仁："独立学院实践教学模式构建探析"，载《淮北师范大学学报》（哲学科学社会版）2011年2月，第185页。

[②] 董盈盈：《关于我国大学生实践能力及其培养的研究》，华东师范大学2007年硕士学位论文，第44页。

持本科生在校期间实践课程不断线,使实践教学贯穿本科阶段的整个学习过程。

以我校文化产业管理专业为例,实践课程学期、学分分布详见下表:

表1 文化产业管理专业教学计划内实践课程学分分布

课程名称	学分	一	寒假	二	暑假	三	寒假	四	暑假	五	寒假	六	暑假	七	寒假	八
军训	0.5	✓														
社会调查	1				✓											
专业见习	1.5								✓							
学年论文	2									✓						
毕业实习	7												✓			
毕业论文	4														✓		✓
总计	16																

注:①毕业实习自大三暑假开始,为期3个月,共计12周。
②毕业论文自毕业实习结束后开始启动。

从表中可以看出,在本科生整个大学四年内都会有相应的实践课程安排,保证其连续性,课程由浅入深,由基础到综合,使学生自入校起就接受实践训练。安排大一新进学生接受军事训练,使学生掌握基本军事技能和军事理论,增强学生国防观念、国家安全意识,弘扬爱国主义、集体主义和革命英雄主义精神,培养学生艰苦奋斗、吃苦耐劳作风,为日后学习、生活乃至步入社会后的生涯奠定基础。考虑到低年级学生刚入校门,对自身发展的目标存在不同程度的迷茫,因此,在这一时期安排社会调查,通过社会实践让学生及早对锻炼自己的能力有相应的规划,有利于大学生自身实践能力的尽早形成与发展。

对高年级学生分层次、分阶段地安排彼此衔接的课外活动及科研训练。前者包括专业见习、毕业实习,是学生接触社会、了解社会的重要途径,通过实习使学生对用人单位的实际工作环境有了必要的认知、了解和掌握,为学生将来走向社会奠定了坚实基础;后者包括学年论文、毕业论文,通过系统的科研训练,培养学生综合运用先前多学科的理论、知识与技能,培养学生独立思考以及分析、解决实际问题的能力,深化理论知识、扩展知识领域、延伸专业技能。①

(三)专业实务类课程

这类课程是专门针对学生专业实践能力培养而开设的,可以专业方向限制性选修课为主,侧重教学中的实践环节。

至于该类课程的授课方式,可根据具体教学内容采取灵活多变的形式。对于普及业内常识类的专业实务课程,可采取系列讲座的形式进行。这类课程以传授行业内前沿知识为主要目的,适宜采取集中授课的形式,使学生对行业内常规流程、规则与要求有整体掌握、了解。采取系列讲座的形式进行,打破了传统教学过程中一名任课教师一讲到底的做法,改由不同行业专家进课堂,让学生多角度了解行业现状,激发学生兴趣。此外,各专业还可以开设体系性而研究方向多样的实务课程,这类课程以研究某单一领域的具体问题为目的,适宜采取小班化教学的形式,学生结合课程内容及自身兴趣点自行选择,充分调动学生的实践积极性,使其不仅成为学习活动的参与者,更成为学习活动的组织者。这类课程须以完成一定的项目任务为考核方式,根据任务完成质量取得相应的成绩。任课教师虽全程参与,但仅对课程内容作纲要式讲解,并作为指导者解决学生实际研究中遇到的问题,为学生学习提供支持服务。

---

① 赵燕:"新形势下高校实践教学体系的构建与实施",载《化工高等教育》2003年第4期,第91页。

二、改革教学方法和教学手段

教学过程实质上是一种师生共同适应、共同发展的交流过程。理论课任课教师在教学中要善于精选教学内容,抓住重点,突破难点,在传授学习方法、打开学生思路、提高学生分析问题和解决问题的能力上下功夫。在教学中始终以学生为主体,采用启发式、讨论式、参与式、案例等多种教学手段,把传统的教师讲、学生听的单向教学方式转变为师生互动的双向教学方式。重视培养学生的研究型学习能力和创新精神,使教学的方法、途径、目的、内容都呈现出灵活性和多样性,运用现代技术手段丰富教学表现形式,增强学生对实际行业环境的体验和感受想象空间,激发学生形象思维、逻辑思维。加强理论教学中实践教学环节,坚持理论联系实际,培养、开发学生的创造能力、实践能力,提高学生对未来工作的适应能力,使学生在实践中感悟、体验、发现问题,进而提高学生分析问题、解决问题的能力。[①]

鉴于文化产业相关专业课程的特殊性,可供采用的一种实践教学方式为现场教学,即结合专业课程开展实地考察、现场讲解,以学生撰写的考察报告作为考核依据。如文博类课程,高校科研充分利用现有的社会资源,带领学生去周边省市的博物馆、文物馆藏等地进行实地考察,使学生在掌握基本理论知识点的同时,对中国传统文化、文物鉴赏、艺术品市场等有了深入了解。任课教师事先罗列考察中涉及的理论知识点,学生带着问题去考察现场,结合自身兴趣,撰写考察报告。此举使学生通过实地考察的形式体验书本知

---

① 尹敏、陈满乾:"构建高校复合创新型人才培养模式的思考",载《安徽理工大学学报》(社会科学版)2009年9月,第104~105页。

识，在任课教师现场讲解下加深理论知识的理解，并能通过举一反三，扩展知识领域，开拓视野。此种方式使学生对书本理论有更深的感性认识，在教学现场学生通过对所学知识的回忆、联想和运用，逻辑思维能力、实践观察、分析能力得到提高，让学生在实践过程中将理论课程内容有机地联系起来，从而实现对所学基本理论、基本知识的综合运用，激发学生的想象力和创造力。以考察报告作为现场教学的考核方式，计入平时成绩，不仅是对学生实践教学质量的监控，更是对学生研究能力的锻炼。

三、加强校内外实践基地建设

规范稳定、条件优良的实践教学基地，是开展实践教学的重要载体，通过实践基地的建设维护，加强学生实践环节的运行和管理，提高实习、实训的教学质量，提高学生综合素质和人才培养质量。实践教学基地具体可分为校内实践教学基地和校外实践教学基地，二级学院作为人才培养的具体执行者负责基地的建设、使用、管理。

就校内实践教学基地而言，学院应统筹规划，优化配置，整合实验教学资源，组建资源共享、功能综合的实验室，为学生创造实践能力培养和自主学习的环境和平台。[①] 基地应具备实践教学的各种功能，且要跟上时代发展的步伐，基地内的仪器设备既要考虑到初学者的能力，又要具有一定的先进性，与行业内相关单位实际使用的仪器设备保持同步，有的甚至须保持适当的超前性。仪器设备要得到有效的开发和利用，其规格、型号和技术参数、功能都要符合实践教学的要求；且各类仪器设备间具有系统性、相关性，能为学生自主

---

① 陈秀琴：“加强实践教学管理促进学生实践创新能力培养”，载《中国科教创新导刊》2010年第16期，第233页。

项目设计提供完整配套支持。

就校外实践基地而言,其是学院为充分利用社会资源,丰富学生实践教学内容而与校外企事业单位共建的教学基地。地方性高校应立足本地经济发展的需求,积极参与本地的经济发展活动,学校要制定政策鼓励、支持教师参与社会实践。只有这样,才能保证教师有机会和条件积极参与本地区的各行各业的科技研发与业务经营等活动,与政府、企业建立广泛的联系和多种多样的合作,从而为社会培养和提供所需的复合型高级人才。① 高校应建立长期、稳定的校外实践基地,明确双方权益、义务和责任,师生可在实践基地内开展各项培训和学术研讨,既为学生提供了实践创新的场所,也为在校教师积累实践经验提供了便利。

四、搭建平台丰富"第二课堂"

本科生参加社会实践或学科竞赛,对于全面提高人才培养质量具有十分重要的意义。丰富多彩的校园文化和课外科技活动与课堂教学是相互呼应、相互渗透、共同教育的过程。因此,积极创造条件,开展丰富多彩的校园文化和科技活动,有利于创新能力的培养。鼓励和资助大学生成立各种学术团体,开展各类讲座、竞赛和科技活动如学术报告、参与教师科研课题、撰写报告、发表学术论文等。社会实践是知识与技能转化为生产的必由之路,在服务社会的同时,使学生更多地认识实践、寻找问题、确立目标、发现不足,以提

---

① 曹旭华、南仲信:"德国应用科学大学实践学期教学模式研究",载《浙江科技学院学报》2010年第22卷第5期,第386页。

高能力和实现创新的目的。①

（一）科技创新活动

开展大学生创新活动的目的在于营造一种浓厚的科技创新的校园文化氛围，激发学生崇尚科学、追求真理的主动性和深层次的学习动力。项目选题由学生根据自己兴趣、特长自行选择，学生可以以团队形式完成项目，他们是项目的组织者、执行者，在研究项目的过程中，学生的想象力、创新能力得到训练，综合运用理论知识的能力得到了提高，而指导教师成为项目的服务者。通过充分发挥学生的主体地位，全方位地调动学生的参与积极性与参与程度，让学生对问题进行独立、充分地思考和分析，达到培养学生创新精神、开发创造性思维的目标。② 团队协作完成科研项目，对团队成员间形成团队合作精神、与他人有效沟通和交流能力起着积极作用。在与团队成员交流沟通的过程中，学生表达能力也有所提高，团队协作能力得到有效训练和发展。

（二）结合专业开展的暑期社会实践活动

文化产业相关专业注重在实践课程中注入专业特色，将部分课外活动与科研训练相结合，既为专业发展奠定基础，也为学生各种能力的锻炼提供契机，实现人才培养与学科建设的有机结合。此举在暑期社会实践中普遍使用，结合文化产业专业特色主题，利用暑期，在专业教师的带领下，与学生组队赴上述地区进行专项调研，并撰写调查报告。实践中，学生团队协作、人际沟通、表达、分析决策、创新思维等能力都得到锻炼，专业知识与技能的运用能力得到

---

① 李阳：《我国高校本科实践教学及质量保障体系研究》，天津大学 2006 年硕士学位论文，第 40 页。
② 黄振："着眼于创新精神和实践能力培养的实验教学——综合性实验、实习的教学设计"，载《中国科教创新导刊》2009 年第 8 期，第 36 页。

提升,同时这些主题研究也为文化产业专业提供丰富的案例资料,促进学科发展。

参考文献

1. 尹敏,陈满乾. 构建高校复合创新型人才培养模式的思考[J]. 安徽理工大学学报(社会科学版),2009(9):102-105.

2. 陈海宁,李湘健. 试论教学研究型大学实践教学多元化模式的构建[J]. 中国高教研究,2004(10):73-74.

3. 黄振. 着眼于创新精神和实践能力培养的实验教学——综合性实验、实习的教学设计[J]. 中国科教创新导刊,2009(8):35-36.

4. 安然. 高校与地方产学研合作培养复合型应用型外贸外语人才的实践教学模式探索[J]. 鸡西大学学报,2011(2):69-70.

5. 王德宜,朱庆仁. 独立学院实践教学模式构建探析[J]. 淮北师范大学学报(哲学社会科学版),2011(1):184-186.

6. 王波. 实践教学管理模式的创新探索[J]. 江苏技术师范学院学报,2011(17).

7. 王勇,张游. 关于创新高职实践教学模式的研究[J]. 常州轻工职业技术学院学报,2006(1):8-11.

8. 姚吉祥,汪本强. 国外院校提升教师实践教学能力的成功经验及对我国的启示[J]. 安徽科技学院学报,2010(5):59-62.

9. 曹旭华,南仲信. 德国应用科学大学实践学期教学模式研究[J]. 浙江科技学院学报,2010(5):386.

10. 陈超,赵可. 国外大学实践教育的理念与实践[J]. 外国教育研究,2005(11):32-38.

11. 于建川,关佳佳,李娇月. 国外本科实践教学经验与启示[J]. 黑龙江教育(高教研究与评估),2011(4):71-73.

12. 文彬. 实践教学管理与质量监控与保障体系的研究[J]. 湖

南工程学院学报,2009(4):115-118.

  13. 董盈盈. 关于我国大学生实践能力及其培养的研究. 华东师范大学硕士学位论文,2007.

  14. 周绍斌. 高等院校培养本科应用型人才的问题与对策研究. 西南大学硕士学位论文,2007.

  15. 李阳. 我国高校本科实践教学及质量保障体系研究. 天津大学硕士学位论文,2006.

文化產業觀察
Cultural Industries Observation Vol.1 (第一辑)

资源·发掘

云南建水紫陶的发展

蔡玉绮

一、建水紫陶简介及历史沿革

笔者有幸在大二暑假期间有机会前往云南红河州当地针对多文化地区的文化产业进行考察。在考察的过程中,笔者对建水紫陶这个古老而又新兴的文化产品产生了兴趣。笔者主要走访了云南省建水县国家级非物质文化遗产生产性保护示范基地——贝山陶庄文化产业有限公司,并通过与陶庄主人,国家级工艺美术师向炳成先生的对话来进一步开展对于建水紫陶产业的文化考察。

根据向先生的介绍,建水紫陶是以阴刻阳填和无釉磨光为制作工艺的高温泥陶,其器型一般有:花瓶、茶具、汽锅等分类。建水陶正式从陶艺手工业中分离出来,并自成一派是在清朝末年。而迄今为止发现的最早的一件建水紫陶作品是道光年间的一个烟斗。但是该作品无论从工艺还是外形上来说都已经非常成熟,所以建水紫陶真正的形成年岁应该远不止于官方定论的清朝末年。1953年向逢春带着80多件紫陶产品到北京参加首届全国工艺美术展览会,以刊刻雕填、无釉磨光的独特工艺受到全国工艺美术界的好评,部分展品被选送到国外展出，由此建水紫陶被称为"中国四大名陶"之一①。而今，随着国家对文化产业地位越来越重视，建水紫陶的发展市场日益开阔，需求量也呈逐年递增的态势。从2002年至今的10年间，建水紫陶的制作工坊从原先的1家发展到了如今的100多家，其经销商更是遍布大江南北。而根据向先生的描述，其所有的贝山陶庄的年产值超过600万元，而其也正在斥资400万元，新建一座占地110亩的建水紫陶产业园区。向炳成自我打趣道，2005年的他还是个开着摩托车的流浪艺人，靠着建水紫陶市场的不断扩大，在短短7年间，他成为拥有四辆私家车的行业领军人物。云南省紫陶研究会秘书长马行云表示，紫陶是2012年云南最具投资价值的文化产业之一，2011年建水紫陶文化产值突破6000万元，2012年产值预期可翻番，超过1.2亿元。②以上种种的迹象都表明建水紫陶近年来欣欣向荣的发展态势以及其未来市场的巨大潜力；这个产业是可以帮助建水乃至云南地区群众脱贫致富的有效途径，亦是保护与传承建水传统非物质遗产文化的使者。

二、建水紫陶具体工艺技术

经笔者详细了解之后，认为建水紫陶能够后起勃发的重要优势有两个，分别是其得天独厚的客观自然条件和独一无二的艺术工艺特色。

---

① 《关于加强建水紫陶工艺传承保护与开发利用的调研报告》。
② 肖宇辉．"建水紫陶今年产值将破1.2亿"，载《昆明日报》2012年2月17日第12版。

（一）陶土储量丰沛

云南建水的五色土具有其他陶土所无法比拟的丰富储量，这是连"陶都"宜兴都无法企及的事实。这一点正是建水紫陶在未来几十年甚至上百年的发展过程中最重要的客观自然优势。现在的宜兴紫砂已经到了"寸土寸金"的地步，当初几十元一吨的宜兴紫砂现在已经到了七八千元一吨。究其原因，自然是现存的宜兴紫砂矿储量已经十分稀少，物以稀为贵，其价格自然也就水涨船高。为了保护紫砂矿，宜兴市政府更是全面叫停了黄龙山紫砂土的采矿权，并承诺三年内不再发放采矿许可证。这一做法更是激得宜兴紫砂坐地起价，增加了其制作成本。而相较于制作环节中最为重要原料基础已经岌岌可危的宜兴紫陶，建水紫陶则占尽地利的先机，200元一吨的市价大大降低了建水陶的制作成本，为刚刚起步的建水陶进一步打入陶艺市场并拓展中低端市场打下了坚实的基础。

（二）特殊工艺

建水陶独一无二的艺术特色是其另一个得天独厚的优势。其艺术个性就体现在泥料配置、周身纹饰以及特殊工艺上。

首先，建水紫陶的泥坯是运用当地的红、黄、青、紫、白五种泥土，经过精心调制而成的五色陶泥。其泥料细腻的程度连名闻遐迩的宜兴紫砂都只能望洋兴叹。加之建水出产的五色土中富含铁元素，使得烧制出来的陶品质地细腻，光亮如镜，轻轻敲击便有金属之声。其素有"体如铁、色如铜、亮如镜、声如磬"和"花瓶装水不腐，花盆栽花不烂，茶壶泡茶愈香，餐具存肴不馊"等特点，具有较高的艺术价值、收藏价值和使用价值。[①] 同时，其陶泥原料中几乎不含对人体有毒害的物质，远低于国家规定的2%的标准。

---

① 马行云：《云南建水紫陶》，云南科技出版社2011年版，第13页。

其次，建水陶另一个让人印象深刻的地方在于它独一无二的制作工序。阴刻阳填是指在陶坯落墨之后，用专门的刻刀将图文转刻出来后再以彩泥"阳填"入雕刻后的图文缝隙中。其每笔每划的深度都可达到三毫米之深，可谓入木三分。以此技制作的陶器可以永葆生动的外观和鲜亮的色泽，而非仅浮于表面。陶坯制作完成之后，便需要入窑烧制，建水紫陶的烧制温度往往都高达1200℃左右，这可以使烧制过后的陶坯变得质硬而光洁，敲击便可得磐石般沉稳而厚重的声音。在制作工序中最后一道工序就是无釉磨光，制陶者运用河里采集的沙石经去虎皮、擦丝、抛亮三个步骤之后将烧制成型的紫陶打磨得光可鉴人，增加了其大气而饱满的器型特质，手感更是胜似玉质。

（三）特色纹案

最后，建水紫陶的周身纹饰也可体现出其独特的艺术个性。除了制作工艺、泥料特殊之外，更是将传统的书画艺术运用于紫陶身上，使其不仅是一种实用的生活用品价值，更是让建水紫陶成为有审美价值的艺术品。而一般的陶品，多从造型和品种上下功夫，至于把传统书画搬上陶器作为纹饰，似乎是建水紫陶的另一个独具之笔。

三、建水紫陶发展现状

随着对现有的紫陶文化资源的进一步认识，云南省建水县政府对于建水紫陶这个不可多得的宝贵文化资源进行了由浅而深的整合和发展。

首先，政府大力发展宣传文化亮点，举办各类活动以求进一步扩大建水紫陶在全国范围内的知名度。近几年建水县政府组织建水紫陶精品积极参加省和国内外的比赛、会展，先后荣获金奖10余项、银奖30余项、铜奖40余项。2010年5月，13件建水紫陶精品作为云南非物质文化遗产的代表在上海世博会云南馆展出，受到社会各界和世界各国来宾的称赞，紫陶工艺品"哈尼茶贮"还被选为世博会乙类高级礼品馈赠各国元首。目前，"建水紫陶"证明商标已通过国家工商总局商标局初审，6月将获得批准，"中国名陶之乡·建水"已经申报成功。① 同时，政府通过大力宣传引导当地居住百姓意识到自己生活中的日常用具所拥有的经济、文化价值。通过发动全体居民进一步产业化发展这些文化用具，可以达到全民发展建水紫陶文化产业的繁荣状态。

其次，建水县政府在认识到建水紫陶这个珍贵的文化遗产之后，在非遗申报和保护方面的工作成效显著。建水紫陶烧制技艺于2008年入选第二批国家级非物质文化遗产名录，陈绍康和袁应德、马成林、向炳成等7人入选云南省和建水县非物质文化遗产保护项目代表性传承人，绍康陶艺、陶茶居、贝山陶庄、火宝陶艺等被列为传承点。② 同时，建水县政府也在"十二五"计划中明确提出了加强非物质文化遗产保护的目标。将非物质文化遗产抢救保护工作纳入文化遗产保护的重要内容。制定出台相应的保护规划和办法，设立非物质文化遗产保护专项资金，建立健全专家评审和分级投入、分级保护等非物质文化遗产抢救保护机制。鼓励、资助和扶持传承人进行传习活动，弘扬和传承非物质文化遗产资源，对文化遗产进行动态的、持续性的保护。③

另外，为了进一步盘活建水紫陶艺术，建水县政府计划将其与已经发展得颇具规模的云南旅游行业相结合，将具有浓厚的文化底

---

① 《关于加强建水紫陶工艺传承保护与开发利用的调研报告》。
② 同上。
③ 《建水县"十二五"文化产业发展规划》。

蕴及开发价值的紫陶行业参与到文化旅游产品的开发，繁荣和推进建水工艺品业。

最后，政府对于建水县的基础建设初见成效，为文化资源和文化产业的进一步推进和宣传作出了贡献。自从2005年4月，建水被列为云南县域文化建设试点县之后，建水县政府将文化建设作为重点工作。为了辅助文化建设工作的展开，政府在公共文化建设上不断加大投入。在完成了城区、城郊网络光缆升级改造，扩大了网络覆盖面，提升了节目传输质量的同时，兴建了一批重点文化设施，形成了一批公共文化服务骨干单位。公共文化基础设施的逐步完善，有效地引领了先进健康文化的传播。更重要的是让县里普罗大众对于文化产业和日常生活中所掌握的文化资源形成了初步的认识。

但是不能否认的是，1953年与江苏宜兴、广西钦州、四川荣昌的制陶同时摘得"中国四大名陶"桂冠的建水紫陶，在之后数十年间被宜兴陶、钦州陶领先千里，而渐渐被人所淡忘。于2004年才搭载着"普洱茶"的顺风车再次回归众人的视线。其中毋庸置疑存在某些问题。

建水紫陶由于发展时间较短，其制作工艺中特有的"五色泥"储量仍旧非常丰富，这点是紫砂矿就快枯竭的宜兴所不能及的客观条件，但建水政府认为建水陶这一行业是小产业，对城市建设毫无作用的主观态度直到近年才有了较为明显的变化。在我们采访的过程当中，向炳成先生对此也颇有感触，他曾不止一次地提到这个问题。他坦言，他历任三届的政协委员，政府对于紫陶行业的态度从一开始的放任不管，任由紫陶行业自身自灭的态度，到后来由于建水陶行业兴起，政府希望把紫陶行业给做好。而现在则是希望将建水紫陶行业做大做强。虽然政府在建水县文化产业规划中明确提到了：要加大对文化产业发展的扶持力度，进一步加快文化产业结构调整，进一步推动文化产业内容创新，进一步完善文化市场体系建设。① 同时也重点提到了加大对紫陶行业的扶持力度。但是到目前为止，政府方面仍旧没有出台如在政策、融资、行业管理等方面扶持建水紫陶产业发展的相关政策。由于政府先前的引导工作不到位，建水紫陶行业当下还是处于自发、无序、散乱的状态。在进一步采访的过程中笔者发现，至今为止云南全省上下还没有一个国家级工艺美术大师的诞生；同时，约54万人口的建水县，从事专业紫陶生产的作坊42户，相关企业商铺60多家，而从业人员仅2000多人。②在问及建水是否有大型的紫陶交易平台时，向先生的回答更是无奈："建水紫陶还没有建立完整的平台，只在碗窑村作坊自发的有一条街，一家家的开店铺。"家族传承原本是建水陶最主要的传承方式。但这种传承，是在以家庭为单位的作坊式生产中得以实现的，家庭成员就是制陶作坊里的工作人员，老辈就是老师，小辈就是学生。③ 据笔者了解，建水紫陶更令人担忧的是，由于紫陶行业的蓬勃发展与滞后的产业政策法规的相互落差，形成了一段时间内，建水紫陶企业的无序、散乱状态，民间企业之间的恶性竞争时常发生。类似相互挖角，专业人才的大量流失以及剽窃盗用专利的现象时有发生。更有甚者，连"工艺师"的荣誉称号都可以运用金钱进行"暗箱操作"，私相授受。在这样尔虞我诈的恶性循环下，许多关于紫陶制作的消息无法内部流通，无法形成互帮互助共同进步的良性发展，使得各个企业作坊都各自为政。

---

① 《建水县"十二五"文化产业发展规划》。
② 龚建国、黄鹏辉："建水紫陶：'我的未来不是梦'"，载《红河日报》2010年8月22日第1版。
③ 吴昊：《建水陶传承方式的研究》，云南艺术学院2013年硕士学位论文。

四、建水紫陶与宜兴紫陶产业发展对比与问题分析

在此，笔者引入一些"陶都"宜兴的发展案例，以作比对。

江苏的宜兴紫陶已经发展得非常成熟，享誉全国乃至海外。包括国家级工艺美术大师李昌鸿、鲍志强大师在内的形形色色的制陶大师达百人之多。这与宜兴市政府的大力扶持政策尤为相关。宜兴市政府不但为陶瓷产业发展建造平台，开发建设了"陶都工业园"，并建设了"中国紫砂城"和"中国紫砂博物馆"。其中中国宜兴陶瓷博物馆，馆藏陶瓷精品8000多件，是中国藏品最多、规模最大的陶瓷博物馆。[①] 同时，宜兴市政府在《宜兴市"十二五"文化发展规划（摘要）》中明确提出：要建设反映7000年陶文化脉络的骆驼墩大遗址、紫砂陶文化公园和陶艺大师展示场所等，推进宜兴陶瓷博物馆改扩建，展现陶文化轴。[②]

宜兴市政府高举"保护"与"发展"的大旗，为陶瓷产业的健康发展"保驾护航"。政府有形的"手"紧握市场无形的"手"，为陶瓷产业开辟出一个广阔的发展空间。早在2004年，宜兴陶瓷出口额便突破1亿美元，同比增长11.8%。[③] 同时，在政府的大力扶持之下，宜兴的陶瓷私营企业和家庭作坊遍及丁蜀、大浦一带。根据笔者对宜兴的了解，现在宜兴的常住人口据不完全统计有130万人，而其中有超过90万的人口在从事与紫砂有关的行业。如果走进宜兴

[①] 戴军、文强、伟刚："古老陶都绽新葩"，载《无锡日报》2005年4月19日第4版。

[②] http://www.yixing.gov.cn/default.php?do=detail&mod=article&tid=422449，访问时间：2014年3月14日。

[③] 戴军、文强、伟刚："古老陶都绽新葩"，载《无锡日报》2005年4月11日第4版。

市以陶艺创作闻名的丁蜀镇,随处都可以看到全家人共同制作紫砂壶的忙碌景象。此外,宜兴紫陶在多年的经营磨炼之后,逐渐步入正轨,从而产生了自发的宣传与行销行为。2007年,首部系统诠释紫砂文化的八集电视艺术片《中国紫砂》在宜兴市举行了隆重的首播仪式及 DVD 首发仪式,以紫砂工艺为代表的陶瓷文化,在海内外掀起了新的冲击波。①

不得不提的另一点是,在长期的良性发展态势下,宜兴紫陶已经走向了市场,完成了产业化的转变。据官方资料显示,宜兴的大多数陶瓷企业都已经积极采用先进工艺、技术和装备推进产品创新,不断扩大陶瓷产品的应用范围和领域。如在 2011 年,包括江苏省陶瓷研究所有限公司研发中心项目在内的十大总投资达 12 亿元的重点项目,就是配合瓷产业园区的需要,力争与其进一步的发展相配套。宜兴市书记董平强调要瞄准建设全市科学发展排头兵的目标,继续创优发展环境、凝聚发展后劲、打造产业优势,更好地兴一方事业,富一方百姓。② 由此可以看出,宜兴紫陶已经具备了完整的产业链和批量生产的能力。

通过上述部分的相互比对,我们可以清楚地看到建水紫陶行业现阶段出现的一些问题:

政府扶持力度小,政府官员对于该行业的态度还未明确。云南及建水政府在早期并没有把紫陶产业作为重点发展、扶持的行业,没有深刻地认识到文化在经济社会发展中的重要作用,导致建水紫陶产业的年产值一直处于低迷状态。而政府或者某些官员为了保证每年的绩效和所必需的财税收入,便无视于紫陶这个"鸡肋"产业,转而将更多的精力放在了其他类似冶金的"高产"行业中。这样便

---

① 戴军、文强、伟刚:"古老陶都绽新蕾",载《无锡日报》2005 年 4 月 11 日第 4 版。
② http://www.yixing.gov.cn//zgyx/tzyx/tzdt//20111019/092656968.html,访问时间:2012 年 12 月 6 日。

形成了一个恶性循环。

同时,政策、融资、行业管理、知识产权保护等方面的相关措施仍未出台。例如,在当地的紫陶产业中几乎没有艺术品经纪人这个概念从而直接导致了市场的混乱。正像《文化产业政策与法规》一书中提到的:由于缺乏艺术品经纪人制度,艺术品难以与市场接轨,艺术品就很难通过正规渠道进入市场,导致艺术品走私现象严重。[①]虽然近年来随着人民精神层次追求不断上升以及国家大力推进文化产业的发展,建水紫陶已经显露出其巨大的市场潜力。红河州以及建水当地政府的"十二五"规划中,都已经将建水陶的发展划为重点。但可惜的是,笔者在众多的官方文件中仍旧没有找寻到类似建立经纪人制度等的行业规范,或是对私人制陶企业融资、经济扶持方面的官方政策。

紫陶行业内部产生恶性竞争。在当今的私人紫陶企业中,任意挖角其他企业中的佼佼者,并且无视某些产品的专利保护私自模仿售卖的现象屡见不鲜。导致建水紫陶产品在行业内部器型都较为相似,没有个性的闪光点。同时政府部门没有立下产业评审的标准,使得产业内荣誉称号竞争混乱,甚至发生了用金钱购买头衔的现象。

对于资源保护的意识尚未形成。笔者在考察中特意留意了有关建水陶土的问题。现在的建水政府虽然已经建立了办公室在统筹管理陶泥储备,并已经将建水的陶土列为陶土矿加以保护。但这也仅是在表面做文章,并起到没有实质的作用。陶土资源储量不清,没有专门进行过勘查,无保护规划措施,无序开采、滥用浪费优质陶土现象突出,甚至出现陶土资源外流到昆明、宜兴等地的现象。[②] 在采访向先生的过程中,当被问到有关紫砂矿储备量的问题时,他略

---

① 陈杰、闵锐武:《文化产业政策与法规》,中国海洋大学出版社 2010 年版,第 49 页。

② 《关于加强建水紫陶工艺传承保护与开发利用的调研报告》。

带自豪地说:"这个储量太大了。这是大好啊,所以资源问题是没问题的,一万年十万年干不完的。"当被问及究竟有多少时,向炳成只说在建设和临县都非常丰富,但究竟储备量有多少他也不太清楚。作为行业的领军人物,连向炳成先生对于息息相关的陶矿都一知半解,甚至几乎没有表现出对于陶土矿资源进行保护的意愿,可想而知,现在整个建水紫陶行业对取之有尽的矿产资源未雨绸缪的保护意识还十分缺乏。

专业人才的缺乏体现出建水紫陶行业的基础建设以及文化遗产保护传承力度不够。在建水紫陶行业中,私人企业相互挖角的事情时有发生,究其原因便是如今匮乏的人才资源跟不上紫陶行业发展的步伐。目前从事建水紫陶制作行业的人员并未有专门的技术学校予以培训而且多靠企业内部自行培训。很多的从业人员甚至在入厂之前对于紫陶产业全然无知,经过1~3个月的培训后即可上岗。由于书画家与刻填师缺乏交流(也缺乏时间),再加上当前人们对刻填艺术的认识和研究不够,刻填技艺不能表现出书画应有的意蕴,使整个装饰呆板僵硬。① 在这样的情况下根本无法培养出拥有自主创作能力的高等的陶艺人才。只靠已经成名的几位大师,传统工艺虽然能保留却很难更上一层楼。

文化资源充足,却还尚未形成文化产业。建水紫陶现有的陶土矿储备量充足、传统独特技艺保持完整、未来市场发展潜能无可估量。在如此充足的文化资源背景下,建水紫陶却还没有适应产业化的转变。首先,其正式的市场平台尚未构建,仅有碗窑村一条自发开设的商铺小街,不能为全国各地陶品爱好者提供广阔的交易平台,从而达到打响名号的目的。其次,生产分工尚未细化,大部分仍旧是传统的作坊经营方式,根本达不到产业化最主要的批量生产的要求。最后,营销环节落后缺乏,没有与当地旅游等特色资源结

---

① 武德忠:"建水紫陶与建水历史文化的突围",载《红河日报》2010年7月31日第3版。

合发展。缺乏配套的产业链和批量生产的能力是文化资源转化为文化产业最致命的劣势。就像红河州政府自已已经认识到的那样："建水紫陶企业普遍规模不大,家庭作坊式企业居多,在管理、技术人才的培养引进方面存在较大困难。"①

最后也是非常重要的一点便是,建水紫陶行业虽然拥有傲人的艺术资源和独一无二的技术支持,但是却没有一个明确的发展思路和中心的品牌理念。如何能将古老深厚的建水紫陶文化融入现代生活,符合现代人的生活理念,加入适合现代生活理念的兼顾实用和欣赏的元素,同时,突出与其他三大名陶不一样的独属于建水紫陶的特色卖点,是现在建水紫陶行业急需解决的重要问题。

五、建水紫陶产业发展可行建议

通过对上述建水紫陶行业优劣势的分析整合,笔者列出以下几条解决方法,以供参考。

党的十八大明确提出:"要积极发展公益性文化事业,大力发展文化产业,激发全民族文化创造活力,更加自觉、更加主动地推动文化大发展大繁荣。"故而,政府必须重视文化产业在现代经济发展中不可取代的支柱地位。切莫因为求胜心切将眼光放在短浅的近期税收等因素上而忽视了建水紫陶产业的发展。如同胡惠林教授在《文化产业学》一书中提到的:"在一定意义上,我们今天对文化市场和文化产业的认识,以及以此制定的文化产业政策的合理性,将影响这今后相当长一个时期我国文化产业的发展,并且还会进一步影响我国整个经济产业结构的调整和升级。"②红河州政府理应尽快出台

---

① 《关于加强建水紫陶工艺传承保护与开发利用的调研报告》。
② 胡惠林著:《文化产业学》,高等教育出版社2009年版,第38页。

包括法律、行业规范、优惠政策等在内的各项管理与扶持政策，扭转建水紫陶行业如今无序、混乱的发展局面。同时，政府可以汲取宜兴政府的做法，在红河州或者建水市建立建水紫陶博物馆，向更多的人介绍和展示建水陶包括历史、工艺在内的一切优势。通过加强政府层面的积极引导、保护、宣传，产业的发展才会更加平稳。

政府以及行业传承者都应重视建水紫陶的传承以及人才培养的基础建设。建水紫陶已经被列入第二批国家非物质文化遗产名录，在保护它的延续的同时更好地在已有的技术支撑上让它发扬光大是政府以及所有从业人员责无旁贷的责任。而设立专门学校，加快专业人才教育的基础建设的推进是传承和发展紫陶艺术的最重要的途径。根据上述事实可以看到，如今建水县从事紫陶生产行业的人数只占全县人口的1.4%，相比之下宜兴市从事陶瓷制作的人口占到了全市人口的将近70%。紫陶行业成为宜兴市全体人民的行业，如此自然就不会存在因人才匮乏而恶性挖角的事件。其内部的制陶消息也可以畅通地相互分享，形成和谐互利的良好局势。其在技术、外观的创新方面也因更多人的智慧火花而不断进步。

政府应该清醒地认识到对不可再生资源保护的重要性，推出相关保护政策。政府应该着手了解建水陶土矿的具体储备量，为未来产业的取用与发展做一个先头规划。合理的划分开采地区先后及范围，不应持续像现在这样给政府规划和保护陶土矿造成困难的无序开采手段。另外，政府应给相应的企业颁发采矿许可证并收取一定的开采费用于作进一步的资源统筹、保护等用途。最后，政府应该通过电视宣传片、建立博物馆、紫陶产业园区等一系列手段加强对陶土资源保护概念的宣传，让建水全县的紫陶企业能够自发地形成资源保护的概念。

要将建水紫陶文化资源转化为文化产业需要做到如下几点：

先决条件便是要打造一个知名的交易平台与市场，作为建水紫陶行业的文化品牌发展的保障。一个行业或者企业一旦创立了自己的文化品牌，便可以产生包括鲜明的品牌识别、增加产品附加值、维护顾客与生产者权益以及满足顾客心理需求的各项市场功能。像如今的宜兴,全国乃至世界都知道它是"陶都",所以陶艺爱好者以及收藏家都会自觉地到宜兴进行考察和交易。因为宜兴陶的品牌影响力可以自动自觉地让顾客在挑选陶器文化产品的时候首选宜兴紫砂壶。品牌影响力可以在一定程度上满足顾客在心理上对品牌的追求以及提供可信的售后服务。①而建水在现阶段的交易市场只有碗窑村自发建立起的一条贩卖小街,其知名度也只限于建水县和周边临县范围之内。"目前建水紫陶的名气并不大,市场也小。紫陶的现状其实也是建水历史文化发展的一个缩影:有价值的历史文化不少,但推得出去的却很少,甚至连建水这个地方也还有很多人不知道。"②故而,消费者对于建水紫陶的品牌还没有十足的信赖感。当务之急就是在政府的主导下建立一个完整的建水陶交易平台,并且通过各路宣传打响名气。如此不仅可以使得本行业内部相关信息在统一的平台中得以相互交流,更可以让全国各省知晓建水这个新兴的"陶都",在依靠紫陶文化产业带动建水当地发展的同时,建立文化品牌、完善市场功能。

要颠覆传统手工作坊的运营模式,将产业的每个环节进行细分以达到批量生产的目的。在考察团采访向大师的时候发现,贝陶山庄从调配泥料、拉坯成型、刻填、烧制到最后的打磨成型都是由其他们企业自己完成的。每天所有工作,事无巨细都由向大师一手包办。这样不仅大幅度减少了他在艺术创作上的时间与精力,同时也限制了其企业的进一步扩大。根据管理学原理中的领导权变理论,即领导和被领导者是某种既定环境的产物。③通俗地说就是一名高

---

① 黄希庭、毕重增主编:《消费心理学》,华东师范大学出版社2011年版,第210页。

② 武德忠:"建水紫陶与建水历史文化的突围",载《红河日报》2010年7月31日第3版。

③ 周三多、陈传明等编著:《管理学——原理与方法》(第五版),复旦大学出版社2010年版,第233页。

明的领导者应是一个善变的人，要根据环境的不同及时变换自己的领导方式。基于该理论，类似向大师这样的企业管理者应不断地调整自己，使自己不断地适应外界的变化，将自己放到一个适应自己的环境中。不要一味地重复过去的传统模式，要根据不断变化的市场体制和要求改变领导策略和管理方法。所以在这里，笔者建议建水制陶企业应尝试将类似泥料配比等一些可以标准化的工序外包出去，进行产业细化，建立现代企业制度。例如做调配标准泥料的有标准泥料公司，企业收购标准泥后再按照独家配方进行加工；刻填工艺有专门的刻填作坊，企业只要把创作的模具分发给各个作坊，让他们按照需求进行制作即可。这样不仅可以节省无谓的工序，大大缩短制作时间，达到批量生产的目的。其节省下来的时间更可以放在核心技术的升级和艺术创作之上。同时，要想让建水紫陶行业产业化就必须依靠专业经理人的帮助。将创作和营销部分分离，各取所长，才能彻底解决现在的建水紫陶企业中普遍疑惑的"搞艺术还是搞产品"的问题。

  要想产业化还得在经销方面做足文章。首先，可以如政府在"十二五"计划中规划的那样，将紫陶这个新兴产业与云南特有的优势产业——旅游，相互结合。活跃的当地文化，如舞蹈、剧院、诗歌、油画甚至食物，都会延长游客在该地区停留的时间并且给予游客对当地文化更深刻的理解。因此，这是一种对经济发展、文化保护均有好处的可行之法。（A lively local culture of dance, theater, poetry, painting and even food, all encourage a visitor to stay longer in the area and give the visitor greater depth of understanding about traditional local culture. Therefore, it is an available tool for economic development and cultural preservation.）[1]将即将竣工的建水紫陶产业园区，或者紫陶博物馆等打造成文化、旅游、观光、体验、传承一体式的新型旅游景

---

[1] Dallen J. Timothy and Gyan P. Nyaupane, *Cultural Heritage and Tourism in the Developing World*, Taylor & Francis Press 2009.

点,让络绎不绝来云南、来红河旅游的游客了解建水陶并主动的作为移动宣传站,打响建水紫陶的名气。其次,建水也可以参考宜兴的宣传经验,通过政府或者企业集资拍摄大型宣传片和纪录片的方式并进行大规模播放来增强紫陶在全国范围内的影响力。

要解决建水紫陶"走出去"的问题,笔者认为建水紫陶可以效仿某些国内品牌,先打响国际市场的名气,转而回国销售。国际市场营销是指商品和劳务流入一个以上的国家或者地区消费者和用户手中的进程,是企业通过计划、生产、促销等创造产品和价值,并在国际市场上进行交换以获取利益的活动。① 在经济学里有一种著名理论被称为"羊群效应"。原因是羊群并非一种非常严谨的动物组织,一旦有一只头羊动起来,其他的羊也会不假思索地一哄而上。经济学家们用这个现象来描述经济个体的从众跟风心理。基于这个理论,如果建水紫陶能在国外发展并打响名声,让外国地区成为"第一只羊",那么,利用这个经济学上的从众心理的作用,建水陶在回国之后发展的阻力会降低许多。

最后也是最重要的一点,要找到建水紫陶融入公共生活的切入点,即文化品牌的市场定位。市场定位是指文化企业根据竞争者现有的产品在市场上所处的位置,针对顾客对该类产品某些特征或者属性的重视程度,为本企业产品塑造与众不同的、给人印象鲜明的形象,并将这种形象生动地传递给顾客,从而使该产品在市场上确定适当的位置的战略工作。②在公共空间的紫陶装饰设计中,紫陶的器型、造型、装饰内容应与公共空间中活动人群的文化职业、身份和公共空间的性质等诸多因素有着密不可分的关系。也就是说,公共空间的用途、性质的不同,决定了选择不同的紫陶作品。③ 专业技

---

① 赵泽润、许瑶等编著:《文化市场营销学》,中山大学出版社2010年版,第176页。
② 赵泽润、许瑶等编著:《文化市场营销学》,中山大学出版社2010年版,第147页。
③ 龚建国:《浅谈建水紫陶的发展与创新》,云南艺术学院2012年硕士学位论文。

术、富有个性的刻填图案都是专业玩家级人物才能看懂的门路，但大多数的现代人出于对精神层次的追求，购买陶制品已经不仅仅是为了其实用的物质价值。他们对产品的追求实则是对自己生活理念和态度的一种侧面体现。而建水紫陶恰恰在融入现代公共生活的品牌定位和产品理念上非常欠缺。笔者以现在非常流行的"小清新"品牌"初刻网"、"宜家家居"、"无印良品"等品牌为例进行一些阐述。他们的产品在一定意义上并没有那么的夺人眼球或者惊艳四座，但是他们有着非常明确的品牌价值——慢生活。这些品牌为变得越来越繁忙但却越来越追求精神享受的现代人这样一个特定群创造了一个概念——用他们的产品就是在享受生活的情调。这一点恰到好处地把握住了消费者想要的现代生活理念，找到了文化性与消费者的共鸣之处从而使人们记住自己的品牌。商业就在这里开始。建水紫陶只有找到了融入公共空间的切入点和特定受众，找到符合群众心理追求和生活理念的专属建水紫陶的品牌概念，从器型的设计改变到核心品牌价值的确定进行改变和创造，才能以此为中心展开进一步发展。

就像云南艺术学院设计学院的董万里教授说的那样："就建水紫陶目前的发展状况来看，要把原汁原味的东西保留住。但是，如果一味地保存，不求发展，这种保存是很难保存的。"建设紫陶行业在如今这个形势大好，却还没稳当迈出第一步的特殊时刻，必须要在当地政府的全力配合引导的大前提之下，在传承之中求发展。结合现代化标准流水线批量生产的产业化方式，彻底颠覆建水紫陶一贯的作坊式经营方式和行销概念，让建设紫陶这个沉默于现代发展的珍贵文化资源重新焕发新的活力。当然，要在一朝一夕之内赶上已经产业基本发展成熟的宜兴仍旧不现实，要让建水紫陶行业完全沿着宜兴紫砂陶的发展路线走更是无稽之谈。当中不仅存在发展阶段不同的问题，更存在不同艺术品的个性差异。笔者更希望建水紫陶行业可以在吸取像宜兴等已经走过风雨飘摇的起步阶段的"前车"的经验与教训的基础上，走出一个更符合当地、建水陶个性的发展道路。

参考文献

（一）著作及译著类

1. 陈杰，闵锐武. 文化产业政策与法规. 中国海洋大学出版社，2010.
2. 胡惠林. 文化产业学. 高等教育出版社，2009.
3. 黄希庭，毕重增. 消费心理学. 华东师范大学出版社，2011.
4. 马行云. 云南建水紫陶. 云南科技出版社，2011.
5. 赵泽润，许瑶等. 文化市场营销学. 中山大学出版社，2010.
6. 周三多，陈传明等. 管理学——原理与方法（第五版）. 复旦大学出版社，2010.

（二）期刊报纸类

1. 肖宇辉. 建水紫陶今年产值将破1.2亿. 昆明日报，2012-2-17.
2. 武德忠. 建水紫陶与建水历史文化的突围. 红河日报，2010-7-31.
3. 龚建国，黄鹏辉. 建水紫陶："我的未来不是梦". 红河日报，2010-8-22.

（三）外文论著

Dallen J. Timothy and Gyan P. Nyaupane, Cultural Heritage and Tourism in the Developing World, Taylor & Francis Ltd., 2009.

（四）论文类

1. 龚建国. 浅谈建水紫陶的发展与创新. 云南艺术学院硕士学位

论文，2012.

2.吴昊.建水紫陶传承方式的研究.云南艺术学院硕士学位论文，2013.

（五）网络资源

http://www.yixing.gov.cn/default.php（江苏宜兴市官方网站）.

（六）政府资料类

1.《关于加强建水紫陶工艺传承保护与开发利用的调研报告》.
2.《红河州"十二五"文化产业发展规划》.
3.《建水县"十二五"文化产业发展规划》.

唐卡艺术与产业集群发展
——以热贡国家文化产业示范基地为中心

刘大庆

一、唐卡概述

唐卡，藏语 hangka，也叫唐嘎，根据《藏汉大辞典》[①]的解释，意为："卷轴画，画有图像的布或纸，可用轴卷成一束者"。它是最初起源于古印度和尼泊尔，成熟于 17 世纪的中国西藏地区的一种宗教卷轴画，是西藏地方绘画的主要形式之一。其绘制题材涉猎十分广泛，在以藏传佛教文化为主要内容的基础上，同时还包括重大历史事件、历史人物、民间传说、风土人情以及藏医科技等，内容涉及宗教、政治、经济、历史、人文等社会生活的诸多方面，直观而又形象地展现了藏文化的博大精深和藏族人民群众的精神状态和聪明才智，堪称藏文化的"活化石"和百科全书。

唐卡艺术形式的起源在相关学界一直都存在争论，部分学者主张唐卡源于印度、尼泊尔地区，也有人认为其诞生地就为西藏本土，

---

① 张怡荪：《藏汉大辞典》，民族出版社 1985 年版，是中国第一部兼有藏文字典和藏学百科全书性质的综合性藏汉双解大型工具书。

甚至有部分学者经考证认为唐卡源自中原汉地，是由汉地卷轴画演变而来的。

根据《大昭寺志》的记载，吐蕃赞普松赞干布在一次神示后用自己的鼻血绘制了《白拉姆》像，文成公主亲自将其装帧。这是关于藏族卷轴绘画的最早记载，但对于判断这幅卷轴画为唐卡还欠周详，仍需考证。但就目前而言，我们所能见到的最早的一幅唐卡是大约绘于10世纪左右的藏传佛教后弘期的《绿度母》。

早期的唐卡由于各方面条件所限，构图简练，多以人物为主，笔触多直线。在经过一定时间的技术积累和其他绘画形式的影响，到了藏传佛教的后弘时期，造型准确、比例适当，注重心理表现的唐卡开始出现，为后世唐卡的发展奠定了坚实的基础。

到了明清时期，藏地文化迎来了一个快速发展的时代，唐卡也进入了鼎盛时期。一时间，各种受不同教派资助的绘画流派如雨后春笋一般出现在这片圣洁的高原上，勉唐、钦则、噶玛嘎孜三大主流以及由其分流出的一些画派，它们绘画的技法各有千秋，都具有鲜明的特征。通过彼此的交流借鉴融合发展构成了一个共生体，犹如一棵枝繁叶茂的大树深深地植根于青藏大地上，共同奠定了藏地的绘画艺术风格，使唐卡成为藏传佛教的一个重要的象征符号。这一时期的唐卡造型比例适当、颜色丰富多变、细节描绘充分、华丽富贵，构图也更加规整，充分展示了画师们高超的技术造诣和唐卡艺术的鲜明的特色。《佛说造像度量经》①的出现更是为唐卡绘画提供了各种详尽的制式标准和丰富的技巧。到了19世纪，新"嘎玛贡"画派在既有的风格基础上，开始追求汉画设色雅致、清新的风格，开创了"汉风"时期。时至今日，唐卡的绘画艺术风格更加丰富，在遵循《造像度量经》基本要求的基础之上，一些唐卡大师开始更多地融入了自己的艺术创作，使唐卡更受市场和广大人民群众的

---

① 作者舍利弗，后经清乾隆时期工匠工布查布译为汉文，记载的主要是诸佛圣像的标准尺寸、比例关系，被誉为唐卡绘制的工具书。

欢迎。

正如上文所述，作为藏传佛教象征符号的唐卡艺术，其主题和内容必然多以宗教题材为主，诸佛圣像、曼陀罗以及宗教传说更是其永恒的主题。除此之外，在唐卡艺术漫长的历史演进过程中，随着佛教文化的发展和藏族人民群众的社会需求的不断提高，唐卡也开始被赋予越来越多的使命，因此也出现了很多涉及历史人物、传记故事、祈福禳灾、祭祀还愿的唐卡，涵盖了政治、经济、文化、宗教、科技等各个层面。这些具有社会教化、历史记载功能的唐卡的出现不仅丰富了唐卡的内容，而且还构筑起一个完整、庞大的藏文化体系，使这一凝聚着浓郁的宗教特色以及地域特色的少数民族文化得以展现在世人面前。

（1）造像类唐卡。这类唐卡主要是藏传佛教的各类佛、菩萨、罗汉、度母等人物圣像和化身像，同时也会描绘一些各类高德大僧、教派祖师等的圣像，比较著名的有宁玛派的祖师莲花生、格鲁派及黄教的祖师宗喀巴等。按照传统的唐卡艺术的技法要求，其人物造像类多以寂静相、忿怒相以及寂忿相为主。此类唐卡多采用中心构图的方式，以人物圣像为主体，居于整个画面的中心位置，背多衬以光环或佛龛，四周以僧人、徒弟、护法对称环绕，下常设有莲花宝座或坐骑，四周边缘等处多以人物化身像、法器填之，再以祥云花草点缀其间，整个画面色彩鲜艳、富有层次感，内容翔实、充盈，在整体的布局上追求对称稳定，不同主体之间比例准确、位置恰当，对于细节的刻画更是精益求精、须毫可见，对于人物的描绘可谓是栩栩如生、眉目传神，不仅人体各部位比例彼此协调，而且生动形象地勾勒出人物的动作神情和威严的姿态，颇具西方写实风格以及传统工笔画的神韵，为我们塑造了一个有血有肉的人物圣像，给人以一种肃穆、崇敬之感。这不仅是唐卡在绘制过程中必须严格遵循《造像度量经》的要求结果，更体现了唐卡画师的鬼斧神工般的精湛技艺。目前，此类唐卡数量巨大，市场接受程度较高，是寺院和民间用来供奉、收藏的主要对象。

（2）佛本生故事唐卡。这类唐卡相对于造像类唐卡来说更偏重于它所具有的故事性和情节性，主要职能就是通过绘画的形式再现众佛陀在成佛以前维持修炼、普华众生、救济他人的故事，而这些故事大多都蕴含着佛教的一些道义主张和因果轮回的观念，从而实现教化大众、净化心灵的功能，以期获得广大信众对于佛教的强烈认同感和归属感。佛本生故事唐卡大体上可以分为独幅画和组画两种形式：独幅画，顾名思义就是单独成画，和造像类唐卡类似，它同样是以佛陀圣像为中心、多以寂静相为主，所不同的是圣像周围分组分区域地展现了佛普化众人、苦炼修行的故事；而组幅画就是多幅成套，比较多的是 12 幅、36 幅，用类似于连环画的方式按照一定的情节顺序表现佛陀的生平事迹。在整个画面的处理以及技法运用上和造像类唐卡基本上没有差别。

（3）曼陀罗唐卡（坛城唐卡）。曼陀罗，其梵语为 mandala，意为"获得本质"，佛教解释为让众生供奉诸佛、进一步升华的场所。曼陀罗唐卡又名坛城唐卡，表现的是佛教能量修持的中心，本尊的法门，可以让修行者通过修行从中获得本尊能量的加持。坛城唐卡是一种以几何图形为主的构图，大多形制相同：外圆内方，外圆象征着高耸的外墙，表示着坛城作为能量的中心是与世隔绝的和对邪恶的镇压；内城为方形，四面有门、门口有梯、城楼矗立，中为殿堂，内居本尊。本尊不同，坛城的内部和内城的装饰都有所不同。

（4）宗教伦理唐卡。这类唐卡主要是通过绘画艺术来展现佛教的教义、哲学思想、道德观念以及因果轮回等比较抽象的概念，即用具象的艺术形式来表现抽象的观念，使这些观念能够为多数人所熟知和认同并能够深入人心，从而实现传播佛教文化、教化大众的目的。这类唐卡最显著的特点就是不直接表述，而是通过具有象征意义的各类符号、图像等形式来阐明思想、揭示主题，比如表现佛教宇宙观念的《世界模式图》。这类唐卡多为老唐卡，市场接受度不高，存世量也偏少。

（5）藏医历算唐卡。藏医唐卡，又称"门唐"，主要是以藏医藏药为题材的怪图唐卡,其内容主要来自于藏医经典《四部医典》,后经多位唐卡大师的不断改进和革新,其中影响力最大的就是17世纪勉唐派画师洛扎—丹增罗布的藏医药挂图唐卡。历算唐卡,又名"孜唐",指的是天文历算唐卡,主要指藏区先民根据对日月星辰变化的观察来预测四季的变换以及推算事物的兴衰。目前,这两种唐卡已不多见,其艺术价值也并不是很高,但是其中所蕴含的历史价值和文化价值仍是不可估量的,它的出现不仅极大地丰富了我们研究唐卡的视角,而且更展现了藏族文化的博大精深。

目前对于唐卡的分类可谓众说纷纭,莫衷一是。按照不同的分类标准,唐卡也可以划分为不同的种类:按照年代划分,唐卡可以分为老唐卡和新唐卡,其中的时间界限大概为新中国成立或者是西藏的和平解放;按照产地划分,可以分为青海唐卡、西藏唐卡以及尼泊尔唐卡,在这三地的唐卡中,只有青海热贡地区依然在传承传统的绘画工艺、继承了唐卡艺术使用矿物原料的准则,同时在细节的处理与刻画上更是达到登峰造极的境界,因此热贡唐卡品质最高,深受寺院和市场欢迎;按照画派划分,可以分为勉唐、噶玛嘎孜以及仿古画派;按照颜色划分,可以分为彩唐(彩色的唐卡)、黑唐(一般以黑底金线勾画)、金唐(以金底红线勾画,有时设有少量彩色)、红唐(主要以红底金线勾画),其中最为流行的是彩唐。当然也可以按照唐卡的题材和内容进行划分(之前已有论述,此处不再赘述)。

面对一幅装裱精良、颜色鲜艳、美妙绝伦的唐卡时,我们在情不自禁地感叹唐卡艺术的同时,肯定也会对其背后的绘制过程产生浓厚的兴趣。作为一种已经传承了近千年的绘画艺术,唐卡也在其漫长的历史演进过程中,逐渐形成了自己特有的绘画程式,从绘画前的准备工作,到起稿上色、勾线造型、着色晕染,再到后期的装裱开光,繁杂而不复杂。从根本上来说,绘制唐卡的过程是艺术创作的过程,更是画师自我修行的过程,"无名的创作者以不变的重复形成一种'不创作的创作',以高湛的技艺和节制的内在供养神圣的力量。①"

2002年,在香港佳士得拍卖行的拍卖会上,一幅明代永乐年间的唐卡拍出了3087.41万港元的价格,创下了迄今为止唐卡的最高成交价的纪录。一时间,唐卡这一已经传承了近千年的民族艺术瑰宝开始进入国人的视野。经过10多年的发展,唐卡艺术以其独特的艺术魅力和丰富的宗教绘画内涵以及特有的少数民族文化神韵深深吸引了国内外众多收藏家和博物馆的青睐,也一跃成为拍卖市场的显贵,成交价格也翻了10多倍。2006年,"藏族唐卡"和以唐卡艺术为核心的"热贡艺术"被列入第一批国家非物质遗产保护名录。

据相关统计数据显示,2012年拍卖中成交超过百万元的单张老唐卡超过50幅,而刚刚进入收藏市场的新唐卡价格超过百万元的单幅作品也超过了40多幅,16世纪以前的老唐卡更是在各类拍卖会上屡创天价,达到千万级别。唐卡之所以如此受到热捧,一方面是因为近几年随着经济的发展和文化产业的崛起,极大地促进了文化艺术品交易市场的发展和完善,进一步催生了"收藏热"这一现象,从而使大量的资金进入艺术品市场领域,无形之中提高了艺术精品的价格。但更重要的一方面是唐卡本身所具有的独特魅力:(1)艺术价值,作为藏族文化的一种绘画艺术形式,唐卡有着自己特有的传统工艺和鲜明的民族特色,以及在融汇了工笔画、写实风格的基础上形成的独树一帜的绘画风格:注重绘画的颜料、画面的细节和色彩以及散点透视的构图方法;在技法上一般采用单线平涂、色块填涂和渲染的手法;此外在画工上唐卡更是精益求精,一幅唐卡按尺寸不一,短则月余、长则数年,充分体现了画师对于艺术和信仰的追求。(2)宗教价值,作为一种以宗教文化为主要题材的绘画艺术,唐卡更多地被赋予了传承佛教思想和教化大众的使命,从唐卡的绘制到唐卡的销售的众多环节都体现着宗教性,画师们将绘制过程看

---

① 陈乃华:《无名的造神者》,后浪出版有限责任公司2013年版,第5页。

做是一场自我的修行,而众多的寺院和佛教信众则请购唐卡以便供奉和膜拜。(3)收藏价值,众所周知,唐卡的手工绘制周期长、品质高但产量低,因而其具有艺术品收藏的资源稀缺性,而且在相当长的一段时间内唐卡精品的价格仍有较大的增值空间,投资回报率较高。(4)历史传承与民族地域性,作为一种已经绵延上千年的少数民族的绘画艺术,部分唐卡特别是老唐卡更多地体现着一种历史价值和人文价值以及少数民族文化的独特神韵,其相应的附加值相比较而言会更高。

就目前而言,相对于整个艺术品市场,唐卡艺术品的市场规模仍然偏小,仍属于一种小众、高端的艺术品,但是随着国家支持的不断加大以及社会对唐卡认知度的不断提高,其市场规模不断扩大、内部交易机制逐步完善、融资渠道也更加多样化、市场环境也得到了进一步改善。总的来说,当前的唐卡艺术品市场呈现出如下几大特点:

第一,国内国外艺术品市场并重,其中国内市场有了显著进步。在相当长的一段时间内,唐卡的艺术品市场呈现的一直是一种"墙内开花墙外香"的业态环境:一面是国际市场的火爆,另一面是国内市场的惨淡,这和西方人钟爱唐卡而国人不了解唐卡以及大量古代唐卡精品流失海外有密切的关联。但是随着近几年的发展,国内收藏人士对于唐卡也开始产生了浓厚的兴趣,交易量与成交价格更是与日俱增。2002年12月,天津文物公司拍卖了一幅《清普贤菩萨像唐卡》,成交价为5.5万元,是当年国内唐卡拍卖的最高纪录;而到了2008年,在北京古天一春拍上,一幅明正德年间的《药师佛像》唐卡就以1540万元的天价成交[1]。新唐卡在2008年进入收藏市场之后,也已经达到百万级别。在短短的十年时间内,国内的唐卡市场特别是艺术品收藏取得了长足的进步。

第二,艺术品市场形成了由二级市场带动的特殊模式,但一级

---

[1] http//www.artxun.com,访问时间:2014年3月4日。

市场的比重逐步增加。和国内其他类别的艺术品一样，唐卡的艺术品市场也呈现出一二级市场倒挂的现象，即主要由拍卖会来主导。早期国内的唐卡艺术品交易可以说是一片空白，市场并不认可唐卡的商业价值，这也在一定程度上致使国内一些古代唐卡精品流失海外。随着2002年"刺绣红夜摩唐卡"在香港佳士得的拍卖会上拍出天价，国人才开始认识到唐卡的收藏价值和升值潜力。近几年，一些大师的唐卡也正是通过拍卖会上的成功以及艺术展览会等形式为社会所熟知，从而带动了唐卡交易价格的提升。随着国内艺术品市场的日益成熟和国家相关政策的扶持，一级市场在整个市场中所占的比重逐步提高，画廊、艺术品商店、博物馆甚至是私人到青海热贡地区订购唐卡的数量与日激增；"2012年青海唐卡博览会上60万以上成交的唐卡达到5幅、百万以上的也达到3幅①。"

第三，坚持走"收藏级"的精品化路线，兼顾大众市场。众所周知，唐卡艺术绘制时间长、成本高，对于矿物、植物颜料的使用要求高，老唐卡的存世量和国内保有量低，因此使得其市场化的道路更适宜走"收藏级"精品化路线，将直接受众定位为高端、高消费能力的收藏家和收藏公司以及一些公益性的博物馆等。但是随着产业化的发展，普及型的大众市场也开始受到越来越多的关注。目前在热贡地区已悄然出现"唐卡生产工业化"的尝试，即以复印形式打底稿，用现代颜料上色，以期提高唐卡艺术品的产量，降低成本以适应普通消费者的消费能力，但此举也引发了一些人的担忧。

第四，在市场结构中以画廊、文物艺术品商店、拍卖会、艺术品博览会为主要的经营主体。一方面，他们通过和画师签订长期的合作协议，按订单生产，或直接培训、包装唐卡艺人，从而拓宽自己的唐卡来源渠道；另一方面，这些经营主体都有着自己稳定的客户群，他们通过维持和发展自己的客户群，来获得较多的市场份额。随着市场生态环境的不断改善和产业链条的完善，市场结构也将会得到

---

① 王瑞著：《唐卡的收藏和鉴赏》，中国书籍出版社2013年版，第143页。

进一步的升级优化。

二、热贡地区的唐卡艺术品市场集群发展模式

热贡（藏语音译），位于青海省黄南藏族自治州同仁县，其核心地带为同仁县的隆务镇，从青海省省会西宁出发，沿着黄河上游越过同仁县隆务河峡口，便进入了热贡地区。在这片被誉为"金色谷地"的土地上到处可见的寺塔古刹、经幡转轮，处处彰显着藏传佛教文化的恢宏气势。传统意义上的热贡文化便是以此为核心，沿着隆务河流域延伸，在糅合藏汉文化以及其他少数民族优秀文化的基础上，共同形成的独具特色的安多藏区①文化。与此相适应的热贡艺术便是指热贡地区的以唐卡绘画为核心，彩塑、木刻、堆绣等其他艺术形式为支撑的艺术体系，而这些艺术形式因发源于吾屯、年度乎、尕撒日等五个不同的村寨，因此又被称为"五屯艺术"。而作为"五屯艺术"的核心，发源于吾屯上下村的热贡唐卡以其笔法精细、色彩艳丽、动感强烈、精美异常而享誉世界，不管是在品质上还是产量上都在现今唐卡三大产地中独占鳌头。

热贡地区的唐卡艺术作为藏传佛教文化艺术中的一个重要的流派，在充分继承西藏勉唐画派绘画风格的基础之上，不断吸收来自中原汉地、印度以及尼泊尔等地的绘画艺术风格，同时结合本地民族的审美情趣和艺术追求，逐步形成了自己独具特色的并为世人所赞颂的热贡唐卡艺术风格，被誉为"青藏高原上的一朵艺术奇葩"。

热贡地区的唐卡艺术最早可追溯到藏传佛教的"后宏期"，即10世纪到14世纪。随着藏传佛教的复兴，以桑格芒加父子为代表

---

① 安多藏区位于青藏高原东北部，介于青海、甘肃、四川与西藏接壤的高山峡谷地带。

的一批唐卡艺人也开始来到吾屯地区,在积极传播佛法的同时,培养当地的唐卡艺人,将唐卡艺术带到了热贡,从此唐卡艺术便在这片"金色谷地"上生根发芽、茁壮成长。到了十四五世纪,当地的社区宗主寺隆务寺正式创立,热贡艺术正式传入五屯村寨,当地的唐卡也开始兴旺起来。由于当时各地大兴寺院,对于唐卡、雕塑等佛教文化艺术品的需求日益旺盛,在一定程度上刺激了热贡唐卡艺术的发展,当地的僧俗积极研习藏传佛教的绘画雕塑艺术,并在大量的实践过程中逐步形成了质朴笃实、清淡高雅的艺术风格。到了明清时期,由于中原王朝的统治者大多对藏传佛教采取扶持和利用的政策,进一步促进了藏传佛教文化的传播,同时为热贡唐卡的繁荣发展创造了良好的外部条件。此时,该地区的唐卡艺术风格也发生了一定程度上的转变,追求奢华、威严以及形制的统一成为主流,中原王朝的宫廷画风开始渐渐地在唐卡绘画中表现出来,色彩艳丽、内容浮华、装饰精美的唐卡艺术精品不断涌现。

到了近现代,由于历史和社会变革等因素的影响,热贡唐卡经历了一个较长时间的蛰伏期。到了十一届三中全会以后,在党和国家政府的大力扶持下,热贡艺术迎来了复苏时期。在少数民族聚居区域自治以及宗教信仰自由等政策的支持下,青藏地区的藏传佛教文化日渐兴起,大量寺庙修葺、重建,广大信众渴求,而热贡地区的唐卡艺人一方面继续重调丹青,另一方面又积极传承唐卡技艺,一时间唐卡艺术又火了起来。但此时唐卡的价值更多地体现为宗教性,寺院、信教群众多将其作为供奉、祭祀等宗教活动的对象。这也是大量优秀老唐卡低价流失到海外的重要原因之一。进入21世纪以后,国内的艺术品收藏市场日益火爆,唐卡作为少数民族绘画艺术的杰出代表也日益进入人们的视野当中。随着藏文化的传播和人们对唐卡认知度的不断提高,唐卡逐渐成为收藏市场的显贵,市场的需求量不断提升,价格更是一路飙升。品质卓越的热贡唐卡理所当然地呈现出供不应求的状况,来吾屯上下村请购唐卡的外地人络绎不绝,甚至有的画师手中的订单已经排到了四五年以后。热贡艺术已经成为当地的富民产业,2011年,黄南州农牧民人均纯收入约3600元,而热贡艺人平均收入近2万元;实现文化产业经营性收入近2.4亿元,占全州GDP的5.48%。2012年同仁县总人口数为8万多,其中唐卡艺人3384名,堆绣艺人1466名,泥塑艺人187名,热贡艺术从业人员约13 000多人,热贡文化企业有95家[1]。

热贡地区的唐卡之所以如此深受市场的欢迎,归纳起来有以下几个原因:(1)该地的唐卡艺术坚持保留了很多的唐卡绘制传统和技术工艺,包括坚持用矿物、植物颜料作画以及核心的传统特质(工具、技术等);(2)热贡唐卡的艺术价值更高,构图完整、造型比例准确、人物形象生动传神、色彩丰富但不失变化、勾线描金等细节刻画的精益求精以及在严格的程式化和规范性下的唐卡画师的艺术创作;(3)丰富的人文内涵和寓意深刻的哲理象征,热贡唐卡以传统的宗教题材为主,通过图像化的宗教人物和宗教故事,传达佛教普世的价值观。

随着热贡艺术的声名鹊起,其市场化、产业化的程度也越来越高,作为藏画之乡的热贡吾屯上下村,全村几乎"家家画室、人人艺人",规模效应开始显现,产业集群发展的趋势日趋明显。2006年5月,吾屯热贡艺术村落被国家文化部评为国家文化产业示范基地,成为艺术品市场集群的一个典范。

众所周知,"艺术品市场集群是指某个艺术品产业,以艺术名品或名家为核心,与多个相关企业共处一个具有相似文化背景的地理空间,共享产业要素和园区内基础设施,以法治原则形成集文化艺术展示、产品创新、生产、体验与交易的产业组合,从而产生孵化效应和整体辐射力的艺术品生产、营销的产业群落。"[2]从一般意义上来讲,这种产业群落一般按照产业链型以及营销型的布局组织内部的生产、销售工作,其中产业链型的文化产业集群就是众多的企业

---

[1] www.qhnews.com,访问时间:2014年3月4日。
[2] 马骋:《艺术品市场与集群发展》,上海人民出版社2013年版,第144页。

在一定的集群空间里,以专业化分工与协作为基础组成产业链,集生产、展示、营销、交易于一体,集群的核心是产业①。显而易见,吾屯热贡文化艺术村就是产业链型的集群模式的典型代表,它以唐卡艺术为核心,以彩塑、木刻、堆绣等其他艺术形式为支撑,由众多家庭作坊式的画室以及一些民营的文化企业按照产业链型的布局进行分工协作,从而形成集艺术品生产、展示、销售于一体的产业聚集区和相互依存的共生体。

在这个共生体内部,原料供应商、画室、文化艺术公司、文物艺术品商店、艺术品经济以及各种类型的博物馆等不同的主体发挥着各自应有的职能,承担着不同的责任,在这条成熟的产业链条上扮演着不同的角色。

原料供应商承担着向热贡唐卡画村提供包括矿植物颜料以及其他相应生产设备的职能。随着热贡唐卡生产规模的不断扩大,对于传统矿物颜料的需求日益旺盛,其来源也日趋多样化,描金所使用的部分颜料就来自南京。我国中东部地区的很多颜料厂家都和热贡的画室有着密切的合作关系,有的厂家甚至在同仁县设立了办事机构,以推广自己的产品。

家庭作坊式的画室则是产业链条中的核心环节,负责唐卡的绘制与技艺的传承。吾屯村现有农民446户,其中从事热贡艺术品业的有437户,占全村总户数的98%。这样的艺人之家几乎人人都从事唐卡的绘制工作,按照工序进行分工协作,每个人按照技法水平的高低负责不同的工序,需要指出的是,按照传统,女性不能会从事圣像类唐卡的绘制工作。同时,这样的画室也会招收徒弟进行人才培养,一方面能够更好地实现唐卡艺术的传承,另一方面也在一定程度上提高了唐卡的产量。

文化艺术公司主要承担艺术品经济的职能,通过"公司+农户"的生产模式走产业化、集约化经营的路子,同时通过艺术公司市场

---

① 马骋:《艺术品市场与集群发展》,上海人民出版社2013年版,第145页。

化、规范化的运作拓宽唐卡艺术品的销售渠道、发掘热贡唐卡的商业价值、提升议价和定价能力,更好地完成唐卡艺术的销售工作。

当地各种类型的博物馆、展销中心甚至是以隆务寺为核心的寺院古刹都在一定程度上承担着产业链条中艺术品的展示或销售工作。这里面既有公益性质的同仁县热贡艺术博物馆,也有私人修建的集唐卡展示、销售和人才培养于一体的龙树画苑,当然也有包括隆务寺、吾屯上下寺在内当地藏传佛教的寺院(只承担热贡唐卡艺术的展示工作)。

国内外的艺术品市场作为产业链条的终端,是热贡唐卡艺术集群发展的直接驱动力。相对于以往唐卡主要被用于宗教活动,现在的热贡唐卡越来越多地进入市场领域,在收藏市场中扮演着重要的角色。目前,热贡地区的唐卡主要以订制、批发、送拍的形式直接送往大城市销售、拍卖,在北上广等大中城市都设有唐卡的销售代理点,从事唐卡的展示和销售工作,当地产品直销比重较小。

其他与之相配套的制度环境、基础设施则为唐卡的发展发挥着保驾护航的作用。党和国家政府以及当地政府十分重视热贡唐卡艺术的保护与发展,提供了一系列的政策和财政支持:2006 年将热贡艺术纳入全国非物质遗产保护名录;2011 年 2 月,《热贡文化生态保护区总体规划》获文化部正式批复,标志着热贡文化生态保护实验区的建设进入实质阶段;2012 年,黄南州政府还设立 4000 万元的热贡文化发展基金,扶持品牌保护、产品创新、规划设计、市场开拓、宣传促销以及重点企业发展。这一系列的政策和财政支持都为热贡艺术的传承与弘扬发挥了不可替代的作用。

从 2006 年国家正式将吾屯热贡艺术村列为国家文化产业示范基地开始,经过长达数年的发展,热贡唐卡文化产业园走出了一条与国内众多文化产业园区不同的道路,那就是:以国内外大中型城市的艺术品市场为导向,以当地的文化资源以及绘画传统为基础,以政府扶持为支撑,以产业链型的布局方式按照"公司+农户"的模式组织唐卡艺术品的创作、生产和销售。在发展过程中,一些特点也就伴随而来，具体来说：

资源依赖性的特点：首先是对自然资源的依赖，唐卡所用的颜料皆取自于大地，不是珍贵的矿物就是稀罕的植物。当地以及周边安多藏区的丰富的矿产和动植物资源为唐卡绘画提供了大量的矿植物颜料，这些色泽鲜艳、千年不褪的颜料发展并延续了唐卡的独特的艺术魅力和神秘色彩。其次是对当地积攒了近千年的安多藏区文化资源的依赖，热贡地区自"后弘期"以来就一直是安多藏区的藏传佛教的活动中心，藏文化可谓根深蒂固；同时这里一直是汉藏文化的分界线，汉藏以及其他少数民族文化相互交流借鉴融合的趋向强烈，由此形成了独具一格的安多藏区文化，这对热贡唐卡的艺术风格的形成和发展都产生了重大的影响。最后是对人才资源的依赖，同仁县总人口数为8万多，其中唐卡艺人3384名，堆绣艺人1466名，泥塑艺人187名，热贡艺术从业人员约13 000多人，"家家有画室，人人是画师"，其产业集群对人才资源有着密不可分的依赖性。此外，在人才的培养方面，除了传统的寺院传承、画室的师徒传承，现在大量的唐卡艺人通过自办学校、向社会招生的形式，规模化、批量化地进行人才培养，这为唐卡的产业化发展和唐卡艺术的传承储备了大量的人才资源。

集群的核心产业呈现出单一性的特点，地域环境以同仁县的隆务镇为主，整个集群重心侧重于唐卡等热贡艺术的创作和生产，当地在产品展示以及直销环节仍然薄弱，产品的销售市场多为远隔千里的大中型城市，通过那里的画廊、文物艺术品商店以及展销会的形式进行销售。

国内外市场需求作为热贡艺术品产业链的终端，成为产业集群发展的直接动力，在整个艺术品市场中承担着向一线城市提供艺术品的职责。随着唐卡所蕴含的商业价值不断被发掘，市场对于唐卡的认可度和接受度不断提升，价格一路飙涨，热贡地区越来越多的人开始从事唐卡的绘制，逐渐形成了规模效应，在一定程度上促进了产业集群的发展。作为以市场为主导的艺术品市场集群，消费者的需求对于唐卡的发展起着至关重要的作用，热贡地区的唐卡艺术一方面坚守着自己的艺术传统，另一方面又能及时根据顾客的要求进行改进，提供私人定制的服务。目前热贡唐卡的消费市场主要定位于高端市场，其市场化路线主要是"收藏级"的精品路线。

家庭作坊式的画室是主要生产单位。与我国众多文化产业集群由文化企业占据主导地位所不同，热贡的唐卡生产依然坚持传统的以家庭作坊式的画室为生产主体的生产方式。这主要是因为唐卡绘制有着严格的程式化和规范性以及较强的宗教约束，不适合进行大规模的生产和复制。此外，众多的唐卡画师也十分担忧，一旦规模化生产或复印唐卡将会对唐卡的宗教属性以及精神内涵带来毁灭性的打击。

随着唐卡艺术品在收藏市场不断受到追捧，热贡唐卡艺术也迎来了一个快速发展的时代，不管是从产业规模、产业化程度还是从就业人数以及对当地经济拉动等层面，都可以说是取得了巨大的成就，但是在这些成绩的背后，我们仍然不能忽视一些问题，只有发现问题、正视问题、解决问题，热贡的唐卡艺术品市场集群才能更好地向前发展。以下是笔者在热贡地区考察过程中发现的一些问题以及笔者对于解决这些问题的一些不成熟的建议。

（1）产业化、市场化程度不高。近几年随着国内文化产业的不断发展和国家对传统文化扶持力度的不断加大，热贡艺术的传承与保护工作不断得到改善，产业化、市场化程度不断提高，区域内的倍增效应、文化的再生效应已初步显现。但是就笔者对热贡艺术产业示范基地的考察发现，当地的包括唐卡在内的热贡艺术品产业发育尚不成熟，长期处于一种无序化的发展状态，艺术品的生产和经营还没有实现产业化、市场化与规模化；以家庭作坊式的画室为基本生产单位的生产方式虽然在一定程度上保证了唐卡艺术品的品质，但是其产量低，远不能满足市场需求。这些问题在某种程度上都制约了唐卡艺术品的市场竞争力的提高和市场前景的确立。

（2）创新以及营销意识不高，品牌意识有待提高，专业化、复合型管理人才大量短缺。作为一种宗教艺术形式，唐卡更多展现的是唐卡艺人以及信众对于佛教的虔诚信仰以及他们对于神圣力量的敬畏，他们以谦逊的态度遵循着经典与严格的仪式规程，将自己的个人色彩隐藏于诸佛的神圣光环之下，以不变的重复进行"不创作的创作"，从而实现个人的修行以及对诸佛的福报，因此传统的唐卡艺术对于创新一直都是避而远之。目前市场上所能见到的大部分唐卡还是对传统宗教题材的重复性的再现，而且内容几乎千篇一律，这与多样化的市场需求极不相符。此外，当地的唐卡艺术品的经营单位以及唐卡艺人对市场的研究和受众群体需求的调研不够，在产品的市场推广以及营销宣传方面力度不大，手段不新，被动式的传统营销理念难以实现良好的效益。这些问题上升到产业链的角度上，就可以在一定程度上说明热贡唐卡艺术品市场集群在产品的创新、策划、营销等环节不够强大，产业链呈现出延伸短甚至脱节的态势。

（3）市场监管机制、鉴定机制不健全，假冒伪劣产品充斥市场。随着唐卡艺术品价格的不断飙升和市场需求、市场规模的不断扩大，一些画师为了提高产量、降低成本，完全摒弃了唐卡绘画的一些传统规则和绘画技巧，例如，用现代化学合成颜料代替矿植物颜料，完全摒弃《造像度量经》进行人物造像，甚至直接用现代机械复制代替手工绘制。这些问题的出现导致大量假冒伪劣产品充斥市场，不仅损害了消费者的利益，更损害了热贡唐卡的形象，造成的损失不可估量。问题的根源一方面是部分画师抛弃职业操守，另一方面也是因为我国目前艺术品市场缺乏严格有效的市场监管机制、行业自律机制以及产品的鉴定制度。

（4）艺术品市场的法制建设严重滞后。这个问题不仅是唐卡艺术品市场所面临的问题，更是我国艺术品市场整体遇到的问题。目前艺术品市场的立法只有文化部制定的《美术品经营管理办法》，部门规章立法层级低，已远不能适应市场发展的需要。

此外，热贡地区唐卡艺术的保护与传承工作有待进一步提高。

近几年在当地政府以及社会各界的努力下，在保护性开发战略的指引下，热贡唐卡艺术的保护与传承工作取得了显著成就。但是热贡唐卡艺术的传承与保护方面的问题依然存在：部分唐卡精品的存放和保护条件令人担忧、修复工作难以展开，对唐卡资源缺乏全面而详细的调查和信息资料，缺乏高素质、高水平的专业化唐卡画师。

当今世界，开发民族文化资源，打造魅力无穷的民族文化品牌，已成为人类社会的共识和自觉的行动，尤其对于我国这样一个历史悠久的多民族国家。热贡唐卡艺术品市场的集群发展正是基于传统民族优秀文化资源的基础上的产业化发展。为了进一步提高唐卡艺术品集群的产业化和市场化程度，使唐卡资源的整合开发、科学保护和永续利用再上一个新台阶，各方都必须共同努力，从不同的方面为唐卡的发展贡献自己的力量。

找准市场定位，完善产业结构，加快产业化进程。任何一个产业化集群都必须找准自己的市场定位，明确目标市场和受众群体，在充分了解市场规律和受众需求的基础上制定自己的发展战略，构建合理有序的产业结构，从而加快产业化的进程，实现最大限度的经济效益和社会效益。根据唐卡本身的特质以及市场因素，热贡唐卡在坚持走"收藏级"的精品路线的基础上（即着眼于高端收藏市场），也不能舍弃大众市场，通过简化内容、缩小尺寸降低成本或者销售品质较高但价格相对较低的学徒作品来满足大众市场的需求。在产业结构方面，应加强产品创新、展示以及营销等环节，通过人才培养、技法革新、艺术观念的完善以及相关激励制度的刺激提高唐卡艺人的创新能力、创新意识；在产品展示方面，通过私人筹建以及政府兴建等方式，成立较大的唐卡展示销售中心，完善展示销售机制。此外完善吾屯艺术村落内部的运行机制和交流机制，使创意的几何效应以及文化的再生效应得到更大程度的显现。

加强宣传推广，提高知名度，培育有影响力的品牌。为了更大限度地挖掘市场潜力，提高唐卡的知名度以及美誉度，必须在现有的基础上继续加强宣传推广工作，通过举办各种类型的展销会以及利用传统媒体和新媒体来增进人们对唐卡的认识和了解，具体来说，包括拍摄纪录片、宣传广告、刊发文章以及各种社交媒体公关营销手段，等等。在培育有影响力的品牌方面，当地政府应继续坚持引导现有的"公司+农户"的模式，积极支持、引导画室与文化艺术公司的合作，并适当地给予财税政策方面的支持；现有文化艺术公司要积极转变发展方式，建立现代化的公司管理制度，积极引进专业化的复合型文管人才，适时扩大公司规模，全面与市场接轨、把握市场动态，提高公司的竞争力；还可以通过扶持高水平、高素质的专业唐卡画师的工作室，提高他们的知名度，扩大影响，树立品牌。同时，要提高品牌意识，加强品牌的维护和管理工作。

制定鼓励和扶持艺术品业发展的经济政策。为了保护热贡地区的唐卡艺术，各级政府在坚持现有的政策和发展规划的基础上，继续制定一些有利于唐卡艺术品产业发展的政策，包括财税减免、设立基金、加强园区基础设施建设、加强相关人员培训，等等。

完善市场监管机制和行业协会自律机制，杜绝假冒伪劣。在规范艺术品市场秩序、完善艺术品交易机制方面，相关立法机构以及政府机关应积极完善相关的法律法规和市场监管机制，理顺监管秩序和权责划分，革新监管手段，提高监管能力，最大限度地发挥公共部门在市场监管中的作用；此外，要强化行业协会的管理职能，完善行业自律机制，制定行业性标准和艺术品鉴定机制，而现有的热贡艺术品协会并没有充分发挥他们应有的作用。同时还要加强唐卡画师个人素质的培训，提高个人自律能力，从源头上杜绝劣质产品进入市场。

热贡地区应充分利用当地丰富的旅游资源，发展现代化的旅游业，从而拓展热贡艺术产业园的内容。热贡地区不仅有青藏高原少有的怡人风光，更有丰富的藏族文化资源，以隆务寺为代表的寺院古刹更是其中的一大瑰宝，当然唐卡艺术也是非常好的旅游资源，同时周边地区拥有着坎贝拉国家地质文化公园以及隆务峡这样的自然资源。在这些资源的基础上，当地不仅可以发展传统的风景观光，亦可以发展人文景观旅游，更可以发展艺术鉴赏游，让人们在充分领略当地风土人情的基础上还可以亲身去欣赏有着独特魅力的唐卡艺术和其他形式的热贡艺术。

在保护与开发之中寻求平衡。对于任何一种优秀的传统民族文化资源，如何去平衡继承、保护与开发这三者的关系似乎是一个永恒的哲学问题。作为藏文化的优秀代表，热贡的唐卡艺术同样面临着这样的问题：一方面是传统文化在千年的历史沿革过程中形成的仪式规范和传统准则，另一方面是大量攫取经济效益所必然带来的对传统文化的侵蚀。如果在这一问题上把握不到平衡，或是坚持传统失去市场，或是摒弃传统追逐利益，都会对传统文化带来毁灭性的打击，尤其是对于唐卡这样一种集宗教文化与民族文化于一身的特殊的艺术形式。因此，我们必须要坚持开发中保护、保护中开发的原则，在坚持传统唐卡艺术核心（包括精神特质、技法工艺、颜料工具等）的基础上，逐步、有节制地进行产业化和市场化的运作、实现它的经济效益，同时也要注重它的社会效益的发挥，做到经济效益与社会效益相统一。只有这样，唐卡艺术才能在市场大潮中坚持自我、永续发展。以上所述就是笔者对于包括唐卡艺术、唐卡艺术品市场以及以唐卡艺术为核心的热贡文化产业示范基地的一个简单介绍和分析。当今世界，文化的软实力越来越成为一个国家综合国力的象征，开发独具魅力的民族文化资源，打造魅力无穷的民族文化品牌，对于提升综合国力、满足人们的精神需求具有十分重要的作用，而这一共识也得到越来越多的人的肯定。我国作为一个拥有着56个民族的文明古国，民族文化资源丰富而多样，唐卡艺术作为藏族文化的典型代表，我们应该对它有更深入的了解和认识。

作为一种以宗教题材为主要内容的卷轴画，唐卡在其漫长的历史沿革过程中积累了大量宝贵的财富，也形成了自己独特的艺术魅力，成为雪域高原上那一朵最动人的雪莲、我国艺林中的一大瑰宝。近几年随着藏文化的兴起并逐渐为人们所认识，唐卡艺术也揭开了她缠绕千年的面纱，开始成为收藏市场的显贵，商业价值开始攀升。

唐卡艺术品市场开始逐渐形成并走向成熟，市场内部的结构日趋合理、运行机制逐渐完善、市场化路线也日益明晰。而作为"唐卡之乡"的热贡吾屯也开始被世人所关注，2006年被评为国家文化产业示范基地，2008年热贡文化生态保护区批准建立。热贡唐卡艺术品市场的集群发展开始慢慢形成，作为一种以产业链型为主的文化产业园，拥有着资源依赖性的特点以及市场导向的特点，经过几年的发展终于形成了自己独特的生产运营模式，为唐卡艺术的发展作出了巨大的贡献。但是这其中也相应地伴随着一些产业化所必然带来的问题，笔者根据自己对热贡文化示范基地考察的切身经历，提出了一些建议和意见，也希望能为热贡唐卡艺术的发展作出一点小小的贡献。

希望这朵青藏高原上的雪莲越来越动人美丽！

参考文献

（一）著作文献类

1. 西沐.中国艺术品市场概论.中国书店出版社，2009.
2. 马骋.艺术品市场与集群发展.上海人民出版社，2013.
3. 赵晶媛.文化产业与管理.清华大学出版社，2010.
4. 何勇，刘静.中国文化创意创业园区——实践与观察.红旗出版社，2012.
5. 陈乃华.无名的造神者.后浪出版咨询有限责任公司，世界图书出版公司，2013.
6. 吉布.唐卡的故事.陕西师范大学出版社，2004.
7. 叶星生.唐卡.中国文艺出版社，2012.
8. 王瑞.唐卡的收藏与鉴赏.中国书籍出版社，2013.

（二）论文期刊类

1. 刘大庆，马梓童.热贡艺术收藏.东方收藏，2013(11).

2. 康小明, 何勇. 产业集群与文化产业竞争力的提升. 北京大学学报, 2005.

3. 刘蔚. 文化产业集群的形成机理研究. 暨南大学博士学位论文, 2007.

4. 刘翔宇. 中国当代艺术品交易机制研究. 山东大学博士学位论文, 2012.

5. 黄贞. 热贡唐卡艺术初探. 中央民族大学硕士学位论文, 2008.

6. 潘缨. 唐卡的审美意蕴和技法材料研究. 中央民族大学博士学位论文, 2006.

7. 乔秀花. 唐卡艺术品产业化发展对策. 攀登, 2008(4).

8. 卓么措. 藏传佛教艺术传承中信息技术应用的价值定位研究——以热贡唐卡为例. 西南大学博士学位论文, 2011.

9. 桑杰才让. 藏族唐卡艺术浅识. 群文天地, 2009(10).

民族歌舞产业的发展现状及出路
——以红河州为例

杨舒迪

一、资源状况

红河州地处中国南部边疆，又是多民族聚居地区，世居民族有哈尼、彝、汉、苗、瑶、傣、壮、回、布依、拉祜、布朗。由于边地文化和多民族文化的相互渗透和融合，形成了红河独特的地域文化和多元文化环境，为歌舞艺术产业发展提供了肥沃的土壤。

红河州各民族都有极为丰富多彩的音乐舞蹈艺术文化，其中哈尼族、彝族、苗族音乐尤丰。哈尼族传统民歌有哈巴、阿哧、苏咪威、咪煞威、莫批突等；彝族传统民歌有甲苏腔、诺依腔、阿哩腔、海菜腔、山莜腔、五山腔、河边腔、乐作调、先基调、跳月调、花灯调等；苗族民间传统音乐有踩山歌、重逢调、芦笙歌等；其他民族如壮族的铜鼓调、傣族的竿开独调、瑶族的风俗歌等。

红河民族传统舞蹈也非常丰富。哈尼族传统舞蹈有鼓舞、铓鼓舞、扇子舞、乐作舞、木雀舞、碗舞、猴子舞、同尼尼舞、棕扇舞；彝族传统舞蹈有乐作舞、栽秧鼓舞、烟盒舞、阿细跳月、阿哲跳乐、跳掌舞、阿尼西山尼、花灯舞；苗族传统舞蹈有芦笙舞、击掌舞、龙灯舞；壮族传统舞蹈有铜鼓舞和马铃舞；傣族传统舞蹈有孔雀舞、象脚鼓舞、篾帽舞；瑶族传统舞蹈有渡戒舞，它们都是不可多得的极珍贵的民族民间艺术遗产。

另外，素有"歌舞之乡"美称的红河州红河县在2008年被国家文化部命名为"中国民间文化艺术之乡"。"会说话就会唱歌，会走路就会跳舞"是红河县人民的真实写照。红河州建水县有特色的民间小调。传统的建水小调（又称"小调子"）是彝族尼苏支系人在与汉族的文化交往中，相互吸引、相互融合创造出来的新颖艺术形式。据记载，这种民族民间音乐，迄今已有六百多年的历史，具有浓郁的市民气息，充分体现出少数民族文化与当代市民文化的融合。

二、发展现状

"十一五"期间，红河州充分挖掘本土文化资源，通过文化品牌建设，不断丰富了文化产业的个性化内容，评选出红河哈尼梯田；建水国家级历史文化名城；滇越铁路；锡都个旧；蒙自个桥米线；阿细跳月；哈尼长街宴、铓鼓舞；彝族海菜腔、烟盒舞、花腰歌舞；红河影视；红河州歌舞团十大红河文化品牌。其中，2013年6月22日在柬埔寨首都金边举行的第37届世界遗产大会通过审议，将中国云南红河哈尼梯田文化景观列入联合国教科文组织世界遗产名录。"四季生产调"、"哈尼族多声部民歌"、"彝族烟盒舞"和建水紫陶分别入选第一二批国家级非物质文化遗产名录。哈尼族的"十月年"、"长街宴"，彝族的"花腰歌舞节"、"祭火节"，傣族的"泼水节"，苗族的"踩花山"，瑶族的"盘王节"等民风民俗传统节日，彰显了浓郁的民族风情。创作了曲艺《花腰女》，小品《和谐》，舞蹈《踩云彩》，大型原生态音乐集《云岭天籁》，歌曲《咪国哩》等一批文艺精品。

经过考察,笔者了解到,目前红河州歌舞的发展模式主要可以从以下三类群体讨论,一类是政府主导的歌舞文化发展模式,例如红河万人歌舞节、红河石屏花腰歌舞节、弥勒"阿细跳月"节;另一类是企业主导的依托旅游的商业化经营模式,例如建水小调的歌舞表演;还有一类是文化精英主导的以传承和保护为主的传习馆模式,例如红河县民族文化传习馆。

(一)政府主导的歌舞文化发展模式

随着全球化趋势的日益加强,人们越来越清楚地认识到文化的资本性质,发现它与其他劳动产品一样可以转变为商品,与经济资本一样能带来物质利益、促进地方经济发展。因此,地方政府把当地特色的民族文化资本作为发展经济的一种新的策略和手段,来发展经济和提高地方政治影响力。

近年来,"文化搭台,经济唱戏"被许多地方政府奉为发展经济的新出路,他们想方设法挖掘各种可以利用的文化资源。其中利用最多的当属当地特色的民族歌舞文化。尤其在一些少数民族地区,古老的民族传统歌舞因其独特的民间形态、丰富的民俗内涵、深厚的历史底蕴,作为地方性资源优势被纳入经济建设的轨道。当地政府试图通过挖掘具有深厚历史底蕴的歌舞文化来扩大地方的影响,以吸引各方的资金投资地方建设。因此他们对于当地民族歌舞文化资源的开发利用普遍表现出极大的热情。在展示民间歌舞艺术、挖掘特色民俗风情、复兴民族传统节庆、打造民族旅游市场等方面,当地政府往往都会不遗余力地参与、引导,并在政策上、经济上给予较大的扶持。其中最为典型和普遍的莫过于由地方政府主办的各种歌舞节、文化节、艺术节等活动。这些新兴的节庆活动通常以展示当地富有特色的民族文化为平台,同时大量融入各种招商会、洽谈会、展销会、交易会等经贸活动。无论节庆的内容、性质和规模有何差异,民族歌舞文化资源始终扮演着节庆活动舞台上的主角。

例如红河州弥勒市的阿细跳月节。阿细跳月节的传统文化基础是彝族阿细人对火的崇拜。每年阳历4月8日是彝族支系阿细人的"阿细跳月节"。阿细跳月源于弥勒,阿细语称"嘎斯比"(意为跳欢乐),是彝族支系阿细人都喜欢的民族民间舞蹈,以其优美悦耳的音乐旋律,热烈奔放的舞姿而人见人爱。阿细跳月作为一种土生土长的民族舞蹈,自古以来,只是作为彝族阿细人表达喜悦、欢庆节日、丰收和青年们谈情说爱的一种歌舞形式。为进一步弘扬民族优秀文化、促进经济发展,自2009年起,红河州弥勒市政府已连续4年主办了阿细跳月节,举办的时间也由原来的4月8日改至每年的8月7日至9日。期间将举办专场文艺演出、阿细跳月比赛、非物质文化遗产展示、阿细歌舞乐展演、阿细斗牛比赛,还特地在葡萄成熟之际为前来参加盛会的人们准备了"云南红浪漫之旅",让大家在体验古老的葡萄酒酿酒工艺之余,感受弥勒的红酒风情。阿细跳月节开幕式由当地电视台现场直播,整个活动期间都配合有各级新闻媒体的广泛宣传报道,加上众多知名企业对民歌节的赞助,以及同期举行的葡萄酒贸易洽谈会等大型活动,弥勒的阿细跳月节吸引了国内外的大量投资者、旅游者和专家学者,并在区域内产生了较大的影响力。诸如此类以展示具有地方特色的民族歌舞文化为标榜的官办节庆活动在许多民族地区都频繁地上演着。作为看点和亮点的民族歌舞艺术也因此循环不断地出现在节庆舞台之上。由此可见,政府在有意识地对民族传统的歌舞文化进行资本化的运营。由于经济因素的推动,歌舞节的形式和内容都发生了巨大的变化,歌舞节活动越来越多地包括了经济商贸活动的内容。歌舞节实际上已成为发展民族经济的一个突破口和市场。

(二)企业主导的歌舞文化发展模式

在当代消费社会,旅游正作为一种最具文化消费特征的社会现象在全球范围内迅速展开。

伴随着现代化、全球化趋势的发展,远离了自然、远离了传统的人们在经历了生态环境危机,厌倦了都市生活的喧嚣、快节奏之后,开始寻找一些没被现代化文明所席卷的"异文化"。于是,相对封闭、自足的民族地区成了人们体验"异文化",以此寻找真实的本性、真实的情感、真实的文化的首选之地。正如彭兆荣所说:"越来越相同或相似的市场经济作用,越来越一致的信息接收和处理的渠道,越来越雷同的工作和生活方式等必然促进人们'体验差异'的本能兴趣,任何人都不愿意长期生活在只有紧张却没有变化的场景中。"①尤其是具有民族特色的民俗旅游成了他们抗拒这种惯力的最强大推动力。于是,旅游成为有亿万人卷入其中的宏大的社会事象。可以说,旅游业的发展很大程度上得益于民族文化的开发利用,即将民族文化通过旅游业实现资本化运作。因为"本质上说,人们旅游的目的就是为了了解和体验与自己周围环境和文化氛围不同的东西。差距越大,体验就越深,对游客的刺激也就越大"。②所以,全球化之后,各民族要保持各自的差异作为卖点。在民族传统文化积淀深厚的地区,加之其得天独厚的风光,旅游便成为区域经济发展之首选。在一些民族传统文化保存较好的民族地区,旅游经营企业不仅利用当地丰富独特的自然资源和人文资源,将其开发建设成为民族文化古镇,而那些原本就存活于乡土民间,且集观赏性、参与性、娱乐性于一身的民族歌舞艺术自然凭借其"投资小、见效快、低成本运作"的特点而成为经营企业开发打造的重点对象。

例如红河州建水县的建水小调的歌舞表演。建水县于1994年被列为中国历史文化名城和中国重点风景名胜区,是蜚声海内外的

---

① 彭兆荣:"'体验差异':民族志旅游与人类学知识",见杨慧等主编:《旅游、人类学与中国社会》,云南大学出版社2001年版。

② 同上。

旅游胜地。素有"文献名邦"、"滇南邹鲁"之称。建水"民间小调",是一种由汉族文化和彝族文化融合而成的民间音乐,迄今已有六百多年的历史,它涉及社会生活的各个领域,同时也涵盖了建水彝族花灯音乐,音调质朴流畅、含蓄细腻。在长期的发展过程中,建水"民间小调"吸收了汉族小调的唱词格律,并结合建水彝族民间音乐的传统音调而成为特有的歌种,其唱词为汉语,句式押韵,篇幅长短不一,包含了滇南彝族的四大唱腔,即"沙悠腔"、"海菜腔"、"五三腔"、"四腔"。建水地区以"沙悠腔"最为流行,《西厢坝子一窝雀》、《青菜白菜两小盘儿》等已经成为当地乃至全州广泛传唱的曲目。

建水"民间小调"虽然在建水县本地广泛流传,但数百年来,它仅仅作为一种"乡村音乐"存在着,一直难登大雅之堂。

建水"民间小调"的发展,与这座城市的旅游业的快速兴起无法分开。多年来,建水县委、县政府一直注重发挥千年古临安的文化底蕴优势,竭力把整个城市当做一个景区进行规划建设,实现旅游、文化的融合发展,让城市的旅游功能得以凸显。随着建水旅游业的快速发展,越来越多的游客已经不满足于仅仅看看风景,对民族民间文化的展演也有着浓厚的兴趣。随着人们物质生活的丰富和游客的增多,一些民间音乐爱好者开始关注起当地的"民间小调",并逐步进行包装提升,原生态的"民间小调"开始登堂入室,逐渐受到人们的欢迎。2001年朝阳楼茶室的负责人李勇把建水小调集中起来,做成了一台内容饱满的专场演出。他遍访建水周边农村,找来了七八个20岁左右的少数民族女孩,经过一段时间的排练,统一了调子后,她们就开始上台演唱。为了突出原生态效果,演出采用现场伴奏和原声清唱的形式。

这种做法带有一定的实验性,没想到,很快就得到了市场的认可。朝阳楼茶室的成功引发了业界人士的思考,经过多年的观察和研究,建水金临安民族文化传播有限公司的总经理杨兴看到了建水"民间小调"的潜力所在,他随即决定包装提升原生态小调,为众多游客了解建水提供一个窗口。经过精心筹备，2005年春节，位于朱家花园门口的金临安茶苑正式开业，并以"妥底玛依"为主题演出建水小调，即后来的"金临安"民族民俗风情歌舞晚会。金临安茶苑不同于朝阳楼茶室的地方在于，使用了部分专业的舞蹈演员，节目经过更多设计和包装，使用伴奏带，并利用灯光、音效、烟雾等加强舞台效果。同时，设计者很注重对民族服饰的展示和舞蹈的运用，以及与观众的互动。经过现代化的包装，金临安茶苑的整台演出看起来更为时尚，而建水小调的特色也没有被淡化。民间小调忽然之间"登堂入室"，成为传播建水民间文化的重要平台，深受各地游客的喜爱。

在企业的推动下，建水小调蓬勃发展，既激活了这座千年临安古城，也带动了当地旅游业的快速发展。但是，综合考虑两家独立经营的建水小调演出场所的演出规模、演出收入和从业人员状况，建水小调仍处于市场化探索阶段，还未发展成为一个独立的演出产业。

（三）文化精英主导的歌舞文化发展模式

地方政府主导的歌舞文化发展，往往在经济层面征用民族歌舞艺术的民族性、地方性和独特性的传统艺术形式，将其从乡土生活空间中剥离出来，位移到官办节庆活动舞台之上，在复兴民族文化的同时更主要是为了借助节庆活动以吸引游客、发展旅游和招商引资，从而忽略了其固有的内容意义。作为企业经营的民族歌舞文化生产，任意组合、拼接民族歌舞的形式，结果是不再具有深邃的民族文化意蕴，也不再与真实的村寨日常生活相联系，取而代之的是舞台式、片断式、浅层化的重复性表演，最终只能成为满足旅游者消费需求的一道简易快餐。文化精英们尽管认识到严格意义上的原汁原味的原生态民族歌舞艺术早已经随着原来的生态环境的变迁而难以寻求，但是，由于较高的文化素养、对艺术的高追求和对优秀原汁原味民族文化的爱惜，他们依然不计成本地奋战于拯救、保护、传承及发展优秀民族歌舞文化的一线上。

例如红河民族文化传习馆。为了更好地发扬和传承红河民族歌舞，红河县著名哈尼族艺术家吴志明成立了"红河民族文化传习馆"，从全县选拔了20余名农村青年男女，训练舞蹈基本功，学习民族乐器的演奏及艺术理论、哈尼族彝族文字、民族历史。还聘请民间老艺人把一些濒临失传的民间技艺传授给队员，保护和传承红河特有的民族文化。2014年已经是传习馆的第九个年头了，传习馆自创办8年多以来，在困难中坚持，在压力中前进，招收了一批又一批学员，培养出一批又一批的民族民间文化人才。学员们不仅能吹拉弹唱，而且还能自编自演一些小节目。其中，红河南岸哈尼族多声部演唱已经成为红河州的特色和亮点，多次代表省、州、县到北京等各地参加各种文艺赛事活动，还远赴荷兰、新加坡、马来西亚、日本等国家进行过访演，多次荣获不同级别的奖励。

虽然红河文化传习馆获得过很多荣誉，但是这些荣誉并没有提高红河文化传习馆的知名度。通过走访和观察，笔者发现，红河县内知道文化传习馆的当地人并不多，在本县内知晓的人都如此之少，我们可以推测，其在全州、全省、全国的知名度也很小。同时，这些荣誉也没有为文化传习馆带来较大的经济效益，并且对民族歌舞的传播与传承的作用非常有限。文化精英们主要以传承、保护民族歌舞文化为主来发展民族歌舞产业，他们多是追求"纯艺术"而忽视或不屑追求经济效益。这种做法虽然在一定程度上使得某些优质民族文化免受失传的悲催下场，保持了一些民族歌舞的原汁原味，但是一旦失去政府、企业或其他公益组织的支持将举步维艰。文化精英们对经济效益的忽视或轻视也使得当地歌舞产业无法形成和发展，长远来看，这样最终会阻碍民族歌舞文化的传承和发展。

虽然政府、企业、精英看似在不同的文化立场下采取了不同的产业模式将民族歌舞艺术推向文化消费市场,来满足不同的消费需求。但这些模式并非孤立,往往相互交织在一起,曲折地表述了地方政府、经营企业、文化精英在各自利益需求及文化表达上所达成的共谋,都在一定程度上实践着由文化资本向经济资本的转化。

三、存在问题

由于云南各州市大多财政支出有限,少数民族地区文化产业发展的资金匮乏,导致已论证可行,并有一定市场前景和社会影响力的文化项目,因缺乏资金,没能付诸实践;极少数少数民族地区的文化产业在投资渠道上迈出了以社会、个人投资为主的投资步伐,但没有形成较大的规模和市场竞争力。例如文化传习馆的资金大部分来自吴志明本人。政府也会有一些补助,但是一般采取"以奖代补"的方式——在表演团队拿到国内外各类大奖时作为奖励补助1万~2万元。为了满足文化传习馆的日常开支,吴志明利用自己和妻子的工资还有房屋作抵押,先后贷款60多万元。传习馆每年场地的磨损费要6000元,水电费每个月300~400元,每个人每个月的伙食费要支出250~300元,而演出之类的收入大概能抵掉一半。由此看来,资金是制约民族歌舞艺术产业发展的首要问题。

人才方面的问题有两个,一是表演人才流失比较严重,人才难求;二是经营管理人才缺乏。鉴于专业表演人才的培养周期较长,期间要投入大量的资金和精力,且资金回收链过长,导致部分学员受市场经济的影响,放弃民族歌舞文化的学习外出打工,一部分学员由于家庭经济困难不得不离开舞台。比如文化传习馆馆长吴志明曾经跑遍了全县14个乡镇,尽量到偏远山寨挑选有培养前途的艺术苗子,一年下来,摩托车骑坏了两辆。他之所以舍近求远,是因为偏远山寨的孩子，接触的原生态民族文化多一些。现在吴志明也在初中毕业的孩子里寻找。选拔的条件除了是哈尼族和彝族的少数民族孩子之外，还要天赋好、上手快。由于传习馆的资金有限，学员工资都不高，于是很多人都选择外出打工而不是留下来学习民族文化。

再者就是经营人才的缺乏，由于文化产业的发展需要经济、文化方面的复合型经营管理人才，需要具有较高的文化艺术素养和较强创新能力的开拓型人才。这些人才既要懂得市场经济发展的运行规律，还要有一般产业管理的素质和能力。欠发达少数民族地区文化产业的发展本身缺乏懂文化、会经营、善管理的文化经营管理人才，更由于经济发展的原因，很难吸引大量既具有较高的文化艺术素养又懂得市场经济发展的运行规律的复合型管理人才。

目前，云南省扶持少数民族地区文化产业发展的政策，尤其是吸引社会投资、赞助、捐赠的经济优惠政策和其他相关的扶持政策的实施力度较弱。少数民族地区文化市场和产业培育仍处于自生自灭阶段，缺乏统一的规划，特别是一些经营性的民营文化企业注重经济效益多于社会效益。宣传和文化管理部门在引导和管理少数民族地区文化产业发展方面做了一定的工作，取得了一定的成效。但由于诸多原因，仍未形成规范的业务指导和管理的工作机制，有待进一步加强。

四、解决措施

红河州民族歌舞在得到保护和传承的基础上如何能保持源源不断的创新能力，不断地市场化需求，拉动经济增长，在吸引当地观众的同时将这种艺术推向全国甚至世界？

（一）政府应更新观念，提高认识，加强对民族歌舞文化产业发展的领导和支持

政府要进一步提高认识，充分认识到发展民族歌舞文化产业在经济中的重要地位和作用，充分认识到文化的双重属性，重视文化的商品属性，把文化和经济有机地结合起来。

少数民族地区文化产业潜力大，但起步晚、基础差，必须像扶持其他支柱型产业快速发展一样，采取强有力的措施，加大对文化产业的扶持投入。

政府要加大财政扶持力度。财政每年安排一定量的资金，逐年加大财政对文化产业的扶持力度，设立文化产业发展专项资金，扶持重点文化产业项目发展。设立政府文学艺术奖励基金，鼓励文学艺术精品创作。并吸纳社会资金和社会捐赠，作为文化产业发展的专项资金，用于文化产业的发展建设。

加大税收、土地扶持政策。鼓励有实力的企业、团体、个人以股份制、民营等多种形式创办国家政策许可的各种文化企业，简化文化企业注册审批程序，适当放宽注册资本，促进文化市场的繁荣。对文化产业发展的重大项目及市场前景好的文化企业，优先提供建设用地，享受国家规定的税收优惠政策；对重要的文化项目、产品开发，政府要给予支持；鼓励企业赞助艺术表演团体、协会举行文化艺术表演、体育竞赛活动。企业通过非营利性机构向公益性文化建设的捐赠，享受国家有关所得税扣除优惠政策。

（二）加强人才培养，鼓励和支持民族歌舞保护与创新工作，为民族歌舞保护和发展提供智力支撑

发展民族歌舞产业，人才是关键，必须积极培养专门人才。人才培养分为两类，一类是表演人才的培养，另一类是经营管理人才的培养。表演人才方面，应首先充分挖掘民间优秀表演人才，到各县乡的山间田野发掘原生态的表演人员，将其集中进行舞台培训和

基础文化培训,并提高原来的工资补贴以留住人才。 同时,也开办相关民族歌舞培训学校,为表演机构提供源源不断的表演人员。 另外,应该组织专家、学者深入少数民族聚集地收集、开发整理那些为广大群众所不知的民族歌舞,使民族歌舞逐步走向科学化和规范化,并纳入民族艺术学院进一步学习与排练。 同时对民族歌舞进一步进行创新。 对民族歌舞仅靠保护远远不够,还必须进行创新,民族传统文化如果不加以创新和变革,就无法适应当代社会发展。 因此,必须对民族歌舞进行创新,使民族歌舞恢复活力,提升民族歌舞质量,使之生生不息世代延续。

管理人才方面,应该认识到文化产业管理的特殊性。 要求民族歌舞产业的经营管理人员既要懂民族文化,具有较高的艺术审美能力,又要熟悉市场经济发展的运行规律,还要有一般产业管理的素质和能力。 因此,可以根据当地的具体实际,在当地高校设置相关专业,培养各类文艺管理人才。 组织当地的相关从业人员到外地进行考察,与外地优秀的歌舞表演机构管理人才进行交流,开阔视野,创新经营思想,学习他人的优秀管理经验。 另外,也可以引进外地的优秀管理人才和表演团队,形成竞争,使当地市场更活跃。

(三)企业和文化精英应借鉴国内外优秀经验,坚持走市场化运作方式

民族歌舞的市场化的运作方式符合文化生产的规律和文化消费模式。 市场化运作是文化产业中的重要因素,传统的民族文化被作为产品来生产和销售,必然要符合现代商品生产和消费的规律。 只有按照市场规律、消费需求生产出的产品,才能够抵抗风险,在市场上站稳脚跟。 红河州民族歌舞艺术要想长久发展,既不能偏颇于纯艺术的追求,也不能停顿于原汁原味的纯民俗展示,而是应该充分采用各种艺术手段,透过大信息量(灯光、布景、舞台设计、服饰、编舞、舞蹈语汇、表演、旁白等诸多方面),强化歌舞

本身的表现力，对观众视听感官形成较大的冲击力和新的吸引力，从而使他们对舞蹈反映的内容有更深的体验和感受。可以将市场和表演分开做，参照港台地区的文化产业发展经验。港台地区的文化产业有专门的经纪人策划人，他们负责开拓市场，主管经营，而其他人则专注于表演。每个人都专心一件事情，这个团队就会变得轻松而高效。

对此，笔者认为红河州民族歌舞的发展有两种模式可以参考。

第一种是产业化运营模式，以美国的百老汇和英国西区为例。第二种是保护型运营模式，以云南丽江纳西族古乐为例。

提到美国的百老汇，很多人就会联想到《猫》、《妈妈咪呀!》等音乐剧目。其实，今天的百老汇已不是一条大街或几家剧院，而是一个完整的音乐剧体系。

与美国的百老汇齐名的是英国的伦敦西区。在伦敦西区海马克特街和沙福兹伯里街不足1平方千米的范围内，形成了一个戏剧产业的集聚区，汇聚于此的剧院有49家。这些剧院主要有两种类型，一种是国家级的非商业性剧院，如皇家歌剧院，这些剧院的特点是历史悠久、规模宏大，受政府资金扶持和赞助；另一种是商业性的剧院，这类剧院数量较多，但没有政府资助，主要是通过商业化运作获得发展动能。

2010年，伦敦西区票房收入达5.1亿英镑（约合50亿元），而近几年百老汇的商业演出收入则稳定在10亿美元水平——百老汇一条街的票房收入就是中国年票房收入的两倍。更有趣的数字是，百老汇1美元的票房收入贡献了3美元的附加消费和4.3美元的经济价值，伦敦西区1英镑的票房收入更是带动了2英镑的附加消费、贡献了4英镑的经济价值，40多家剧院贡献了2亿多英镑的税收和4万~5万个工作岗位。[①]

[①] http://www.xcf.cn/sy/tt2/201206/t20120604_313145.htm，访问时间：2013年3月12日。

不管是从内容出发的百老汇，还是善借资本之力的伦敦西区，最终都殊途同归地形成了"剧院—名制作人—经典剧目"的一体化运作模式。在看得见的剧院群的背后，是看不见的以内容为核心的资本聚集，即以制作人为中心、以多样化金融工具为支撑的发展模式，内容本身的衍生收益（版权收益、衍生商品的销售收益）以及由集中的剧院群所产生的衍生效应（餐饮消费、广告赞助及其他商业活动）等，都决定着百老汇和伦敦西区的商业价值，而这种商业价值在各方（政府、投资人、制作方）之间的分享机制决定着演出文化产业持续吸引资本投入的能力。①

美国的百老汇和英国的伦敦西区都是拥有百年发展历史的演艺产业聚集区，它们的经验或许能为红河州民族歌舞的产业化发展提供参考。

第二种是以保护为主，开发为辅的纳西古乐运营模式。

音乐界和学术界对于纳西古乐的争议我们暂且搁置不议，纳西古乐所带来的商业利益是有目共睹的。从商业化本身来说，竖起"民族"的牌子，无疑使纳西古乐在许多州县都有同样音乐流传的云南更为鲜明、突出，也符合游客热衷民族文化的趋势。

当然，纳西古乐的成功也与各种社会大环境有着密切关系。首先，历史上，大研古乐会的演奏水平就较高。20世纪80年代古乐会恢复活动后仍有众多"高手"。正是这些高手的存在使得纳西古乐保持着不衰的吸引力。

其次，丽江把旅游作为支柱产业发展后，一直强调增加旅游的文化含量，重视民族文化的发掘。古乐会1993年北上北京，1995年远走英伦都得到政府经济上、政策上的大力支持。在政府的旅游宣传、促销中，纳西古乐和大研古乐会也一直是重要的推介产品。

最后，20世纪90年代中后期，全国掀起旅游热潮，丽江成为

---

① http://www.xcf.cn/sy/tt2/201206/t20120606_314297.htm，访问时间：2013年3月12日。

国内旅游热点,如潮的游客保证了大研古乐会有众多的听众。 如此等等,在天时、地利、人和的大环境下,纳西古乐才获得了如此大的成功。

然而,红河州歌舞艺术毕竟不是纳西古乐,我们不能完全复制别人的成功。 两者的相似之处在于丰富的旅游资源,而纳西古乐的商业化成功值得借鉴的地方是对外宣传与政府支持的有效结合。

台湾地区戏剧导演赖声川有言:"必须要创造一个环境让更多的艺术家有机会把他们最想写的东西发挥出来,那么市场自然就会产生。 究竟是拿文化赚钱,还是把文化做出来? 我觉得,把文化做好了,钱就来了。"

民族歌舞艺术的产业化不是照搬照抄别人的成功经验就可以的,理性的分析和因地制宜的发展模式将成为发展的必需。

民族歌舞作为重要的文化资源已越来越多地被政府、企业或个人重视。 民族歌舞产业化发展不仅是发展本地经济的新热点,也是保护和发展民族文化的有效途径之一。 在条件成熟的时候适度地将民族歌舞资源进行整合使其进入市场是当今不可回避的时代选择。但是,在看到民族歌舞产业化发展的众多益处的同时,我们在开发民族歌舞文化资源的时候也要注意很多问题。 民族文化资源具有脆弱性和不可再生性,在开发过程中必须有保护和传承的理念,因为一旦破坏,就意味着这种文化资源的毁灭性消失。 所以,在开发过程中应该注意到这种文化资源的脆弱性,做长远规划,处理好保护和发展的关系问题,与之相关的文化生态保护问题,等等。 只有这样,才能期待民族歌舞产业的可持续发展。

参考文献

(一)著作及译著类

1. 蔡尚伟. 文化产业导论. 复旦大学出版社,2006.

2. 陈杰. 文化产业政策与法规. 中国海洋大学出版社，2006.

3. 李向民. 中国文化产业史. 湖南文艺出版社，2006.

4. 胡惠林. 文化产业学. 高等教育出版社，2006.

5. 汤莉萍，殷瑜，殷俊. 世界文化产业案例选析. 四川大学出版社，2006.

6. 顾江. 文化产业规划案例精析. 东南大学出版社，2008.

7. 施惟达. 态与势：云南文化产业研究. 云南大学出版社，2007.

8. 施惟达（作者），李炎（编者）. 文化与经济：民族文化与产业化发展. 云南大学出版社，2011.

9. 冯育柱，于乃昌，彭书麟. 中国少数民族文艺理论集成. 北京大学出版社，2005.

10. 李炎，王佳. 空间布局与特色：云南文化产业现状与对策. 云南大学出版社，2011.

（二）论文类

1. 肖青. 当代文化消费模式下民族歌舞艺术的符号化生产. 云南师范大学文学与新闻传播学院.

2. 王佳. 现代文化消费模式下的民族歌舞艺术.

3. 张瑛. 对云南民族歌舞旅游资源开发的研究. 西北民族学院学报，2002(3).

（三）政府资料类

1. 《建水县"十二五"文化产业发展规划》.

2. 《红河县十二五文化产业发展规划（2011~2015）》.

3. 《文化产业振兴规划》.

4. 《红河州"十二五"文化产业发展规划》.

5. 《2011中国文化产业年度发展报告》.

（四）网络资源

1. http：//www.xcf.cn/sy/tt2/201206/t20120604_313145.htm（新财富网）.

2. http：//www.xcf.cn/sy/tt2/201206/t20120606_314297.htm（新财富网）.

梯田文化的产业化发展

——以哈尼梯田为例

杨 洋

一、哈尼族与哈尼梯田

哈尼族是中国人口在百万以上的少数民族之一，自古以来就是耕种梯田的民族。哈尼梯田是哈尼人民勇于挑战自然，与天地共存、日月同辉的创作之作。滇南红河南岸的哈尼山区自然资源丰富，梯田蔚为壮观，呈长条环状的梯田绕山而行，从山脚至山顶，埂回堤转，阡陌连绵，重重叠叠。大则数亩，小则如澡盆，依山起伏，布满河谷和山梁，有许多高达上千层的梯田像一架架银彩带的天梯伸向天边，成为举世瞩目的梯田壮丽奇观，哈尼族被中外学者赞誉为"雕刻大山的民族"。[①]

这种崇山峻岭中的梯田壮丽景观，是哈尼族山地稻作农业创造性的表现，即使它的耕作方法可以说仍然处在非常原始的依靠人力完成耕种的阶段，但它为哈尼社会系统的发展和完善提供了坚实的

---

① 卢黛维、卢朝贵著：《红河哈尼梯田农耕文化》，云南红河州元阳县内部刊物 2004 年版，第 1 页。

物质基础。明代农学家徐光启在《农政全书·田制》篇中将哈尼梯田列入中国七大田制之一,称誉为"世外梯田"。历史证明了哀牢山区红河流域的梯田,是同居这片山区的彝族、汉族、傣族、壮族、苗族、回族、布依族、瑶族等各民族共同劳动的结晶。但事实上,正如《中国少数民族简史》所载:"云南多数的山居民族都能开垦梯田,但所垦台数之多,技术之精,则当首推红河南岸的哈尼族;从云南少数民族耕种梯田的技术来看,只有哀牢山下段哈尼族的梯田达到'殊为精好'的水平"[①]。以此为据,哈尼梯田是中国梯田文化的代表和象征。

红河哈尼梯田规模宏大,气势磅礴,绵延整个红河南岸的红河、元阳、绿春及金平等县。哈尼梯田都是修筑在沿岸崇山峻岭的山坡上,梯田坡度在15度至75度之间,以一座山坡而论,梯田最高级数达3000级,这在中外梯田景观中是罕见的。如此众多的梯田,在茫茫森林的掩映中,在漫漫云海的覆盖下,构成了神奇壮丽的景观。

低纬度"干热河谷区"常年出现高温,使江河之水大量蒸发。大量的水蒸气随着热气团层层上升,在高山"阴湿高寒区"受到冷气团的冷却和压迫,形成了哈尼梯田年均雾期180天和年均降雨量1397.6mm的状况,这也是有的哈尼梯田地区上半山地带终年大雾笼罩的原因。山上大片的森林,构成了巨大的天然绿色水库,它们涵养的大量水分在高山上形成了无数条小溪、清泉、瀑布和龙潭,提供了境内所有梯田、旱地用水和生活用水。[②]

山上的树木种类繁多,植被丰盛,其中许多被列为国家重点保护的植物树种。其中大片的樱桃花和棕榈树,除了为梯田景致锦上添花之外,更是带动了周边衍生产品的飞速发展。

---

① 《哈尼族简史》编写组著:《哈尼族简史》,人民出版社2008年版,第68页。
② "红河哈尼梯田:一座走向世界的桥梁",载中国红河网 http://www.hh.cn/special/special_hani/hani_tuwen/200804/t20080430_72879.html,访问时间:2014年2月20日。

千百年来，以哈尼族为主的多个民族在元阳这片土地上和睦相处，共生共荣，开垦了举世闻名的19万亩哈尼梯田，创造了闻名遐迩的梯田农耕文化。色彩斑斓的民族服饰、古老神秘的民族祭祀活动、多姿多彩的民族歌舞，到处涌动着民族文化的生机与活力。哈尼族的"昂玛突节"（长街宴）、"苦扎扎节"、"十月年"，彝族的"火把节"，傣族的"泼水节"，苗族的"踩花山"，瑶族的"盘王节"，壮族的"三月三"等民族民间传统节庆活动一年四季连续不断，吸引了众多的中外游客前来观光，浓浓的民族风情倾倒了八方游客。丰富多彩的少数民族服饰、金银首饰，独特的哈尼豆豉、小黄牛干巴、优质云雾茶等民族文化旅游商品让游客回味无穷。

哈尼族人从出生开始就把自己的命运与梯田联系在一起，在几乎没有一块平地的半山区和高山区，倾注一生的心力雕刻山体，梯田实际已成为哈尼族物质生活、精神生活财富的源泉，是哈尼族精神的砥柱。无论从对自然、梯田农业祭祀、动植物崇拜、服饰、诗歌、民间传说、音乐舞蹈、建筑艺术等，都可见生命轨迹，既承接传习古代的，又模仿现代的生命自然流露。所以，依托着历史悠久的农耕文化而存在的哈尼梯田是当之无愧的文化与自然巧妙结合的产物。

哈尼梯田在世界农耕史上具有特殊意义，是人与自然高度和谐的典范。

哈尼族是中国历史上最早垦殖梯田的山地民族之一，其开垦梯田的历史可追溯到3000年前，具有极高的历史价值。梯田耕作是哈尼族经济生活中最重要的部分，为哈尼族生存、繁衍、发展提供了坚实的物质保障和最强劲的发展动力。梯田文化是哈尼族文化的精华和灵魂，具有独特的展示与传承价值，从语言、服饰、居住到饮食、歌舞、文学等民族习惯和民族文化无不来源于梯田，并融入梯田的整个活动之中，同时也全方位地通过梯田的运行活动得到完美的展示和充分的体现。哈尼梯田的整个农耕活动都蕴含着十分丰富的生态内涵，梯田不仅是哈尼族生存延续的支柱力量，而且还体现着整个民族对自身生存环境审视的观念，反映了极高的生态价值观。哈尼梯田文化价值已得到了国内外的广泛认可。近年来，通过全力打造"红河哈尼梯田"这一关乎红河州各民族社会、经济、文化发展的品牌，使哈尼梯田成为红河州知名的文化品牌。哈尼梯田的景观，是自然景观和人文创造力的完美结合，具有无与伦比的景观艺术价值。哈尼梯田产生的多元化效应，体现了综合性的价值，并正在给红河州带来如旅游业、多种经济的发展模式等无限商机和发展机遇。①

二、发展现状

哈尼梯田文化价值已得到了国内外的广泛认可。近年来，红河州非常重视哈尼族文化的抢救、保护工作，并组织社会力量广泛参与，多项国家级非物质文化遗产的入选，使红河州以哈尼梯田申报世界文化遗产为核心的民族文化抢救工作稳步发展，并通过全力打造"红河哈尼梯田"这一关乎红河州各民族社会、经济、文化发展的品牌，使哈尼梯田成为红河州知名的文化品牌。

2013年6月22日，中国云南哈尼梯田被正式列入联合国教科文组织世界遗产名录。作为哈尼梯田中的佼佼者，红河县和元阳县从申报初期就牢牢地抓住了这一机遇。

红河县政府根据"红河哈尼梯田遗产主题公园旅游总体规划"，抓住大环境的优势，积极开发以哈尼梯田为主线的乡村旅游。在甲寅、宝华、乐育一线全力打造宝华撒玛坝万亩梯田、甲寅十二龙泉梯田、乐育规东和尼美梯田景观，紧紧抓住省人民政府挂钩帮扶红河

---

① 参见《云南日报》2009年2月26日06专页。

县的大好机遇，开发建设甲寅作夫民俗特色村和宝华龙甲民俗特色村，使梯田品牌成为其旅游的重要品牌之一。据统计，近年来，每年接待海外游客约 500 多人次，旅游外汇收入达到 46.82 万美元；接待国内游客 10.54 万人次，创收近 6500 万元；旅游业总收入达 6931 万元。"集历史文化、民族风情文化和自然生态景观为一体，着力打造生态旅游品牌"的旅游行业正在蓬勃发展。①

元阳县政府按照"科学规划、片区示范、整合资金、形成合力、连片开发、重点推进"的思路，围绕"一镇六村"旅游发展规划，连片规划 25 个村建设，突出箐口、普高老寨、大鱼塘 3 个新村建设，以完善基础设施、恢复哈尼蘑菇房作为建设重点，打造基础设施完善、村容村貌整洁、田园风光秀美、民族文化浓厚、人与自然和谐发展的民族文化生态旅游村。项目预计总投资 3814.65 万元，涉及 2 个乡镇 6 个村委会 25 个自然村，直接受益 2497 户 12 539 人。近年来，元阳县政府共向省、州文产办上报了"元阳县红河谷民族风情休闲娱乐旅游度假区"、"元阳县民族文化旅游小商品生产基地"、"元阳县民族文化传承基地建设"等 10 余个文化产业项目，并通过招商，引进了世博集团、昆明城建、云南西部投资等大公司落户该县，实现了优势资源与优势企业的成功"嫁接"②。

三、存在的主要问题

依赖于对现有资源进行了整合及一系列的发展规划，哈尼梯田文化产业可以说正处于稳步的发展阶段，但不可否认的是还存在一些不容忽视的问题。

---

① 《红河县文化产业"十二五"规划》。
② 参见《元阳县文化产业"十二五"规划》。

（一）现有的发展规划及改革措施均是站在政府角度出发的，缺乏在地性

在实地考察的过程中发现，在观光过程中缺乏游客与当地民众的互动。在参观梯田的过程中几乎看不到当地民众，更不会有近距离的接触与互动。当地也少有导游和居民引导，再加上语言沟通偶尔会存在障碍，游客常常只能自己摸索。比如在参观箐口民俗村的过程中，由于语言不通，游客与当地民众的交流基本上是不可能的。可以这样说，少了当地百姓参与的梯田文化如同一个没有灵魂的躯壳。

一般普通的自助游客吃住都是在一些较成规模的宾馆解决的，鲜有具有特色的民宿以及普通本地小饭馆可供选择；出行也基本依赖徒步或是长途车，可以说从一个小城到另一个小城还是具有一定困难的。作为一名普通游客其实每到一处游玩，总是想要带一些当地特产之类的纪念品回家。然而，除了在普通景区有贩售明信片一类的普通纪念品，我们并未在街上发现具有本地特色的独一无二的纪念品。事实上，所谓的旅游纪念品并不需要包装得十分精美高档，例如，当地百姓使用的一些藤制生活用品、田里种植的红米、特色的焖锅酒、独特的蘸水鸡还有普通居民衣服上的手工图案等都可以算得上是特产。但是，往往就是由于太过常见、太过普通了，所以，常常就被忽视了。

在实地的考察中发现一个很重要的问题，我们接触到的大部分居民还是十分友善的，可仍存在一部分的百姓觉得我们这些外来的游客打扰到了他们的正常生活。这反映出一个问题，就是政府对当地民众在自然文化的产业化发展的引导上没有做得非常的深入和全面，并未提高当地民众的意识，导致部分居民对外来的游客存在排斥感。但从更深层次来说，梯田文化作为一种农耕文化，对于当地的老百姓而言仍然是赖以生存的方式。所以在对此文化进行开发的时候应当以当地居民的利益不受损、生活不受影响作为首要考量。

没有带给他们切身利益这一问题若不及时解决,将会严重阻碍当地旅游业的发展,甚至会使其文化产业发展停滞不前。

(二)在对哈尼梯田进行开发时只注重了自然资源,却忽略了文化资源,尤其是与梯田紧密联系的农耕文化

各大梯田景区及民俗村现已初具规模,但不难发现,这都仅仅是对现有自然资源的整合开发。但是,单纯的景观参观并不能满足游客的需求。事实上,单纯的对梯田景色的参观并不能满足远道而来的游客,切身的感受当地民族特有的少数民族文化风俗才是人们真正希望的。除去大量的文化资源,如各民族的节庆文化、服饰文化不谈,哈尼族的农耕文化的内涵就非常丰富,它围绕梯田而存在,是梯田的灵魂。它不仅具有经济价值,即其实用价值,同时还具有悠久的历史价值和朴素而严谨的科学价值。所以,在梯田的参观过程中融入农耕文化,那么梯田就不仅仅是壮丽雄伟的风景,而是包容着整个民族的历史、文化及其坚韧不屈的精神文化梯田。

(三)政府只是针对现有自然资源进行开发利用,即有什么就提高什么,并没有站在更高的角度——需求层面,进行整合创造

当地拥有丰富的自然文化、历史文化、边境文化、工业文化和民族文化资源,具备充分发展文化产业的优势条件。但目前文化资源没有得到充分的市场开发和确认,资源整合力度严重不足,从而导致缺乏整体营销,使得旅游观光没有明显带动消费,更没有拉动其他产业的发展。

(四)本土人才流失,造成传统农耕技术文化的流失

随着现代经济的发展和外来文化的传入,哈尼族传统社会人与土地自然结合的生活秩序受到冲击,人对土地的依赖关系逐渐转化

为人、财、物的依赖关系。哈尼人逐渐打破地缘限制和民族自我封闭,大量青年人外出务工,导致生产力的流失,以及农耕技术传承的危机。虽然每年农忙期间外出工作的年轻人都会返乡协助农忙,但随着时间的迁移,现今大部分哈尼族的年轻人只懂得犁田、耙田等为数甚少的农耕技术。重利轻义,自由竞争,在金钱面前人人平等,对守土为本的哈尼族来说,商品经济的最大过失就是对土地的背叛。它动摇了潜藏于他们心灵深处的崇土意识。从文化上看,农与商的对立实际是守土文化与弃土文化的对立,是两种文化所导致的两种生产观念的交锋。

(五)缺少一批懂经营、善管理的文化产业发展专业人才

由于地处边疆,教育相对落后,人的整体素质不高,特别是经营文化产业的文化专业人才比较紧缺,而文化产业是一个新兴产业,要使丰富的民族文化资源实现产业化、市场化,没有一批懂经营、善管理的文化专业人才来开发经营,发展文化产业十分困难。

(六)认识不够,把文化产业简单地等同于旅游产业

文化产业是一个朝阳产业,红河州对发展文化产业的落实相对滞后,对"文化"和"旅游"认识不深,甚至存在把文化产业简单地认为就是旅游产业。文化产业和旅游产业既有区别又密不可分。文化是一个民族的灵魂,是民族精神的象征和民族文明进步的标志。文化是旅游的灵魂,旅游是文化产业的载体,发展旅游业可以吸引许多游客,增加文化产业的卖量,发展文化产业又可以提升旅游业的文化档次,丰富旅游业的文化内涵。

四、供参考的建议

（一）提高当地民众的意识，引导当地民众参与，提高在地性

政府应在当地民众中深入、全面地展开宣传，让群众意识到支持配合政府开发旅游项目是能给其自身带来好处的。例如，在景区基础建设过程中，很多村寨的路面都进行了重新修造，使得群众的出行变得很方便。随着景区的发展，游客不断增多，很多村寨开始兴建农家乐，使村民获得了客观的经济收入，提高了自身的生活水平。

政府应合理地引导当地民众，让他们意识到节庆、服饰、日常生活用品甚至生活方式的经济价值。旅游者到不同的地方旅游，意在感受不同的地域文化和民俗风情。各民族用不同的社会生活方式来解决衣食住行等一系列问题，因此也就形成了风格各异的民族文化，这种文化通过他们的食品、服饰、生产用具等体现出来。但是当地民众祖祖辈辈都生活在这里，日常用品、服饰等，他们早已司空见惯，不觉得有新奇和可贵之处，更无法意识到其潜在的经济价值。这就需要政府的合理引导和宣传，让他们认识到自己身边常见的东西也是有经济价值的，从而对此进行创新开发和利用。

政府提供政策支持，引导、鼓励当地民众参与其中，在提高其生活水平的同时拉动经济增长，从而使当地的旅游业更快更好地发展。到目前为止，遗产地原住民相当一部分人还生活在贫困状态中。他们是哈尼梯田的创造者和使用者，同时也是哈尼梯田保护发展和传承的主体，理应在梯田文化旅游发展中得到更多惠益。因

此，政府可以建立遗产地生态补偿机制，使当地民众在现阶段可从门票收入中按一定比例提取生态补偿基金，同时加大对哈尼梯田农业生产的资金扶持和技术支持，挖掘绿色食品生产潜力，发展林下经济、水面经济，开发梯田红米、梯田鱼、梯田茶等无污染、高品质、纯天然的山区特色产品，着力打造哈尼歌舞、长街宴、原始宗教、节庆等民俗文化，利用哈尼村寨帮助村民发展农家客栈，使其参与到旅游服务中增收致富，从而使哈尼等各族群众自觉地维护梯田，发展生产，确保梯田文化的传承和发展。

（二）打造具有丰富农耕文化的哈尼梯田生态游

哈尼梯田不像世界遗产中的许多项目已成为文物古迹，如长城、故宫、秦始皇陵、埃及金字塔等今天已失去当年的功能。也不像单纯的自然景观，如泰山、黄山、尼加拉瓜大瀑布等。更不像曲阜孔庙、布达拉宫、颐和园等单纯的人文景观。它是人文景观，也是自然景观，是民族文化与自然生态巧妙结合的产物。随着哈尼梯田被认定为世界非物质文化遗产，势必会吸引更多的中外游客前往，所以为了能让他们对哈尼族的生态文化有深层的了解，必须从哈尼族丰富多彩的传统生态文化和民间传统中挖掘出更多有代表性的，同时又有利于当地可持续发展的梯田自然生态游。

（三）加强人才的培养，让当地年轻人才走出去还能走回来

认真贯彻"人才强文"战略，以能力建设为核心，抓住培养人才、吸引人才、用好人才三个关键环节，以经营管理人才和文化艺术专业人才为主体，建设一支门类齐全、结构合理、梯次分明、素质较高的文化工作者队伍，为文化发展提供坚实的人才保障。并且设立政府文学艺术奖，对作出突出贡献的文化人实行奖励，建立文学艺术创作基金，对有较大影响的创作项目给予扶持，对红河县内自费

出版、自行申报的创作题材给予补助。大力培养和引进文化产业人才，要采取派出去和引进来等多种措施，每年组织全县文化产业人才培训，组织文化对外交流活动及先进地区文化产业发展经验学习活动，切实提高文化产业人才的整体素质。

（四）合理利用资源，打造文化产业型的旅游业

在开发时要明确是把梯田及其所蕴含及相关的文化以其真实的、自然的面貌展现，而不是将其变成游乐场所和商业场所。在哈尼梯田遗产区域内的建设应当保持哈尼特色和历史风貌，与周围自然景观相协调，达到以物衬景的效果。村寨的修缮、改造或新建民居等建筑物、构筑物，应当注重传统的建筑风格和传统工艺技术的传承，抵制不融文化元素的侵蚀，杜绝大体量的城市建筑对环境的影响。同时，在发展遗产文化旅游的过程中，应采取科学的开发策略，通过产业带动，积极引导哈尼等各族群众自觉保护梯田，并且高屋建瓴地运用市场运作的手段，统筹做好哈尼梯田旅游资源的一体化管理。

（五）整合现有文化资源，重新规划整体营销，利用现代媒体提高知名度

对现有文化资源进行进一步梳理，对可能重组的文化资源进行界定和确定，制定科学有效的标准和原则，为文化资源的重组和整合确立对象。

运用文化地理学、旅游学、传播学、营销学、文化创意、品牌建设，以及交通地理、人力资源等学科或专业的理论与方法，围绕"哈尼特色、5A景区、全国一流、世界知名"的发展目标，找出其不同于其他地区的独特文化和内涵，重新整合规划，致力于打造世界上具有唯一性、排他性的自然文化景观。

利用互联网这一免费的平台，开发数字化项目，即以互联网传

播为手段，以数字哈尼梯田软件为平台，立体展示哈尼梯田独特的农耕文化，通过具有活态营销功能的媒体循环体系，使哈尼梯田在世界范围内得到认可和保护，成为文化创意产业的典范。同时，进行病毒营销，利用游客的口碑宣传——"让大家告诉大家"，进一步推广文化品牌建设战略，着力将哈尼梯田打造成世界文化品牌，并进行全方位、多渠道的整体宣传策略，突出"绿色、自然、原生态"，从而不断提升知名度和影响力。

哈尼族是中国梯田最早的发明者之一，更是这一农耕样式、农耕文化的最持久发扬者和最完整保持者。哈尼梯田是人与大自然的产物，其实没有大自然独特的保护，还有默默工作的人们在，哈尼梯田是很难维持那么美好的。哈尼梯田文化景观是哈尼族繁衍的物质基础，也是哈尼族精神的象征，是人地和谐共处的良性人类生态系统和土地持续利用的样板。梯田产业化的发展不仅让更多人认识梯田、了解梯田文化和哈尼族的独特传统，更带动了当地的迅速发展。同时由于经验的不足和渴望发展的迫切需求，不可避免地会对当地的自然人文造成一定的影响。所以，大力迅速的发展固然重要，但是有效合理的挖掘资源，结合当地居民的实际需求，探索出一条遗产地文化旅游科学发展的途径，促进当地各族群众脱贫致富，使文化遗产保护成果惠及人民群众才是最为重要的。

参考文献

（一）著作及译著类

1. 《哈尼族简史》编写组.哈尼族简史.人民出版社，2008.
2. 王清华.梯田文化论——哈尼族生态农业.云南人民出版社，2007.
3. 卢黛维，卢朝贵.红河哈尼梯田农耕文化.2004.
4. 角媛梅.哈尼梯田自然与文化景观生态研究.中国环境科学出

版社，2009．

5．刘一平，杨福生等．话说红河．云南出版集团，2010．

6．喻学才，王建民．文化遗产保护与风景名胜区建设．科学出版社，2010．

（二）期刊报纸类

1．李克忠．哈尼梯田：人与自然高度和谐的典范．云南日报，2009－03－26．

2．李子贤．红河流域哈尼族神话与梯田稻作文化．思想战线，1996（3）．

3．尹卫国．哈尼梯田申遗应助推农耕文化的保护．中国旅游报，2012－02－27．

（三）政府资料类

1．《红河州"十二五"文化产业发展规划》．

2．《元阳县"十二五"文化产业发展规划》．

3．《红河县"十二五"文化产业发展规划（2011～2015）》．

（四）网络资源

1．http：//www.hh.cn（中国红河网）．

2．http：//www.yunnan.cn/（云南网）．

3．http：//www.hhtt.cn/_web.php（哈尼梯田网）．

4．http：//www.dili360.com/（中国国家地理网）．